中华古诗词
经典诵读

王 新 主编

吉林教育出版社

图书在版编目(CIP)数据

中华古诗词经典诵读 / 王新主编. —长春 : 吉林
教育出版社,2021.5(2022.7 重印)
ISBN 978-7-5553-9608-6

Ⅰ. ①中… Ⅱ. ①王… Ⅲ. ①古典诗歌—中国—少儿
读物 Ⅳ. ①I222

中国版本图书馆 CIP 数据核字(2021)第 064466 号

中华古诗词经典诵读

ZHONGHUA GUSHICI JINGDIANSONGDU

主　　编　王　新
责任编辑　庞　博　尹曾花

出版　吉林教育出版社(长春市同志街 1991 号　邮编　130021)
发行　吉林教育出版社
印刷　河北浩润印刷有限公司

开本　710mm×1 000mm　1/16　印张　20.25　字数　360 千字
版次　2021 年 5 月第 1 版
印次　2022 年 7 月第 2 次印刷
书号　ISBN 978-7-5553-9608-6
定价　42.00 元

编写使用说明

1. 为落实教育部《完善中华优秀传统文化教育指导纲要》，开展中小学校优秀传统文化经典诵读活动，编写了《中华优秀传统文化经典诵读》和《中华古诗词经典诵读》这两部读本。

2. 这套读本以立德树人为编写宗旨，所选编的优秀传统文化经典诗文分学段有序融入中小学《语文》《道德与法治》《历史》等教育部统编教材课程，让学生在诵读经典、从小打下中华优秀传统文化底子的同时，也提高学习新教材的能力。

3. 这套读本以课程模块为主要学习模式，学校可以依据现行模块的先后次序，或根据实际情况自行选择模块组织学生学习，从而在中小学校分学段有序推进中华优秀传统文化教育。

4. 这套读本内容以诵读经典诗文为鲜明特色，配有音频二维码，领读正音正字，有助于学好普通话。

5. 这套读本既适合作为中小学的校本教材，也适于家庭教育的亲子阅读。

本书编委会

主 编：王 新

编 者：（按姓氏笔画排序）

丁 旭　王 平　王 琳　王 新　王一莉

王丹婷　王立民　方春红　付 颖　付晶淼

任 燕　李金红　李崇崑　杨兴煜　吴蓓蕾

陈宏飞　赵 博　侯 雪　娄 爽　高 莹

高 路　徐一平　徐恩捷　涂万福　蒋黎茉

朗 读：李金红　冯 巍

目　录

古代诗歌

古代诗词

《唐诗三百首》(上)

古代诗词

中华古诗词

古代诗歌

（一年级适用）

秋庭婴戏图（北宋·苏汉臣）

第一课

咏 鹅

骆宾王①

鹅，鹅，鹅，曲项②向天歌。
白毛浮绿水，红掌拨清波③。

大意：这首诗相传是初唐诗人骆宾王七岁时所作。诗中把白鹅游水嬉戏时的形象和神态描写得生动逼真。白毛、绿水、红掌互相映衬,构成了一幅白鹅戏水的美丽图画。

【注释】

①骆宾王(约 623—约 684)：唐代诗人。
②项：颈,脖子。
③清波：清清的水波。

山村咏怀

邵 雍①

一去二三里，烟村②四五家。
亭台③六七座，八九十枝花。

大意：这是一首非常有趣的数字诗。它巧妙地把数字"一"到"十"嵌入诗中,组合成一幅清新静美的山村图景。烟村、亭台、树花,二三里路途,处处风景如画,让人感受到了一种自然之美。

【注释】

①邵雍(1011—1077)：北宋哲学家。
②烟村：炊烟袅袅的村庄。
③亭台：泛指供人们观赏歇脚的亭子。

池 上

白居易[①]

小娃撑小艇[②]，偷采白莲回。
不解[③]藏踪迹，浮萍[④]一道开。

大意：这是一首童趣诗。莲花盛开的夏日，一个天真活泼的孩子，撑着小船偷偷地去池塘中采摘白莲。他不懂得隐蔽踪迹，浮萍被小船拨开，在水面上留下了一道清晰的水痕。诗中生动描述了儿童的顽皮和纯真。

【注释】

①白居易（772—846）：唐代诗人。

②撑：用篙撑船使船前进。艇：船。

③不解：不知道，不懂得。

④浮萍：水生植物，椭圆形叶子浮在水面，下面有须根，夏季开白花。

小 池

杨万里[①]

泉眼[②]无声惜细流，树阴照水爱晴柔[③]。
小荷才露尖尖角[④]，早有蜻蜓立上头。

大意：这首诗通过对小池中的泉水、树荫、小荷、蜻蜓的描写，展示了明媚的初夏风光。泉眼里的水无声无息地细细流出，映照在水面的树荫似乎很喜爱晴朗柔和的风光，池中的莲荷刚刚露出小小的芽尖，早有一只蜻蜓静静地落在了上面。

【注释】

①杨万里（1127—1206）：南宋诗人。

②泉眼：泉水的出口，因为小，故称泉眼。

③晴柔：晴天柔和的风光。

④尖尖角：还没有展开的嫩荷叶的尖端。

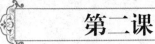

江　南

汉乐府①

江南可②采莲，莲叶何田田③。
鱼戏莲叶间。
鱼戏莲叶东，鱼戏莲叶西，
鱼戏莲叶南，鱼戏莲叶北。

【注释】

①乐府：原是秦汉时期设立的采诗制乐的官署，后来逐渐演变成为诗歌体裁的名称。

②可：适宜，正好。

③田田：荷叶茂盛的样子。

大意：这是一首采莲歌，描绘了江南采莲时的欢乐场面。江南水乡迎来采摘莲蓬的季节，莲叶多么青翠挺拔。一群群小鱼在莲叶之间嬉戏，一会儿游到东面，一会儿钻到西面，一会儿穿到南面，一会儿又滑到北面。

江上渔者①

范仲淹②

江上往来人，但③爱鲈鱼美。
君④看一叶舟⑤，出没风波里。

【注释】

①渔者：捕鱼的人。

②范仲淹（989—1052）：北宋政治家、文学家。

③但：仅，只。

④君：你。

⑤一叶舟：像漂浮在水上的一片树叶似的小船。

大意：这首诗反映了渔民劳作的艰辛，唤起人们对民生疾苦的关注。江岸上来往的行人，只喜欢鲈鱼的鲜美。你看那一片树叶似的小船，正在惊涛骇浪之中时隐时现。

悯 农① （其二）

李 绅②

锄禾③日当午，汗滴禾下土。
谁知盘中餐，粒粒皆辛苦。

大意：这首诗生动地表现了农民劳动的辛劳。炎热的中午农民仍然在田间为禾苗锄草，汗水不断地滴在泥土里。吃饭时谁能想到，这每一粒粮食里都包含着农民的辛劳。

蚕 妇

张 俞①

昨日入城市②，归来泪满巾。
遍身罗绮③者，不是养蚕人。

大意：这是一首讽喻诗。一个乡下养蚕的妇女初次进城卖蚕丝，回来时痛哭流涕。她看到全身穿着丝绸衣服的人，都不是辛苦的养蚕人。诗中通过蚕妇的感受揭示了劳而不获的不公平的封建社会现实。此诗与李绅的"锄禾日当午"，一首咏织，一首咏耕，可称为中国咏织耕的代表作。

静夜思①

李 白②

床前明月光，疑③是地上霜。
举头④望明月，低头思故乡。

大意： 这是写游子思乡的抒情诗。月色照到床前，夜深人静，诗人从梦中醒来，刚发现月色，"疑"为霜。后由"疑"生"望"，由"望"生"思"，从"举头"到"低头"，表现了远客思乡之情。这首诗千百年来成为游子望月思乡之情的代表作。

【注释】

①静夜思：宁静的夜晚产生的思乡之情。

②李白（701—762）：唐代诗人。

③疑：好像。

④举头：抬头。

古朗月行①（节选）

李 白

小时不识月，呼作白玉盘②。
又疑瑶台③镜，飞在青云端。

大意： 这首诗借助丰富的想象和神话传说，表现出儿童对月亮幼稚而美好的认识。小时候不认识月亮，把月亮当作白玉做的盘子。又怀疑它是瑶台仙境的明镜，飞到了天上。

【注释】

①"朗月行"是乐府的古题。诗人采用这个题目，故称"古朗月行"。

②白玉盘：指晶莹剔透的白盘子。

③瑶台：神话中神仙居住的地方。

风

李峤①

解落三秋②叶，能开二月③花。
过江千尺浪，入竹万竿斜④。

大意：风能扫落秋天金黄的树叶，能吹开春天树端美丽的花苞。风能刮过江面掀起千尺巨浪，也能吹进竹林使万竿倾斜。这首诗让人看到了风的神奇力量，风是千变万化的，风既能播下盎然的春意，又能强悍地发威。风在诗人笔下，变得那样形象生动。

【注释】
①李峤（644—713）：唐代诗人。
②解落：吹落，散落。解：解开，这里指吹。三秋：农历九月，指晚秋。
③二月：农历二月，指早春。
④斜：倾斜。

春 晓

孟浩然①

春眠不觉晓②，处处闻啼鸟③。
夜来风雨声，花落知多少。

大意：在春天的早晨，诗人一觉醒来，发现屋外已是春光明媚，鸟儿四处欢鸣。这首诗意境十分优美。诗人抓住早晨刚刚醒来时的一瞬间展开描写和联想，生动地表达了诗人对春天的热爱和怜惜之情。

【注释】
①孟浩然（689—740）：唐代诗人。
②晓：天刚亮的时候。
③啼鸟：鸟的啼叫声。

寻①隐者②不遇

贾 岛③

松下问童子④，言⑤师采药去。
只在此山中，云深⑥不知处。

大意：苍松下，我询问隐者的弟子他的师父去哪里了。他说："师父采药去了。就在这座山中，可是山上云雾缭绕，不知道师父具体在哪里。"

【注释】

①寻：寻访。

②隐者：古代指不肯做官而隐居在山林中的人。

③贾岛（779—843）：唐代诗人。

④童子：小孩。这里指隐者的弟子。

⑤言：回答，说。

⑥云深：指山上云雾缭绕。

赠汪伦①

李 白

李白乘舟将欲行，忽闻岸上踏歌②声。
桃花潭③水深千尺，不及④汪伦送我情。

大意：这是李白在安徽游历时写给当地好友汪伦的一首赠别诗，诗中描绘了汪伦踏歌为诗人送行的情景。我乘船将要远行，忽然听到岸上传来踏着节拍的歌声。桃花潭水纵然有千尺深，也比不上汪伦为我送别的情谊深。

【注释】

①汪伦：李白的朋友。

②踏歌：唐代一种流行的民间唱歌方式，一边唱歌，一边用脚踏地打拍子，可以边走边唱。

③桃花潭：在今安徽泾县西南。

④不及：比不上。

画 鸡

唐 寅①

头上红冠不用裁②，满身雪白走将来。
平生不敢轻言语③，一叫千门万户④开。

大意：这是一首题画诗，即诗人为自己所画的一只大公鸡题写的诗。诗人用通俗流畅的词语描绘了画作中那只羽毛雪白、冠顶通红的公鸡，同时托物言志，借公鸡轻易不鸣、鸣则动人的特征，表达自己的情怀。

【注释】

①唐寅（1470—1523）：明代画家、文学家。

②裁：裁剪，这里是制作的意思。

③平生：平素，平常。轻：随便，轻易。言语：这里指啼鸣，喻指说话，发表意见。

④千门万户：指众多的人家。

画①

王 维②

远看山有色③，近听水无声。
春去花还在，人来鸟不惊④。

大意：这首诗描绘的是画中的景色。远看高山色彩明亮，走近一听水却没有声音。春天过去，而画中许多花草依然争奇斗艳。人走近，鸟也没有被惊动。

【注释】

①这首诗一说是王维所作，一说是宋代佚名诗。

②王维（约701—761）：唐代诗人、画家。

③色：颜色，也有景色之意。

④惊：吃惊，害怕。

村 居

高 鼎①

草长莺飞二月天，拂堤杨柳醉春烟。
儿童散学②归来早，忙趁东风放纸鸢③。

大意：农历二月里，青草已经发芽生长，黄莺飞来飞去，杨柳的绿枝条轻抚着堤岸，在水泽和草木间升腾的雾气醉人心田。放学的孩子们早早就跑回家，趁着刮起的东风放起了风筝。

【注释】

①高鼎：生卒年不详，清代诗人。
②散学：放学。
③纸鸢(yuān)：泛指风筝，它是一种纸做的形状像老鹰的风筝。鸢：老鹰。

咏 柳

贺知章①

碧玉②妆成一树高，万条垂下绿丝绦③。
不知细叶谁裁出，二月春风似剪刀。

大意：这是一首咏物诗，通过赞美柳树来形容春天的美好。高高的柳树像碧玉雕成的美女一样袅娜多姿，千万条低垂的嫩柳像绿色的丝带随风飘动。你可知这细嫩的柳叶是谁剪裁的吗？那是二月的春风啊！

【注释】

①贺知章(659—约744)：唐代诗人。
②碧玉：碧绿色的玉。这里比喻春天的嫩绿柳叶。
③丝绦(tāo)：丝线编成的带子。这里形容随风飘拂的柳枝。

咏兰花

张 羽①

能白更兼黄,无人亦自芳②。
寸心③原不大,容得许多香④。

大意:这是一首借物咏怀的诗。兰花素雅清丽,花瓣或清白或素黄,没有人来观赏却也独自散发着香气。兰花的花心虽然不大,却容纳了许多的芬芳。诗人借兰花的清丽幽香抒发自己高洁的情怀。

【注释】

①张羽(1333—1385):元末明初诗人。

②自芳:是从人格化的角度赞美兰花,从外在美推进到内在美。

③寸心:既形容花又喻人。

④许多香:暗喻君子才华不尽。

梅 花

王安石①

墙角数枝梅,凌寒②独自开。
遥③知不是雪,为有暗香④来。

大意:墙角有几枝梅花,正冒着严寒傲然开放。远看就知道洁白的梅花不是雪,那是因为梅花的幽香不断飘来。诗人通过对梅花不畏严寒品性的赞美,表明坚强高尚的人格与自然的洁白梅花有共通之处。

【注释】

①王安石(1021—1086):北宋政治家、文学家。

②凌寒:冒着严寒。

③遥:远远。

④暗香:指梅花的幽香。

江 雪

柳宗元①

千山鸟飞绝②，万径人踪灭。
孤舟蓑笠③翁，独钓寒江雪。

大意：群山中没有飞鸟的踪影，千万条小路上也没有人的足迹。一个戴着斗笠、披着蓑衣的老翁坐在小船上，在下着大雪的江面上垂钓。这首诗描绘了一幅场景广阔而又清冷孤寂的雪景图。

【注释】

①柳宗元（773—819）：唐代文学家。

②绝：无，没有。

③蓑（suō）：蓑衣，古代用来防雨的衣服。笠：用竹篾（miè）或草编成的帽子，可以用来遮雨、遮阳光。

夜宿山寺

李 白

危楼①高百尺②，手可摘星辰③。
不敢高声语，恐惊天上人。

大意：山上的寺庙多么高，站在上面伸手就可以摘下星星。我不敢高声说话，恐怕惊动了天上的仙人。诗人借助大胆想象，渲染山寺的高耸，又将夜晚的寂静写得很逼真，给人身临其境的感觉。

【注释】

①危楼：高楼，这里指山顶的寺庙。

②百尺：虚指，不是实数，这里形容楼很高。

③星辰：日、月、星的总称。

秋浦歌①

李 白

白发三千丈②，缘③愁似个④长。

不知明镜里，何处得秋霜⑤。

大意：头上的白发变得这样长，只因为心中愁苦是这样多。望着明镜中的自己，何时白头如秋霜。李白以白发喻愁，突出"愁"之长度，古往今来，惟此一人，于是"白发三千丈"成为言愁的千古名句。

敕勒歌①

北朝民歌

敕勒川②，阴山下，天似穹庐③，笼盖四野④。

天苍苍，野茫茫，风吹草低见⑤牛羊。

大意：这首北朝民歌，歌咏了北国草原的富饶、壮丽，抒发了敕勒人对养育他们的水土，对游牧生活的无限热爱之情。"风吹草低见牛羊"是全文的点睛之笔，描绘出一幅殷实富足、其乐融融的景象。

第七课

登鹳雀楼①

王之涣②

白日依山尽，黄河入海流。
欲穷③千里目④，更上一层楼。

大意：这首诗前两句写自然景色，夕阳缓缓消失在西边的群山间，黄河滚滚向东流向大海。后两句即景写意，要想看到千里之外的景色，就要再上更高的一层楼。既说明了站得高才能看得远的生活哲理，又包含着一种积极向上的进取精神。

【注释】

①鹳（guàn）雀楼：在今山西永济，因常有鹳雀栖息而得名。

②王之涣（688—742）：唐代诗人。

③穷：尽，使达到极点。

④千里目：眼界宽阔。

望庐山①瀑布

李 白

日照香炉②生紫烟，遥看瀑布挂前川③。
飞流直下三千尺，疑是银河落九天④。

大意：这是李白游庐山时写的一首风景诗。诗人以比喻和夸张的手法形象描绘了庐山瀑布雄奇壮丽的景色。在阳光照耀下，香炉峰上的云雾泛出一片紫色，远远看到瀑布就像一条长河挂在山前。奔腾的水流从高处飞泻而下，让人怀疑是银河之水从九重天上落了下来。

【注释】

①庐山：在今江西省九江市南，中国名山之一。

②香炉：庐山香炉峰。

③挂前川：挂在前面。

④九天：古代传说天有九重，九天是天的最高层。

幼女词

施肩吾①

幼女才六岁，未知巧与拙。
向夜在堂前，学人拜新月②。

大意： 刚刚六岁的小女儿，还分不清什么是"巧"和"拙"。在七月初七的夜晚，也学着大人的样子，在堂前郑重其事地乞巧拜新月。这首诗通过一件生活小事，写出了一个幼女的稚气和天真，妙趣横生。

【注释】

①施肩吾：生卒年不详，唐代诗人。

②拜新月：指在农历七月初七的七夕节这天有乞巧"拜新月"的习俗。

小儿垂钓

胡令能①

蓬头稚子②学垂纶③，侧坐莓苔④草映身。
路人借问⑤遥招手，怕得鱼惊不应⑥人。

大意： 一个头发蓬乱的小孩在河边学着大人钓鱼，侧身坐在青苔上，身影掩映在野草丛中。听到有过路的人问路，他远远地招了招手，害怕惊动了鱼儿，不敢答话。这首诗描写一个小孩子在水边聚精会神钓鱼的情景，极其传神地刻画了儿童那种认真的神态和天真的童趣。

【注释】

①胡令能：生卒年不详，唐代诗人。

②稚子：年龄小的孩子。

③垂纶：钓鱼。纶：钓鱼用的丝线。

④莓苔：泛指贴着地面生长在阴湿地方的植物。

⑤借问：向人打听。

⑥应：回应，答应。

第八课

晓出净慈寺①送林子方②

杨万里

毕竟③西湖六月中，风光不与四时④同。
接天莲叶无穷碧，映日荷花别样⑤红。

大意： 这是一首描写杭州西湖夏日美景的诗。毕竟是六月的西湖美景，独特的风光与其他的季节真是不一样。翠绿的莲叶就像使人置身于无穷碧绿的天边，娇美的荷花在阳光映照下，更显得格外红艳。

【注释】

①净慈寺：杭州西湖边的著名佛寺。

②林子方：作者的朋友。

③毕竟：到底，终究。

④四时：春夏秋冬四个季节。在这里指六月以外的其他时节。

⑤别样：特别，不一样。

绝 句

杜 甫①

两个黄鹂鸣翠柳，一行白鹭上青天。
窗含西岭千秋雪②，门泊东吴③万里船。

大意： 杜甫寓居成都草堂，作七言绝句四首，本诗是第三首。这首诗描写的是草堂门前浣花溪边的春天美景。两只黄鹂在碧绿的柳树间鸣叫，一行白鹭展翅飞上蓝天。从窗口中可以看见西岭长年不化的积雪，门外江边停泊着不远万里而来的东吴航船。

【注释】

① 杜 甫（712—770）：唐代诗人。

②西岭：成都西面的岷山。千秋雪：终年不化的积雪。

③东吴：指长江下游的江苏一带。

舟夜书所见

查慎行①

月黑见渔灯，孤光②一点萤。
微微风簇③浪，散作满河星。

【注释】
①查慎行（1650—1727）：清代诗人。
②孤光：孤零零的灯光。
③簇：拥起。

大意：这首诗是诗人在船上过夜时写下的所见景物。漆黑之夜不见月亮，只见那渔船上的灯光，孤独的灯光在茫茫的夜色中，像萤火虫一样发出一点微亮。微风阵阵，河水泛起层层波浪，渔灯微光在水面上散开，河面就像撒落无数的星星。诗人运用动静结合的手法，展示了一幅美丽的河上夜景。

苔

袁 枚①

白日②不到处，青春恰自来。
苔花如米小，也学牡丹开。

【注释】
①袁枚（1716—1798）：清代诗人。
②白日：明亮的阳光。

大意：明亮的阳光照耀不到的地方，苔的生长依然充满着青春活力。苔花虽然如米粒一般微小，但是依然像那美丽高贵的牡丹一样，灿烂地盛开，绽放着个性的光彩。

古代诗歌

（二年级适用）

荷塘鸳鸯图（清·沈铨）

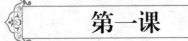

绝 句①(其一)

杜 甫②

迟日③江山丽，春风花草香。
泥融④飞燕子，沙暖睡鸳鸯⑤。

大意： 这首诗描绘了一幅生机盎然、充满诗情画意的春景图。春天阳光和煦，江山显得格外秀丽；春风拂过，飘来阵阵花草的芳香。泥土湿润松软，引来燕子衔泥筑巢；温暖的沙滩上，成对的鸳鸯依偎安睡。

【注释】

①杜甫寓居成都草堂，作五言绝句二首。
②杜甫(712—770)：唐代诗人。
③迟日：指春天。
④泥融：指泥土解冻变得潮湿松软。
⑤鸳(yuān)鸯(yāng)：一种水鸟，常成对地生活在水上。

绝 句(其二)

杜 甫

江碧鸟逾①白，山青花欲燃②。
今春看又过，何日是归年。

大意： 这首诗前两句写景，后两句抒情，触景生情，抒发乡愁。江水碧波浩荡，衬托着水鸟羽毛更加洁白；山峦郁郁苍苍，映衬着花儿红艳无比像燃烧的火一样。今年春天眼看就要过去，不知道哪一天才是我回家的日子。

【注释】

①逾：更加。
②花欲燃：花红得像燃烧的火一样。

鸟鸣涧①

王 维②

人闲③桂花落，夜静春山空④。
月出惊山鸟，时鸣⑤春涧中。

大意： 这首诗描写的是山中春夜的景象。山中寂静，桂花纷纷飘落；春夜无声，山林更显空寂。明月升起，惊动栖息的小鸟；鸟鸣清脆，时而回荡在山涧之中。

【注释】
①涧：两山之间的小溪。
②王维（约701—761）：唐代诗人。
③闲：安静、悠闲。
④空：空寂。
⑤时鸣：不时地啼叫。

春游曲

王 涯①

万树江边杏，新开②一夜风。
满园深浅色③，照在绿波中。

大意： 这首诗写的是初春美景。江边万株杏树，一夜春风花开满枝，整个园子里颜色深浅不同的朵朵杏花与碧绿的江水交相辉映，春意盎然。

【注释】
①王涯（？—835）：唐代诗人。
②新开：刚刚开放。
③深浅色：指颜色深浅不同的杏花。

零陵①早春

柳宗元②

问春从此去，几日到秦原③？
凭寄④还乡梦，殷勤⑤入故园。

大意：这是柳宗元被贬居湖南永州时写的一首思乡诗。请问春天从这里离开，何时才能到长安？托付给你还乡梦，恳请带我回家园。诗人借春风和梦境来寄托自己的思乡之情。

【注释】

①零陵：此指永州。
②柳宗元(773—819)：唐代文学家。
③秦原：这里是指长安。
④凭寄：托寄，托付。
⑤殷勤：恳切，深厚。

人日①思归

薛道衡②

入春才七日③，离家已二年④。
人归落雁后，思发在花前。

大意：这是一首思乡诗，描写的是远在他乡的游子在新春佳节之际渴望回家与亲人团聚的心情。春节后才过了七天，却感觉离开家有两年了。回家的日子也许要落在春回大地北归的大雁之后了，而想回家的念头早在春暖花开之前就有了。

【注释】

①人日：古代以农历正月初七为人日。
②薛道衡(540—609)：隋代诗人。
③入春才七日：即人日。把春节当成春天开始，因此说"入春"。
④二年：指从旧年跨入了新年，并非整两年。

独坐敬亭山①

李 白②

众鸟高飞尽，孤云独去闲③。
相看两不厌④，只有敬亭山。

大意： 这首诗写的是诗人独坐敬亭山时的感受。天上的鸟儿高飞远去，直至无影无踪；长空还有一片白云，慢慢地越飘越远。能够与我相看而不觉得厌烦的，只有眼前的敬亭山。

遗爱寺①

白居易②

弄③石临溪坐，寻花绕寺行。
时时闻鸟语④，处处是泉声。

【注释】

①遗爱寺：寺名，位于江西庐山。

②白居易（772—846）：唐代诗人。

③弄：在手里玩。

④鸟语：鸟鸣声。

大意： 这是一首游记短诗。拿着石子面对着小溪坐着，为了赏花，在寺庙周围的小路上行走。不时听到小鸟的啼叫声，到处听到泉水的叮咚声。全诗通过"弄""坐""寻""闻"四个动词，对"石""溪""花""鸟语""泉声"进行渲染，勾勒出一幅鲜活的风景图。

第三课

山中杂诗

吴　均①

山际见来烟②，竹中窥③落日。
鸟向檐④上飞，云从窗里出。

大意： 这首诗描写的是诗人居住在山中的景象。山峰环绕，竹木茂盛，在幽静的山谷中缭绕着阵阵雾气；夕阳西下，金色的余晖洒落在竹林的缝隙里。鸟儿欢快地在屋檐上飞来飞去，云朵看起来就像从窗中飘出来一样。

【注释】

①吴均（469—520）：南朝梁文学家。

②烟：指山里面的雾气。

③窥（kuī）：指从缝隙中看。

④檐（yán）：房檐。

江　上

王安石①

江水漾②西风，江花脱晚红。
离情被横笛③，吹过乱山东。

大意： 这是作者一日游长江时有感而作。一阵秋风吹过，江面上水波荡漾，江畔的红花在夕阳下纷纷飘落。远去的笛声伴着离别之情，不经意已随着秋风吹送到乱山的东边。

【注释】

① 王 安 石（1021—1086）：北宋政治家、文学家。

②漾：水波摇动。

③横笛：横吹的笛子，这里指笛声。

逢①雪宿②芙蓉山主人

刘长卿③

日暮苍山远，天寒白屋贫④。

柴门闻犬吠，风雪夜归人。

大意：这首诗写的是诗人投宿山村人家时的情景。黄昏时分，苍茫的芙蓉山显得模糊而遥远；天气寒冷，所借宿的茅屋看上去更加冷清萧条。忽然听见柴门外传来狗叫声，应该是主人冒着风雪夜里赶回来了。全诗仅以寥寥二十个字，就描绘出一幅风雪夜归图。

十二月十五夜

袁 枚①

沉沉更鼓急②，渐渐人声绝③。

吹灯窗更明，月照一天雪。

大意：这首诗写的是农历十二月十五日冬天夜晚的所见所闻。更鼓从远处一阵紧似一阵地传来，忙碌的人们陆续入睡无声。把油灯吹灭后，窗子却显得更加明亮，那是夜空的明月与白雪交相映照在窗上。全诗用夜深、鼓急、人静、窗明、雪月交辉这些具体现象，描绘了一幅明净的冬天夜景图。

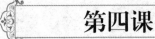

春 日

朱 熹①

胜日寻芳②泗水滨③，无边光景一时新。
等闲④识得东风⑤面，万紫千红总是春。

大意： 这首诗描绘了春天风和日丽、百花争艳的美好景象。一个天气晴朗的日子，来到泗水河边欣赏春光，只见无边无际的风光景物焕然一新。随处都能看到春天的面貌，万紫千红的百花都是春天的美景。

【注释】

① 朱 熹（1130—1200）：南宋哲学家、教育家。

② 胜日：天气晴朗的日子。寻芳：游春，踏青。

③ 泗（sì）水：河名，在今山东省中部。滨（bīn）：水边。

④ 等闲：随意，轻易。

⑤ 东风：春风。

清 明①

杜 牧②

清明时节雨纷纷，路上行人欲断魂③。
借问④酒家何处有？牧童遥指杏花村⑤。

大意： 这首诗写的是清明节外出遇雨的情景。清明时节春雨连绵不断，路上行人的心情伤感烦乱。请问哪里才有酒家？牧童伸手指向远处盛开杏花的村庄。全诗通俗流畅，感情真实自然，历来广为传诵。

【注释】

①清明：二十四节气之一，人们有扫墓、踏青等习俗。

② 杜 牧（803—852）：唐代文学家。

③欲断魂：形容心情伤感烦乱，好像灵魂要与身体分开一样。

④借问：请问。

⑤牧童：放牛的孩子。杏花村：杏花深处的村庄。这里泛指酒家。

兰溪棹歌①

戴叔伦②

凉月如眉挂柳湾，越中③山色镜中看。
兰溪三日桃花雨④，半夜鲤鱼来上滩。

【注释】

①兰溪：水名,在今浙江兰溪的西南。棹(zhào)歌：船歌。

②戴叔伦(732—789)：唐代诗人。

③越中：今浙江中部。

④桃花雨：桃花开时下的雨,指春雨。

大意：这首诗描写的兰溪夜景,动静结合,充满生机,让人犹如身临其境。清冷的月亮像弯弯的眉毛挂在河边的柳梢上,越中的山色倒映在平如明镜的溪水中。兰溪一连下了三日春雨,嬉水的鲤鱼半夜跃上了河滩。

大林寺①桃花

白居易

人间②四月芳菲尽③，山寺桃花始盛开。
长恨④春归无觅处，不知转入此中⑤来。

【注释】

①大林寺：在江西庐山香炉峰顶的一座寺庙。

②人间：指山下平原地带。

③芳菲：盛开的花。尽：繁花凋谢。

④长恨：常常惋惜。

⑤此中：指山中的寺庙里。

大意：这是一首记游诗。四月山下的繁花大都已凋谢,山上大林寺的桃花却刚刚盛开。常常惋惜春天走得太快,却不知道到山中来寻找春天。诗中用拟人的手法,把春天写得仿佛有腿似的,可以转来走去,生动可爱。

第五课

赏牡丹

刘禹锡①

庭前芍药妖无格②，池上芙蕖③净少情。
唯有牡丹真国色④，花开时节动京城⑤。

大意：庭院中的芍药花虽艳丽，但格调不高；池面上的荷花虽清雅洁净，却缺少热情。只有牡丹花才是真正的国色，是最美的花，当它开花的时节，赏花的盛况轰动京城。全诗用拟人、对比和抑彼扬此的反衬手法，巧妙生动地赞颂了牡丹的美丽。

【注释】
①刘禹锡（772—842）：唐代文学家。
②妖：艳丽、妩媚。无格：指格调不高。
③芙蕖（qú）：荷花的别名。
④国色：原意为一国中姿容最美的女子，此处指牡丹花色卓绝，艳丽高贵。
⑤京城：指唐朝的都城长安。一说洛阳。

采莲曲

王昌龄①

荷叶罗裙②一色裁，芙蓉③向脸两边开。
乱④入池中看不见，闻歌始觉有人来。

大意：采莲姑娘的丝绸裙子像荷叶一样碧绿，鲜艳的荷花正迎着姑娘的脸庞盛开。姑娘进入池塘与荷花混在一起，让人分辨不清。只有听到《采莲曲》的歌声，才感觉她们正向这边驶来。

【注释】
①王昌龄（？—约756）：唐代诗人。
②罗裙：丝绸的裙子。
③芙蓉：即荷花。
④乱：混杂。

四时田园杂兴①

范成大②

梅子金黄杏子肥，麦花雪白菜花稀。
日长篱落③无人过，惟有蜻蜓蛱蝶④飞。

大意：这首诗写的是初夏江南的田园景色。梅子已金黄成熟，杏子也越来越饱满；荞麦花一片雪白，油菜花却显得稀稀落落。忙着农活的农民早出晚归，篱笆门前没有人经过，只有蜻蜓和蝴蝶绕着飞来飞去。

【注释】

①《四时田园杂兴》是诗人退居家乡苏州石湖期间所作的一组大型田园诗，共六十首，描写农村春、夏、秋、冬四个季节的景色和农民的生活。本诗是其中的第二十五首。

②范成大（1126—1193）：南宋诗人。

③篱落：篱笆。

④蛱（jiá）蝶：蝴蝶的一种。

菊 花

元 稹①

秋丛②绕舍似陶家③，遍绕篱边日渐斜。
不是花中偏爱菊，此花开尽更④无花。

大意：一丛丛秋菊围绕着房舍盛开，好像到了陶渊明的家，围绕着篱笆赏着菊花，不知不觉太阳已经快落山了。不是在百花中偏爱菊花，而是菊花开过之后再没有什么花可以欣赏了。

【注释】

①元稹（zhěn）（779—831）：唐代诗人。

②秋丛：一丛丛秋天的菊花。

③陶家：东晋诗人陶渊明最爱菊花，他家中遍植菊花。

④更：再。

第六课

早发白帝城①

李　白

朝辞白帝彩云间，千里江陵②一日还。
两岸猿声啼不住，轻舟已过万重山。

大意：乾元二年(759)春天，李白获罪被流放夜郎(今贵州桐梓)行至白帝城途中遇赦。这首诗是他从白帝城乘船东下江陵时所作。清晨从彩云映照的白帝城顺流漂下，一天时间就回到千里之外的江陵。途中不时地听见长江两岸的猿猴的啼叫，轻快的小船早已穿过万水千山。全诗写景抒情，表达了诗人轻松愉快的心情。

【注释】

①发：启程。白帝城：古城名，遗址在今重庆市奉节县城东白帝山上。诗题又名《下江陵》。

②江陵：今湖北江陵县。从白帝城至江陵约一千二百余里，其间包括三峡七百余里。

山　行

杜　牧

远上寒山①石径斜②，白云生处有人家。
停车坐③爱枫林晚，霜叶红于④二月花。

大意：这首诗以枫林为主要景色，描绘出了一幅赏心悦目的山林秋色图。通往深山的石头小路蜿蜒曲折，没想到白云飘浮的地方还有居住的人家。停车下来是因为喜欢这里枫林的晚景，这被霜打的枫叶比二月的红花还要艳丽。

【注释】

①寒山：指深秋时的山。

②径：小路。斜(xié)：倾斜。

③坐：因为。

④红于：比……还要红。

望天门山①

李 白

天门中断楚江②开，碧水东流至此回③。

两岸青山相对出，孤帆一片日边来④。

大意：这首诗描写的是天门山一带雄伟壮丽的景色。长江犹如巨斧劈开天门山雄峰，碧绿的江水东流到这里旋转向北流去。两岸青山夹江对峙耸立，远处一只小船从太阳升起的地方悠悠驶来。这首诗用了六个动词"断、开、流、回、出、来"，使山水景物呈现出动态的画面，景色由远及近再及远地展开，展现出意气风发的豪放之情。

望洞庭①

刘禹锡

湖光秋月两②相和③，潭面④无风镜未磨。

遥望洞庭山水翠，白银盘里一青螺⑤。

大意：这首诗描写了秋夜月光下洞庭湖的优美景色。诗人从一个"望"字着眼，洞庭湖上水月交融，湖平如镜，是近望所见。洞庭山水一片翠绿犹如托在银盘上的青螺，是遥望所得。虽然都是写望中景象，却有很大差异。诗人以清新的笔调，勾画出一幅美丽的洞庭山水图。

第七课

黄鹤楼送孟浩然之广陵①

李 白

故人②西辞黄鹤楼，烟花③三月下扬州。
孤帆远影碧空尽，唯见长江天际④流。

大意：这是一首意境开阔的送别诗。老朋友在黄鹤楼与我辞别，阳春三月前往杨柳如烟、繁花似锦的扬州。小船远去，消失在碧蓝的天边，只见长江滚滚东去，向天边奔流。

【注释】

①黄鹤楼：在今湖北武汉。之：往、到达。广陵：扬州古称。

②故人：老朋友，这里指孟浩然。

③烟花：指艳丽的春景。

④天际：天边。

泊船①瓜洲②

王安石

京口③瓜洲一水间，钟山④只隔数重山。
春风又绿江南岸，明月何时照我还？

大意：这首诗是作者在途中触景生情而作。京口与瓜洲之间仅有一道长江，到钟山也只隔着几重青山。春风又吹绿了江南两岸，明月什么时候才能照着我回到家乡？诗中"绿"字将无形的春风化为鲜明的形象，流露出作者对家乡的怀念。

【注释】

①泊船：指停船靠岸。

②瓜洲：今江苏扬州的长江边，位于长江北岸，大运河入长江处，著名的古渡口。

③京口：今江苏镇江，位于长江南岸。

④钟山：今南京市紫金山。

回乡偶书

贺知章①

少小离家老大②回，乡音无改鬓毛衰③。
儿童相见不相识，笑问客从何处来。

【注释】

①贺知章（659—约744）：唐代诗人。

②老大：年老时。

③鬓（bìn）毛衰：两鬓的头发已经斑白。

大意：这首诗是贺知章86岁告老还乡后感慨而作。年少时离开家乡，年老时才回来。乡音虽然没有改变，可是两鬓已经斑白。村里的孩子们见了我都不认识，笑着问我这个客人是从哪里来的。

九月九日①忆山东②兄弟

王　维

独在异乡③为异客，每逢佳节倍思亲。
遥知兄弟登高④处，遍插茱萸⑤少一人。

【注释】

①九月九日：即重阳节。

②山东：指华山以东（今山西），作者家乡在蒲州（今山西永济）。

③异乡：他乡，外乡。作者当时独居华山以西的长安（今陕西西安市）。

④登高：古代有重阳节登高的风俗。

⑤茱萸（zhū yú）：一种香草。古时重阳节人们插戴茱萸，据说可以消灾除病。

大意：这是诗人在重阳节思念家乡亲人时写下的一首诗。我独自在异地他乡，每到佳节就更加思念亲人。我想在遥远的家乡，兄弟们一定会登高望远，他们头上都插着茱萸，为唯独少了我而感到遗憾。诗中"每逢佳节倍思亲"是千百年来无数游子离人思乡的共同感受。

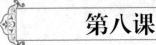

第八课

乞 巧①

林 杰②

七夕今宵看碧霄③，牵牛织女渡河桥。
家家乞巧望秋月，穿尽红丝几万条④。

大意： 农历七月初七夜晚，俗称"七夕"，又称"女儿节"，是传说中隔着"天河"的牛郎和织女在鹊桥上相会的日子。乞巧，就是向织女乞求一双巧手的意思。乞巧最普遍的方式是对月穿针引线，如果线从针孔穿过，就叫得巧。乞巧表达了人们追求幸福的心愿。

七夕晚上望着碧蓝的天空，就好像看见隔着"天河"的牛郎织女在鹊桥上相会。家家户户都在一边观赏秋月一边乞巧，穿过的红线都有几万条了。

【注释】

①乞巧：古代节日，农历七月初七，又名七夕。

②林杰（831—847）：唐代诗人。

③碧霄：指浩瀚无际的青天。

④几万条：形容很多。

所 见

袁 枚

牧童①骑黄牛，歌声振林樾②。
意欲捕鸣蝉，忽然闭口立。

大意： 这是一首充满童趣的诗。骑在黄牛背上的牧童，清亮的歌声在林中回荡。忽然想要捕捉树上鸣叫的知了，于是就一声不响地站在那里。

【注释】

①牧童：指放牛的孩子。

②林樾（yuè）：指道旁成荫的树。

牧 童

吕 岩①

草铺横野②六七里，笛弄③晚风三四声。
归来饱饭黄昏后，不脱蓑衣④卧月明⑤。

大意：这首诗描绘的是一幅牧童晚归图。绿草如茵的广阔原野一望无际，晚风中传来时断时续的悠扬笛声。牧童放牧归来，晚饭后连蓑衣都没脱，就悠闲地躺在草地上看着天上的月亮。

【注释】

①吕岩：字洞宾，生卒年不详，唐代道士。

②铺：铺开，展开。横野：宽阔的原野。

③弄：摆弄。

④蓑衣：用棕毛或草制成的、披在身上的防雨用具。

⑤卧月明：躺着观看明月。

舟过安仁①

杨万里②

一叶渔船两小童，收篙③停棹④坐船中。
怪生⑤无雨都张伞，不是遮头是使风⑥。

大意：这首诗描写的是诗人乘船路过安仁时所见到的情景。在一只小渔船上，坐着两个小孩子，他们没有划船，而是收起竹篙停下船桨，张开了伞。原来两个孩子张开伞不是为了遮雨，而是利用伞当帆使风吹动小船前进。诗中两个小孩充满童趣，透出了孩童才有的奇思妙想和行为，使人感到童年时代的天真烂漫，开心有趣。

【注释】

①安仁：县名，在今湖南省东南部。

②杨万里（1127—1206）：南宋诗人。

③篙（gāo）：撑船用的竹竿或木杆。

④棹（zhào）：船桨。

⑤怪生：怪不得。

⑥使风：指小孩用伞当帆，让风吹动小船向前行驶。

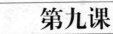

宿新市徐公店①

杨万里

篱落疏疏②一径③深，树头新绿未成阴④。

儿童急走追黄蝶，飞入菜花无处寻。

大意：这首诗描写的是春意盎然的乡村风光。篱笆稀疏，一条小路通向远方，路旁树上生长出来的绿叶还没形成树荫。孩子们奔跑着，追赶黄色的蝴蝶，可是黄色的蝴蝶飞到黄色的菜花丛中，让孩子们再也找不到它们了。

【注释】

①宿：住宿。新市：地名。徐公店：姓徐的人家开的客店。公：古代对男子的尊称。

②篱：篱笆。疏疏：稀疏。

③径：小路。

④阴：树荫。

夜书所见

叶绍翁①

萧萧②梧叶送寒声，江上秋风动客情③。

知有儿童挑促织④，夜深篱落一灯明。

大意：这首诗描写的是秋夜所见引起的思乡之情。萧瑟的秋风吹动梧桐树叶，送来阵阵寒意，江上吹来秋风，不禁引起游子的思乡之情。夜色中，仍能看到篱笆下不眠的灯火，孩子们还在兴致勃勃地拨弄着蟋蟀。

【注释】

①叶绍翁：生卒年不详，南宋诗人。

②萧萧：这里形容风吹梧桐叶发出的声音。

③客情：旅客思乡之情。

④挑：用细长的东西拨弄。促织：俗称蟋蟀。

小 松

杜荀鹤①

自小刺头②深草里,而今渐觉出蓬蒿③。

时人不识凌云④木,直待凌云始道⑤高。

大意:这首诗借松树的成长而喻人,寓意深长。小松树刚出土时还埋没在草丛之中,如今已高出了那些野草。世俗之人没有识别高耸入云树木的眼力,直到长成栋梁之材才说松树高大。

【注释】

　　①杜荀鹤(846—904):唐代诗人。

　　②刺头:指长满松针的小松树。

　　③蓬蒿(péng hāo):蓬和蒿是两种野草。

　　④凌云:高耸入云。

　　⑤始道:才说。

书斋漫兴(其二)

翁承赞①

官事②归来衣雪埋,儿童灯火小茅斋③。

人家不必论贫富,唯有读书声最佳。

大意:诗人忙完公事,冒着纷纷扬扬的大雪赶回家门时,只见茅屋中亮着灯光,孩子正在大声地诵读着诗文。此时此刻,诗人心中不禁涌起一股喜悦和感悟:不必去谈论家庭的贫穷富贵,只有琅琅的读书声才能使人获得美好的未来。

【注释】

　　①翁承赞(859—932):唐代诗人。

　　②官事:官府里的公事。

　　③茅斋:茅草屋。

《千家诗》（上）

（三、四年级适用）

《千家诗》简介

中国古代明清及民国时期，《千家诗》是蒙学的重要教材之一。明清时期，文人宴会时，还常常以《千家诗》中的诗句作酒令，民间也以其诗意作画、装饰灯具。

《千家诗》的版本有很多，通行本定型于清代，主要由《七言千家诗》和《五言千家诗》构成。整本书分为七言绝句、七言律诗、五言绝句、五言律诗四卷。每一卷基本按照春、夏、秋、冬的季节顺序来编排。虽然多为成人的诗篇，但许多内容充满童趣，无论是对自然的描摹，还是对乡居生活的再现，都充满自然之真、自然之趣。当代特级教师于漪在《我与〈千家诗〉》中曾描述自己的感受："按春、夏、秋、冬顺序编排，打开书往下念，四季风光就会依次展现在眼前。'万紫千红总是春''春城无处不飞花''绿树荫浓夏日长''五月榴花照眼明''青女素娥俱耐冷，月中霜里斗婵娟''梅雪争春未肯降，骚人搁笔费评章'……冬天去了，春天又回来了。吟诵这些诗句，春花秋月，一年四季都沉醉在诗的意境里。"

在诗歌的选篇上，《千家诗》注重的是以"细雨无声之言"，使少年儿童能"识鸟兽草木之名"，所以篇幅短小、题材丰富，且不拘泥于名家名诗。吟诵这些诗篇，可以沉醉自然万物之境，了解社会民俗之风，感悟思乡怀古之意，从而丰富想象，积淀语言，内化情感。

春日偶成

程　颢①

云淡风轻近午天②，傍③花随柳过前川④。

时人不识余⑤心乐，将谓⑥偷闲学少年。

大意：这首诗写的是诗人在春天郊游的快乐心情和风和日丽的美景。近中午时分，天空薄云飘浮，清风拂面，穿过花丛绿柳，来到河畔。旁人不会感受到我内心的快乐，还以为我模仿年轻人忙里偷闲呢。

【注释】

①程颢（hào）（1032—1085）：北宋哲学家、教育家。

②午天：指中午。

③傍：依靠。

④川：平原或河畔。

⑤余：我。

⑥谓：认为。

春　宵

苏　轼①

春宵②一刻③值千金，花有清香月有阴。

歌管④楼台声细细，秋千院落夜沉沉。

大意：春天的夜晚，时间多么珍贵，一刻钟都要价值千金。在明朗的月色映衬下，花儿散发着清香。豪门的楼台上隐隐约约传来音乐的声音。此时夜已沉沉，挂着秋千的院落一片寂静。

【注释】

①苏轼（1037—1101）：宋代文学家。

②宵：指夜晚。

③一刻：比喻时间短暂。刻，古代计时单位，古人用漏壶计时，一昼夜共分为一百刻。

④歌管：歌声和管乐奏出的声音。

城东早春

杨巨源^①

诗家清景在新春^②，绿柳才黄半未匀。

若待上林^③花似锦，出门俱^④是看花人。

大意：这首诗写的是诗人对早春风光的赞美之情。柳树枝头嫩叶初萌，鹅黄的颜色还未均匀。而如果到了京城花开的时候，一出门看到的都将是赏花的人。

【注释】

①杨巨源（755—?）：唐代诗人。

②新春：在这里指早春。

③上林：是指上林苑，建于秦代，汉武帝时加以扩充，为汉宫苑。

④俱：全，都。

春 夜^①

王安石^②

金炉香尽漏声^③残，剪剪^④轻风阵阵寒。

春色恼人眠不得，月移花影上栏杆。

大意：这首诗写于王安石在翰林院值夜班的时候。香炉中的香已经燃尽，漏壶里水滴的声音也将消失。拂晓的春风带来了阵阵的寒意。然而春天的景色却撩拨着人无法入睡，只看见月色中花影斜照在栏杆上。

【注释】

①诗题又名《夜直》。

②王安石（1021—1086）：北宋政治家、文学家。

③漏声：指漏壶滴漏发出的声音。漏，古代计时用的漏壶。

④剪剪：形容风轻微而带寒意。

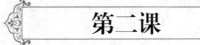

第二课

初春小雨①

韩 愈②

天街③小雨润如酥④，草色遥看近却无。
最是一年春好处⑤，绝胜烟柳满皇都⑥。

大意： 这是一首赞美早春美景的诗。京城街道的小雨柔和轻细，草色远望似有，近看若无。一年之中最美的就是这早春的景色，远远超过杨柳满城的晚春景象。

【注释】

①诗题又名《早春呈水部张十八员外》，张十八员外指当时任水部员外郎的诗人张籍。

② 韩 愈（768—824）：唐代文学家。

③天街：京城街道。

④润如酥：形容春雨滋润细腻。酥：酥油。

⑤最是：正是。处：时。

⑥皇都：帝都，这里指长安。

立春偶成

张 栻①

律回②岁晚冰霜少，春到人间草木知。
便觉眼前生意③满，东风吹水绿参差④。

大意： 立春时节大地回暖，冰霜渐渐消融，春天来了，花草树木往往先知先觉。忽然觉得眼前充满无限生机，春风不久将会吹皱一池绿水。

【注释】

①张栻(shì)(1133—1180)：南宋学者。

②律回：指立春，阳气回生。

③生意：指万物的生机。

④参差：这里指水面不平，泛起涟漪。

元　日①

王安石

爆竹声中一岁除，春风送暖入屠苏②。
千门万户曈曈③日，总把新桃④换旧符。

【注释】

①元日：农历正月初一，即春节。

②屠苏：这里指一种酒，根据古代风俗，常在元日饮用。

③曈（tóng）曈：形容太阳出来后天色渐亮的样子。

④桃：即桃符，古代新年悬挂于大门上的辟邪门饰，春联的前身。

大意：这首诗描写的是春节热闹、欢乐和万象更新的动人景象。爆竹声中送走了旧的一年，人们畅饮屠苏酒感到了如春天般的温暖。太阳出来后照耀着千家万户，家家门上都换上新的桃符。王安石也借这首迎接新年的即景之作，抒发了自己执政变法、除旧布新、强国富民的抱负和乐观自信的情绪。

咏华清宫①

杜　常②

行尽江南数十程，晓风残月入华清。
朝元阁上西风急，都入长杨③作雨声。

【注释】

①华清宫：唐代离宫，以温泉著称。

②杜常：生卒年不详，宋代诗人。

③长杨：长杨宫，汉宫殿名，因宫中种数亩白杨树而得名。

大意：这首诗描绘的是华清宫凄凉的景色。在晚风的吹拂下走完了江南数十个驿站的旅程，在即将天亮的时候来到了华清宫。这时朝元阁上忽然刮起了西风，大风卷着雨水都落入了长杨宫中，远远地就可以听到凄凉的雨声。

题邸间壁①

郑 会②

荼蘼③香梦怯春寒，翠掩重门燕子闲。

敲断玉钗红烛冷，计程应说到常山④。

大意：这首诗写的是诗人在旅途中想念家乡和亲人的情景。诗人想象在初春的夜晚，荼蘼的芬芳应该飘进妻子的睡梦中，但春寒料峭搅扰了好梦。寂静的庭院里绿树遮掩一道道的院门，燕子也安静了。妻子一个人孤孤单单，不断敲打玉钗，竟然把玉钗敲断了，而烛火渐渐地黯灭了。她计算着丈夫的行程，应该到常山地界了。

【注释】

①题邸（dǐ）间壁：邸，旅馆。这首诗是题壁诗，写在旅舍的墙上。

②郑会：生卒年不详，南宋诗人。

③荼蘼（tú mí）：一种可供观赏的植物。

④常山：地名，今浙江省常山县。

海 棠

苏 轼

东风袅袅①泛崇光②，香雾空蒙月转廊。

只恐夜深花睡去，故烧高烛照红妆。

大意：这首诗写的是作者在海棠花开时节与友人赏花时的所见。在袅袅东风的吹拂下，海棠花在月光的照耀下泛出高洁美丽的光泽。花朵的香气融入朦胧的雾气中，而此时月亮已经转过院中的回廊。只怕在这深夜时分，花儿就会睡去，因此点着高高的蜡烛，不愿错过欣赏这海棠盛开的景象。

【注释】

①袅袅：形容微风吹拂的样子。

②崇光：指海棠花光泽的高洁美丽。

清 明

王禹偁①

无花无酒过清明，兴味萧然②似野僧。

昨日邻家乞新火③，晓窗分与读书灯。

大意：这首诗写的是作者早年清苦寂寞的读书生活。过清明节时也无花可赏，无酒可饮，这样寂寞清苦的生活就像山野僧人那样，索然无味。昨天从邻居家讨来新燃的火种，清明节一早，就又在窗前点灯潜心读书了。

【注释】

①王禹偁(chēng)(954—1001)：北宋学者。

②萧然：萧条冷落的样子。

③新火：唐宋时期的习俗，清明节前一日是寒食节，需要禁火，到清明节再起火，即为"新火"。

社 日①

王 驾②

鹅湖山下稻粱肥，豚栅鸡栖半掩扉③。

桑柘影斜④春社散，家家扶得醉人归。

大意：这首诗通过侧面细节描写来展现社日欢乐的景象。鹅湖山下稻粱已长得饱满，院子里猪圈鸡窝的门都半掩着。桑树柘树被夕阳照出斜长的影子，此时春社热闹的欢宴才渐渐散去，家家都扶着喝醉的人兴奋地回家。

【注释】

①社日：古代祭祀土神的日子，分为春社和秋社。

②王驾：生卒年不详，唐代诗人。

③扉：门。

④桑柘(zhè)影斜：日过午后，树影越来越斜，此指日色已晚。桑柘：桑树和柘树。

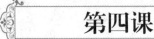

寒 食①

韩 翃②

春城无处不飞花，寒食东风御柳斜。
日暮汉宫③传蜡烛，轻烟散入五侯④家。

大意：这是一首讽刺诗。寒食节禁火，而王公大臣却可以得到特赐的火烛，享有特权。暮春时节的长安城，到处飞舞着落花，寒食节这一天东风吹拂着皇家花园的柳枝。夜晚皇宫里忙着传递出恩赐的蜡烛，这蜡烛的轻烟也一路散开，飘入了王侯权贵的家。

【注释】

①寒食：寒食节，古代是指清明节前一天的节日，需要禁火，只能吃冷食，因此得名。

②韩翃（hóng）：生卒年不详，唐代诗人。

③汉宫：这里用汉代皇宫来借指唐代皇宫。

④五侯：这里泛指权贵豪门。

江南春

杜 牧①

千里莺啼绿映红，水村山郭②酒旗风。
南朝③四百八十寺，多少楼台④烟雨中。

大意：这首诗描绘了一幅美丽生动的江南春景图。千里江南到处莺歌燕舞、花红柳绿，水村山郭的酒旗迎风招展，昔日南朝的佛寺庙宇有多少都笼罩在烟雨之中。

【注释】

① 杜 牧（803—852）：唐代文学家。

②山郭：山城，山村。郭：古代在城的外围加筑的一道城墙。

③南朝：东晋灭亡后，先后建立的宋、齐、梁、陈四个朝代的合称。

④楼台：指寺庙。

上高侍郎①

高 蟾②

天上碧桃和露种，日边红杏倚云栽。
芙蓉生在秋江上，不向东风怨未开。

大意：天上的仙桃是用露水浇种，日边的红杏倚着云彩栽种。可是芙蓉花却是生长在秋水中，从来都不向东风抱怨自己怎么不在春天开花。

【注释】

①上高侍郎：高侍郎，指的是礼部侍郎高湜。一说指高骈。这首诗是高蟾科考落第之后写的，通篇比喻，委婉表达自己的自信与不屈。

②高蟾(chán)：生卒年不详，唐代诗人。

绝 句

僧志南①

古木阴中系短篷②，杖藜③扶我过桥东。
沾衣欲湿杏花雨，吹面不寒杨柳风。

大意：这首诗写的是诗人在微风细雨中拄杖春游的乐趣。在茂密的古树荫下系好了小船，拄着竹杖向东走过小桥。此时的小雨连衣衫都淋不湿，阵阵杨柳风吹面而来，已经感觉不到寒冷。

【注释】

①僧志南：生卒年不详，南宋诗僧，志南是他的法号。

②短篷：指的是小船。

③杖藜(lí)：手杖。

第五课

游园不值①

叶绍翁②

应怜③屐齿④印苍苔，小扣⑤柴扉⑥久不开。
春色满园关不住，一枝红杏出墙来。

大意：这首诗写的是诗人春天游园的所见所感。园主大概是担心游人的木屐踩坏园里的青苔，诗人轻轻地敲柴门，却久久没有人来开门。满园的春色是关不住的，忽然看见有一枝红杏从墙头探伸出来。

【注释】

①不值：没有遇到人。值：遇到。

②叶绍翁：生卒年不详，南宋诗人。

③应：大概。怜：怜惜。

④屐(jī)齿：指木屐底下突出的部分。屐：木鞋。

⑤小扣：轻轻地敲。

⑥柴扉(fēi)：用木柴、树枝编成的门。

客中行①

李 白②

兰陵③美酒郁金香，玉碗④盛来琥珀光。
但使主人能醉客，不知何处是他乡。

大意：喝着兰陵甘醇的美酒，似乎能闻到郁金香的芬芳。用玉碗盛满美酒，泛着晶莹的琥珀光。只要主人端出能醉客的好酒，就会忘记何处是异乡。

【注释】

①客中行：指旅居他乡时所写的诗歌。

② 李 白（701—762）：唐代诗人。

③兰陵：地名，今山东省枣庄市。

④玉碗：玉制的食具，亦泛指精美的碗。

题 屏①

刘季孙②

呢喃燕子语梁间，底事③来惊梦里闲。
说与旁人浑不解，杖藜携酒看芝山。

【注释】

①题屏：把诗写在屏风上。

②刘季孙（1033—1092）：北宋诗人。

③底事：何事，为什么。

大意： 房梁间传出燕子的呢喃声，为什么来惊醒我悠闲的梦。我的悠闲之乐，说给别人听也不被理解，还不如挂上竹杖带着美酒去游览芝山了。

漫 兴①

杜 甫②

肠断春江欲尽头，杖藜徐步③立芳洲④。
颠狂柳絮随风舞，轻薄桃花逐水流。

【注释】

①漫兴：指的是即兴创作诗篇，此为《绝句漫兴九首》中的第五首。

②杜甫（712—770）：唐代诗人。

③徐步：就是慢慢走的意思。

④芳洲：长满花草的水中陆地。

大意： 看到春江美丽的景物，想到春日将逝不免感到伤感。拄着拐杖慢慢走到江头，站在芳洲上。看到柳絮疯狂地随风飞舞，轻薄不自重的桃花追逐流水而去。在诗人笔下，桃花柳絮被人格化了，后来该词成了势利小人的代名词。

庆全庵桃花①

谢枋得②

寻得桃源③好避秦，桃红又是一年春。
花飞莫遣④随流水，怕有渔郎来问津。

大意：诗人寻到了一个像桃花源那样理想的地方，可以如桃源人躲避秦朝暴政一样躲避新的朝廷。看见了桃花又一次盛开，才知道又一年的春天来到。不要让落花飞到流水中，担心像《桃花源记》里的渔人见了，可能会顺着水流找到这里。

【注释】

①庆全庵：南宋灭亡之后，谢枋得隐居建阳（今属福建）时给自己居所取的名称。

②谢枋（fāng）得（1226—1289）：南宋诗人。

③桃源：这首诗借用陶渊明《桃花源记》的故事，桃源指自己避世隐居的地方。

④莫遣：莫使，不要让。

玄都观桃花①

刘禹锡②

紫陌③红尘拂面来，无人不道看花回。
玄都观里桃千树，尽是刘郎④去后栽。

大意：这首诗作于元和十年(815)春，对朝廷当权新贵进行了辛辣的讽刺，而后作者和柳宗元等五人再次被外派边远地区任刺史。回到京城，看到大路上扬起的灰尘扑面而来，人们都说是刚从玄都观里赏花回来。玄都观里有上千株桃树，都是在我被贬离开京城后栽下的。

【注释】

①玄都观：唐代的一座道观，在今西安南门外。诗题又名《元和十年自朗州至京，戏赠看花诸君子》。

②刘禹锡（772—842）：唐代文学家。

③紫陌：指长安的街道。

④刘郎：诗人自称。

再游①玄都观

刘禹锡

百亩庭中半是苔，桃花净尽菜花开。
种桃道士归何处，前度②刘郎今又来。

【注释】

　①再游:是指十四年前,诗人因写《玄都观桃花》讽刺权贵,再度被贬,十四年后被召回又一次游玄都观。

　②前度:以前。度,次。

大意:看到玄都观的百亩庭院中大半长的是青苔,桃花开完之后菜花接着又开。当年种植桃树的道士去了哪里? 以前曾在这里赏花的被贬在外的刘郎今天又回来了。

滁州①西涧②

韦应物③

独怜④幽草涧边生，上有黄鹂深树鸣。
春潮带雨晚来急，野渡⑤无人舟自横。

【注释】

　①滁州:地名,即今安徽滁州市。

　②西涧:即今滁州城西上马河。

　③韦应物(约737—约791):唐代诗人。

　④独怜:唯独喜欢。怜:喜爱,怜爱。

　⑤野渡:荒郊的渡口。

大意:这首诗是诗人春游赏景之作。滁州西涧的幽草、黄鹂、春雨、春潮、野渡等平常景色,在诗人笔下变得有声有色,有动有静,景中有画,画中寓情。唯独喜欢生长在岸边幽暗处的小草,树丛深处黄鹂在树上鸣叫。晚上春潮夹着雨忽然降临,渡口无人,只有河中小船任意横漂。

第七课

花　影①

苏　轼②

重重叠叠上瑶台③，几度呼童扫不开。

刚被太阳收拾去，却教明月送将来。

大意：这是一首咏物诗。华贵亭台上映着层层叠叠的花影，几次叫童子去打扫，可是花影怎么能扫走呢。傍晚太阳下山时，花影刚刚隐退，可是月光却又将花影照映出来。

【注释】

①花影：庭院中花的影子。

②此诗作者一说谢枋得。

③瑶台：传说中仙人住的地方。这里指华丽精致的亭台。

北　山①

王安石

北山输绿涨横陂②，直堑③回塘滟滟④时。

细数落花因坐久，缓寻芳草得归迟。

大意：这首诗是王安石晚年隐居金陵钟山时所作。北山把绿意送给了水势上涨的水塘。笔直的沟渠，曲折的池塘，波光粼粼。兴起细细地数着落花竟因此坐了很久。归途中慢慢地寻找芳草，很晚才到家。

【注释】

①北山：钟山，即今南京紫金山。

②陂(bēi)：池塘，水边。

③堑(qiàn)：指壕沟，沟渠。

④滟滟(yàn)：形容春水波光动荡的样子。

湖^① 上

徐元杰^②

花开红树乱莺啼，草长平湖白鹭飞。

风日晴和人意^③好，夕阳箫鼓几船归。

【注释】

①湖：指杭州西湖。

②徐元杰（1196—1246）：南宋诗人。

③人意：指人的心情、心意。

大意： 这首诗写的是春日西湖美景。听到黄莺在开满红花的树上杂乱地啼叫。西湖绿草繁茂、水平如镜、白鹭飞翔。天气晴朗，风和日丽，游人心情也舒畅。夕阳西下，有几只船伴着箫鼓声归来。

漫 兴^①

杜 甫

糁径^②杨花铺白毡，点溪荷叶叠青钱。

笋根雉子^③无人见，沙上凫雏^④傍母眠。

【注释】

①漫兴：这首诗是《绝句漫兴九首》中的第七首。

②糁（sǎn）径：指散落（杨花花瓣）的小路。

③雉（zhì）子：指小野鸡。

④凫雏（fú chú）：指小野鸭。

大意： 这首诗写的是初夏的景色。杨花散落的小路上，就像铺开的白毡子。点缀在溪上的荷叶，就像一个叠一个的青铜钱。竹林里伏在笋根旁的小野鸡没有人看见，刚刚孵出的小水鸭，已经在沙滩上依偎着母鸭睡着了。

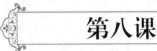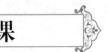

第八课

春 晴①

王 驾

雨前初见花间蕊②，雨后全无叶底花。
蜂蝶纷纷过墙去，却疑③春色在邻家。

大意： 在春雨降临之前，见到花中的新蕊，而雨后却在叶子底下找不到一朵花。采花的蜜蜂和蝴蝶都纷纷飞过院墙，竟使人怀疑春天的景色留在了邻家。

【注释】

①诗题又名《晴景》或《雨晴》。

②蕊：指花蕊。

③疑：怀疑，疑心。

春 暮

曹 豳①

门外无人问落花，绿阴冉冉②遍天涯。
林莺啼到无声处，青草池塘独听蛙。

大意： 这首诗描绘了暮春时节景物的变化。没人注意到门外已是落花纷纷，却只看到茂盛成荫的绿树，铺满广阔的大地。树上的黄莺啼声渐渐停下，在青草繁密的池塘边，只有青蛙还在不停地叫着。

【注释】

①曹豳（bīn）（1170—1250）：南宋诗人。

②冉冉（rǎn）：通"苒苒"，这里指草木茂盛的样子。

落 花

朱淑真①

连理枝②头花正开，妒花风雨便相催。
愿教青帝③常为主，莫遣纷纷点翠苔。

大意：这首诗写的是惜春之情。连理枝头的花儿正在开放，而嫉妒的风雨催促着花快些凋谢。真希望司春的青帝常为花儿做主，不要让纷纷的落花去点缀翠绿的苔藓。

【注释】

①朱淑真：生卒年不详，宋代女作家。

②连理枝：两棵树连生在一起，常用来比喻夫妻恩爱。

③青帝：我国古代神话中五天帝之一，是传说中的春神，位于东方的司春之神。

春暮游小园

王 淇①

一从梅粉褪残妆，涂抹新红上海棠。
开到荼蘼②花事了，丝丝天棘③出莓墙。

大意：这首诗写的是暮春小园的景色。梅花凋零就像少女卸去妆容一样，而海棠如少女刚刚涂抹上红妆般艳丽绽放。等到荼蘼绽放时，春天的花便开完了。只有那丝丝天棘缠绕生长，爬到莓墙之上。

【注释】

①王淇：生卒年不详，宋代诗人。

②荼蘼(tú mí)：一种可供观赏的植物。

③天棘(jí)：即天门冬，一种藤本植物。

莺 梭①

刘克庄②

掷柳迁乔③太有情，交交④时作弄机声。

洛阳三月花如锦，多少工夫织得成。

大意： 黄莺时而飞到柳树上，时而停在乔木上，似乎对一切都有着深厚的情感，黄莺交交的鸣叫声就像织布机织布发出的声音。洛阳三月百花竞相开放犹如锦绣，不知那些黄莺费了多少工夫，才织成这如锦的春色！

【注释】

①莺梭：指黄莺在枝头往来穿梭。

②刘克庄（1187—1269）：南宋诗人。

③掷柳迁乔：形容黄莺上下飞舞的样子。掷柳，从柳枝上飞下来。迁乔，迁居乔木上。

④交交：鸟叫声。

暮春即事

叶 采①

双双瓦雀②行书案，点点杨花入砚池。

闲坐小窗读周易③，不知春去几多时。

大意： 诗人专心读书，忽然发觉屋顶上两只麻雀的影子在书案上移动，点点杨花飘入屋内，落到砚池中。悠闲地坐在小窗边读《易经》，竟然不知道春天已经过去了多少时间。

【注释】

①叶采：生卒年不详，宋代诗人。

②瓦雀：屋顶瓦上的麻雀，这里指麻雀的影子。

③周易：即《易经》，中国古代儒家经典著作之一。

登　山①

李　涉②

终日昏昏醉梦间，忽闻春尽强③登山。
因过竹院逢僧话，又得浮生④半日闲。

大意： 这首诗写的是诗人清闲安逸的生活。整日昏昏沉沉如醉如梦一般，忽然发现春天快要结束，勉强打起精神，登山去寻找春色。在路过竹院时，偶然遇到了寺僧，便一同闲聊，于是又得到了半天的清闲时光。

蚕妇吟①

谢枋得

子规②啼彻③四更时，起视蚕稠怕叶稀。
不信楼头杨柳月④，玉人⑤歌舞未曾归。

大意： 这首诗写的是蚕妇辛苦劳作的生活。听到杜鹃鸟不断啼叫一直到了四更，唤醒蚕妇起身看护蚕宝宝，担心蚕虫稠密而桑叶不够。此时蚕妇难以相信，房前的月亮已落到了杨柳树梢，高楼欢宴的歌女还在娱乐，未曾回来。

晚 春

韩 愈①

草树知春不久归，百般红紫斗芳菲②。

杨花③榆荚④无才思，惟解⑤漫天作雪飞。

大意： 这首诗写的是作者在郊外春游时所看到的暮春景色。草木也知道春天不久就要逝去，都各逞姿色，争芳斗艳。杨花榆钱没有艳丽姿色，只知道像雪花一样漫天飞舞。

【注释】

①韩愈（768—824）：唐代文学家、哲学家。

②斗芳菲：争芳斗艳。

③杨花：指柳絮。

④榆荚（jiá）：榆树的果实，形状圆而小，像小铜钱，俗称榆钱。

⑤惟解：只知道。

伤 春

杨万里①

准拟②今春乐事浓，依然枉却③一东风。

年年不带看花眼，不是愁中即病中。

大意： 在春天到来的时候，本以为今年春天快乐的事会很多，没想到今年同往年一样，又白白辜负这春风美景。年年都不曾有机会去观赏那似锦的繁花，一到赏春的时候，不是在忧愁之中，就是在生病之中。

【注释】

①杨万里（1127—1206）：南宋诗人。

②准拟：料想，本以为。

③枉却：白白地辜负。

送 春

王 令①

三月残花落更②开,小檐日日燕飞来。
子规夜半犹啼血③,不信东风唤不回。

【注释】

①王令(1032—1059):宋代诗人。

②更:又。

③啼血:传说子规即杜鹃鸟从春至夏不停地叫,啼声悲切,一直到口中流血才停止。

大意:这是一首以送春为主题的诗。暮春三月,残花落了又重开,房檐上的燕子天天飞去又飞来。眷恋春光的杜鹃半夜仍然在悲啼,不相信春风呼唤不回来。

三月晦日①送春

贾 岛②

三月正当三十日,风光别我苦吟身。
共君今夜不须睡,未到晓③钟犹是春。

【注释】

①晦日:农历每月的最后一天。

②贾岛(779—843):唐代诗人。

③晓:天明,天刚亮。

大意:农历三月三十日这一天,美丽的春天就要离开我这位苦吟诗人了。我和朋友今夜不用睡觉了,在晨钟敲响之前,应该还是春天。

客中①初夏

司马光②

四月清和雨乍③晴，南山当户④转分明⑤。
更无柳絮因风起，惟有葵花向日倾。

大意： 初夏四月天气清明和暖，一场雨后，天空刚刚放晴，对着门户的南山在雨后变得更加明净了。眼前没有柳絮随风飞扬，只有葵花朝着太阳开放。

【注释】

①客中：在他乡作客。

②司马光（1019—1086）：北宋史学家。

③乍：初。

④当户：对着门户。

⑤转分明：天气转晴就能清晰地看见。

约　客①

赵师秀②

黄梅时节③家家雨④，青草池塘处处蛙。
有约不来过夜半，闲敲棋子落灯花⑤。

大意： 在江南的梅子成熟的季节，家家户户都笼罩在烟雨之中。池塘长满青草，传来阵阵蛙鸣声。约好的朋友过了半夜还没有来，我手拿棋子无聊地敲击着，看到灯花不断地落下。

【注释】

①诗题又名《有约》。

②赵师秀（1170—1219）：南宋诗人。

③黄梅时节：夏初江南梅子成熟时节。

④家家雨：天天下雨，人们多闭门不出。

⑤灯花：灯芯燃烧后结成的花状物。

闲居初夏午睡起

杨万里

梅子①留酸软齿牙，芭蕉分绿与窗纱。

日长睡起无情思②，闲看儿童捉柳花③。

【注释】

①梅子：梅树的果实，味道极酸。

②无情思：没有情绪，不知做什么好。

③柳花：柳絮。

大意：梅子的味道很酸，酸味渗透牙齿，芭蕉绿色的影子投射到窗纱上。夏季里日长人倦，午睡醒来也不知道做什么好，闲来无事看到儿童正在捕捉飘飞的柳絮。

三衢①道中

曾　几②

梅子黄时③日日晴，小溪泛尽却山行。

绿阴④不减来时路，添得黄鹂四五声。

【注释】

①三衢（qú）：地名，在今浙江衢州一带。

②曾几（1084—1166）：南宋诗人。

③梅子黄时：梅子成熟的季节，这时江南正值初夏。

④阴：树荫。

大意：这首诗写的是初夏诗人行进于三衢山道中的见闻感受。梅子黄透的时候，天天都是晴好的天气，乘小船走到小溪的尽头，再走山间小路。山路苍绿的树荫，还是来时那样的浓密，山林中传来黄鹂的几声鸣叫，更增添了旅行的情趣。

即 景①

朱淑真②

竹摇清影③罩幽窗④，两两时禽⑤噪⑥夕阳。
谢却⑦海棠飞尽絮，困人天气日初长。

大意：竹子在风中摇摆，清幽的影子投在幽静的窗子上。成双成对的雀鸟，在夕阳下尽情地喧噪吵扰。海棠花谢柳絮飞，初夏的白天越来越长，使人感到困乏。

【注释】

①即景：就眼前之景，有感而作。

②朱淑真：生卒年不详，宋代女作家。

③清影：清幽的影子。

④幽窗：幽静的窗子。

⑤时禽：应时的雀鸟。

⑥噪：吵扰。

⑦谢却：凋谢。

初夏游张园

戴复古①

乳鸭②池塘水浅深，熟梅天气半晴阴③。
东园载酒④西园醉，摘尽枇杷⑤一树金。

大意：这首诗写的是初夏在江南园林宴饮的情景。刚孵出的小鸭子在或深或浅的水中玩耍，梅子成熟季节的天气忽晴忽阴。和朋友边游园边喝酒已有醉意，于是摘尽了枝头金黄的枇杷。

【注释】

①戴复古（1167—？）：南宋诗人。

②乳鸭：刚孵出的小鸭。

③半晴阴：忽晴忽阴。

④载酒：带着酒喝。

⑤枇杷：一种水果，成熟后呈淡黄色或橙黄色。

鄂州南楼书事①

黄庭坚②

四顾③山光接水光，凭栏④十里芰荷⑤香。
清风明月无人管，并作南楼一味凉⑥。

大意：四处远望，山光与水光相连相映，倚栏而望，方圆十数里盛开着荷花，淡淡的芳香扑面而来。清风明月无人理睬过问，它们将一起为南楼送来一阵阵的清凉。

【注释】

①南楼：在武昌蛇山顶。书事：记事。

②黄庭坚（1045—1105）：北宋文学家、书法家。

③四顾：四处远望。

④凭栏：靠着栏杆。

⑤芰（jì）荷：出水的荷。

⑥一味凉：一阵清凉。

山亭夏日

高　骈①

绿树阴浓夏日长，楼台倒影入池塘。
水晶帘②动微风起，满架蔷薇一院③香。

大意：夏季绿树浓荫稠密，楼台的倒影浮现在水塘上。微风吹动，水面波光荡漾，涟漪如同水晶帘幕轻轻晃动。满架的蔷薇，使整个院子弥漫着阵阵清香。

【注释】

①高骈（pián）（821—887）：唐代诗人。

②水晶帘：装饰有水晶的帘子，这里比喻水面，形容微风吹拂，水面波光粼粼，如同水晶帘微微摆动。

③一院：满院。

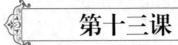

题榴花

韩 愈

五月榴花照眼明，枝间时见子初成。

可怜①此地无车马②，颠倒③苍苔落绛英④。

大意：五月开放的石榴花艳丽夺目，枝叶间时时可以看到石榴果实刚刚长成。可惜这个地方没有达官贵人乘车马来欣赏，明艳的石榴花在苍苔上散落纷纷。

【注释】

①可怜：可惜。

②无车马：没有达官贵人乘车马来欣赏。

③颠倒：横竖，散乱。

④绛英：指落地的石榴花花瓣。绛：深红色。

田 家①

范成大②

昼出耘田③夜绩麻④，村庄儿女各当家。

童孙⑤未解供⑥耕织，也傍⑦桑阴学种瓜。

大意：这首诗较为细致地描绘了初夏时农村男女日夜忙碌的劳动情景。白天耕田除草，夜晚搓麻绳，农家男女各自忙着农活，孩子们不会耕田织布，也在桑树底下学着种瓜。

【注释】

①这首诗是诗人在苏州石湖期间所作《四时田园杂兴》绝句六十首的第三十一首。

②范成大（1126—1193）：南宋诗人。

③耘田：在田间除草。

④绩麻：把麻搓成线。

⑤童孙：儿童。

⑥供：从事。

⑦傍：靠近。

村中即事①

翁 卷②

绿遍山原③白满川④，子规⑤声里雨如烟。
乡村四月闲人少，才了⑥蚕桑⑦又插田。

大意：这首诗以江南农村初夏时节的景象为衬托，描写了乡村四月农民辛勤劳作的繁忙情景。山丘原野草木茂盛，稻田的水色映着天光；如烟似雾的蒙蒙细雨之中，不时传来杜鹃的声声啼叫。乡村四月农活很多没有闲人，刚忙完种桑养蚕的农活又去插秧。

村 晚

雷 震①

草满池塘水满陂②，山衔③落日浸寒漪④。
牧童归去横牛背，短笛无腔⑤信口⑥吹。

大意：这首诗描绘的是仲夏之时的乡村晚景图。水草铺满池塘，绿水漫溢池岸；山好像口含落日，余晖淹没在清凉的池水波纹中。放牛的孩子横坐在牛背上，随意地用短笛吹着没有曲调的乐曲。

第十四课

送元二使安西①

王　维②

渭城③朝雨浥④轻尘，客舍青青柳色新。

劝君更尽一杯酒，西出阳关⑤无故人。

　　大意：这是王维送朋友去西北边疆时作的一首送别诗。诗题又名《赠别》，后来它被谱曲编入乐府，名为《阳关三叠》，又名《渭城曲》，成为当时最流行、传唱最多的歌曲。诗中这位姓元的友人要前往安西。唐代从长安往西去的，多在渭城送别。渭城这天清晨，细雨湿润了路上的尘土，旅店旁的杨柳显得更加青翠。惜别之时，"劝君更尽一杯酒"，包含了诗人对朋友深挚的情谊。

【注释】

①使：出使。安西：指唐代安西都护府，在今新疆库车。

②王维（约701—761）：唐代诗人、画家。

③渭（wèi）城：秦时咸阳城，汉代改称渭城，在今陕西咸阳东北，位于渭水北岸。

④浥（yì）：湿润，沾湿。

⑤阳关：古关名，故址在今甘肃敦煌西南。

书湖阴先生①壁

王安石②

茅檐长扫净无苔，花木成畦③手自栽。

一水护田将绿绕，两山排闼④送青来。

　　大意：这是王安石题写在湖阴先生家屋壁上的一首诗。前两句赞美他家清幽的环境，茅草屋庭院经常打扫得连青苔也没有，主人栽种的花木修剪得整齐成行。后两句描写庭院之外的大自然之美，小溪环绕着绿色的田地，两座青山就像推开两扇门送来一片翠绿。

【注释】

①湖阴先生：杨骥（字德逢）的别号。杨骥是王安石退居江宁（今江苏南京）时的邻居。

②王安石（1021—1086）：北宋政治家、文学家。

③畦（qí）：这里指种有花木的一块块排列整齐的土地，周围有土埂围着。

④排闼（tà）：推开门。闼：小门。

题北榭碑①

李白

一为迁客②去长沙③，西望长安不见家。

黄鹤楼中吹玉笛，江城五月落梅花④。

大意： 这首诗是李白乾元元年(758)流放夜郎途经武昌时登黄鹤楼所作。如今我也像西汉贾谊那样成了被贬官到长沙的人，再向西遥望长安，就看不见自己的家乡了。听到黄鹤楼中《梅花落》的古曲笛声，顿生寒意，似乎五月的江城已落满了梅花。

题淮南寺①

程颢

南去北来休便休②，白蘋③吹尽楚江秋。

道人④不是悲秋客，一任⑤晚山相对愁。

大意： 这首诗写的是诗人悠闲自在的生活状态。南来北往地奔波，如今想休息就休息；远望秋江，白萍被西风吹得消失了。我自认为不会为秋天无端感伤，任凭两岸夜色中的山峦相对愁吧。

第十五课

秋　月

朱　熹①

清溪流过碧山头，空水澄鲜②一色秋。
隔断红尘③三十里，白云黄叶两悠悠④。

大意：这首诗借秋月喻人，表现诗人超脱凡俗的人生境界。清澈的溪水流过碧绿的山头，空灵清澈的水与秋天的景色浑然一体，明净清亮。好像能把世俗隔断在三十里外，只看到白云与落叶悠闲自在。

【注释】

①朱熹（1130—1200）：南宋哲学家、教育家。此诗作者原误题为程颢，应为朱熹。

②澄鲜：明净清亮。

③红尘：世俗之处。

④悠悠：悠远，自由。

七　夕①

杨　朴②

未会牵牛意若何，须邀织女弄金梭。
年年乞与人间巧③，不道人间巧④已多。

大意：这首诗借乞巧立意，通过写人间奇巧已多，表达了对世上投机取巧行为的愤慨。不明白牛郎是什么意思，非得邀请织女用金梭演示织彩霞的智巧。每年人们都要在农历七月初七晚上向天上的织女乞求赐予刺绣、纺织技巧，却不知道人间投机取巧的事情已经很多了。

【注释】

①七夕：农历七月初七，又名乞巧节、七巧节。相传此日牛郎与织女鹊桥相会，妇女在庭院摆放花果向织女星乞求智巧。

②杨朴：生卒年不详，北宋诗人。

③巧：智巧。

④巧：巧义的引申，这里指机巧，即投机取巧，尔虞我诈。

立　秋①

刘　翰②

乳鸦啼散③玉屏④空，一枕新凉一扇风。
睡起秋声无觅⑤处，满阶梧叶月明中。

大意： 小乌鸦的啼叫声，消散在如玉屏般空明的夜色中。睡梦之中，感觉枕边清新凉爽，仿佛有谁在轻摇着扇子。睡醒去找寻秋声却无处寻觅，只有布满台阶的梧桐叶，笼罩在月光中。

【注释】

①立秋：二十四节气中的第十三个节气，标志着秋季时节的正式开始。

②刘翰：生卒年不详，北宋诗人。

③散：散去，消失。

④玉屏：玉做的屏风，这里比喻夜空，形容夜色空明，月光皎洁如玉。

⑤无觅：无处寻找。

秋　夕①

杜　牧②

银烛秋光冷画屏，轻罗小扇③扑流萤④。
天阶夜色凉如水，卧看牵牛织女星⑤。

大意： 这首诗写的是七夕之夜宫女幽怨与期望交织的感情。秋夜里烛光冷冷地映照着画屏，手拿着小罗扇扑打飞动的萤火虫。在清冷如水的夜色里，静静地坐在宫中的石阶上仰望星空，不舍地遥看天河两边的牵牛星和织女星。

【注释】

①诗题又名《七夕》。

②杜牧（803—852）：唐代文学家。

③轻罗小扇：又轻又薄的丝质小团扇。

④流萤：飞动的萤火虫。

⑤牵牛织女星：指牵牛星和织女星。

第十六课

中秋月

苏 轼①

暮云收尽溢②清寒，银汉③无声转玉盘④。
此生此夜不长好，明月明年何处看。

【注释】

① 苏 轼 (1037—1101)：北宋文学家。

② 溢：满而散发出。

③ 银汉：银河。

④ 玉盘：此处比喻月亮，月亮的光泽如玉做的盘子。

大意：这首诗写的是作者与胞弟苏辙久别重逢、共赏中秋明月的感怀。夜幕之下，云气尽收，天地间充满了寒气，银河寂静，只有皎洁的月亮像玉盘那样旋转到了天空。一生中难能看到这样的中秋之夜的美景，不知道明年又会在哪里观赏月亮。

江楼有感

赵 嘏①

独上江楼思悄然②，月光如水水如天。
同来玩月③人何在，风景依稀④似去年。

【注释】

① 赵 嘏 (gǔ)（约806—约853）：唐代诗人。

② 思悄然：思绪怅惘的样子。

③ 玩月：赏月。

④ 依稀：仿佛，好像。

大意：这是一首抚今追昔、怀念友人的诗作。独自登上江楼黯然神伤，月光如水，水天一色。从前一同来赏月的人如今在哪里，此时风景仍似去年那样清丽幽美。

题临安①邸②

林 升③

山外青山楼外楼，西湖歌舞几时休。
暖风④熏得游人醉，直⑤把杭州作汴州⑥。

大意：这是一首题写在临安城一家旅店墙壁上的讽刺诗，通过对达官贵人寻欢作乐、不思收复失地的描绘，表达了作者的愤激之情和对国家命运的担忧。青山连绵楼台重叠，西湖上的歌舞何时能够停止？和暖的春风吹得达官贵人如醉如痴，简直把杭州都当成失陷的京城汴州了。

饮湖上①初晴后雨

苏 轼

水光潋滟②晴方好③，山色空蒙④雨亦奇。
欲把西湖比西子⑤，淡妆浓抹总相宜⑥。

大意：这是一首赞美杭州西湖美景的诗。前两句写的是西湖在晴天和雨天的美景。晴天阳光照耀下波光闪动的景色真好，烟雨笼罩下西湖周围的青山迷茫缥缈的景色更为奇特。后两句联想到西湖之美与想象中的西施之美有不可言传的相似之处。西湖如美女西施，浓抹淡妆都是那么恰到好处，美不胜收。

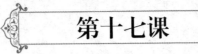

第十七课

入 直①

周必大②

绿槐夹道集昏鸦③，敕使④传宣坐赐茶。
归到玉堂⑤清不寐，月钩初上紫薇花。

大意：皇宫道路两旁种满绿色的槐树，树上落满了黄昏归巢的乌鸦。传达皇帝命令的官员传话让我到选德殿，皇帝赐座赐茶。回到翰林院后，心潮起伏难以入眠，看到弯弯的新月照到紫薇花上。

【注释】

①入直：即入值，古代称官员入宫值班供职。

②周必大（1126—1204）：南宋文学家。

③昏鸦：黄昏归巢的乌鸦。

④敕使：传达皇帝诏令的使者。

⑤玉堂：翰林院。

夏日登车盖亭①

蔡 确②

纸屏石枕竹方床，手倦抛书午梦长。
睡起莞然③成独笑，数声渔笛④在沧浪⑤。

大意：这首诗表达了一种安逸悠闲自乐的心态。纸做的屏风，石做的枕头，竹做的方床，久举着书看手已疲倦，把书丢在一旁进入悠长的午睡梦中。醒来之后独自微笑，听到汉水上传来几声清亮的渔人笛声。

【注释】

①车盖亭：在湖北安陆西北。

②蔡确（1037—1093）：北宋诗人。

③莞然：微笑的样子。

④渔笛：渔人吹奏的笛声。

⑤沧浪：水名，即汉水，是长江最长支流。

竹 楼

李嘉祐①

傲吏②身闲笑五侯③，西江取竹起高楼。
南风不用蒲葵④扇，纱帽闲眠对水鸥。

【注释】
①李嘉祐：生卒年不详，唐代诗人。
②傲吏：恃才傲物的清闲官吏。
③五侯：泛指达官显贵。
④蒲葵：常绿乔木，叶子可以做扇子。

大意：恃才傲物的清闲小官吏，不羡慕五侯的尊贵，在西江边修建了竹楼。南风吹拂，即使在暑热的天气里也用不着摇蒲葵扇，把纱帽放在一边，和水里的鸥鸟相对，安闲地睡去。

直中书省

白居易①

丝纶阁②下文章静，钟鼓楼中刻漏③长。
独坐黄昏谁是伴，紫薇花对紫薇郎④。

【注释】
①白居易（772—846）：唐代诗人。
②丝纶阁：中书省，是帝王颁发诏书的地方。
③刻漏：古时用来滴水计时的器物。
④紫薇郎：唐代官名，指中书舍人，因中书省曾改名紫薇省，中书令就称为紫薇令，紫薇郎也就由此而来。

大意：在中书省值夜班，没有文章可写，周围一片寂静。只听到钟鼓楼上刻漏的滴水声，时间漫长。一个人独自坐在这黄昏时光里，谁是我的同伴呢？只有紫薇花和我这个紫薇郎寂然相对。

第十八课

观书有感

朱 熹

半亩方塘一鉴^①开，天光云影共徘徊^②。
问渠^③那得清如许^④？为有源头活水来。

大意：此诗为《观书有感二首》其一。这是一首借景抒发读书体会的哲理诗。半亩大的池塘像明镜，映照来回闪动的天光云影。要问为什么池水会这样清澈？是因为有源头活水不断流进来。全诗都是用比喻的手法。作者把书比作"半亩方塘"，水塘的水面如镜面，可以照人，也可以反映景物。翻开一本书就像面对一面镜子。人用心读书获得新知后，时常会有一种豁然开朗的感觉。诗的后两句以象征的手法，指出学习中要不断接受新的事物，才能保持思想的活跃和进步。

【注释】

①鉴（jiàn）：镜子。

②徘徊（pái huái）：此处指来回闪动。

③渠：它，第三人称代词，指方塘。

④清如许：这样清澈。

泛 舟

朱 熹

昨夜江边春水生，蒙冲^①巨舰一毛轻。
向来^②枉费^③推移力，此日中流^④自在行。

大意：此诗题又名为《观书有感二首》其二，也是一首借助形象说理的诗。诗以泛舟为比喻，说明做事情要遵循客观规律，就会事半功倍；做学问也要厚积薄发，功到自然成。昨天夜里江边春水涨潮，巨大战船漂浮在水面上轻得就像一根羽毛。以往行驶要花费很多的推拉力气，今天却可以在河流中央自由自在地航行。

【注释】

①蒙冲：也写作"艨艟"（méng chōng），古代的一种战船。

②向来：从前，指春水未涨之时。

③枉费：白白浪费。

④中流：水流的中央。

冷泉亭

林 稹^①

一泓^②清可^③沁诗脾^④，冷暖年来只自知。

流出西湖载歌舞，回头不似在山时。

【注释】

①林稹(zhěn)：生卒年不详，北宋诗人。

②一泓：一汪深水。

③清可：清澈可人。

④沁诗脾：沁入诗人的内心。

大意：这首诗作者以冷泉为比喻，感叹善始善终的不容易。冷泉亭下有一汪清澈可人的泉水，喝下去可以沁人心脾。年年岁岁只有泉水自己知道或冷或暖。泉水载歌载舞地从西湖流出，再回头看时，已不像在深山里那样纯净清澈。

冬 景^①

苏 轼

荷尽已无擎雨盖^②，菊残^③犹有^④傲霜枝。

一年好景君须记，最是橙黄橘绿时。

【注释】

①诗题又名《赠刘景文》。刘景文，名季孙，作者的好友。

②擎雨盖：指荷叶。擎，举着。

③菊残：菊花凋谢。

④犹有：还有。

大意：这首诗写的是深秋初冬的景色。荷花凋谢，擎雨的荷叶也枯萎了，菊花开败，还有那耐寒的枝条不惧风霜。一年中最好的景色您一定要记住，那就是橙子金黄、橘子青绿的秋末初冬时节。

第十九课

枫桥夜泊

张 继①

月落乌啼霜满天，江枫②渔火对愁眠。
姑苏③城外寒山寺，夜半钟声到客船。

大意：这首诗写出了诗人旅途中凄凉忧伤的感受。月亮已落下，乌鸦啼叫寒气满天，面对江边的枫树和渔船的灯火，怀着忧愁难以入睡。姑苏城外寂静的寒山古寺，半夜里响起的钟声悠扬地传到了停泊的客船。

【注释】

①张继：生卒年不详，唐代诗人。

②江枫：江边枫树。

③姑苏：苏州的别称，因苏州有姑苏山而得名。

寒 夜

杜 耒①

寒夜客来茶当酒，竹炉汤沸②火初红。
寻常③一样窗前月，才有梅花便不同。

大意：这首诗写的是寒夜友人来访的喜悦。在寒冷的夜里，客人来了用茶当酒，炉火开始红了，水在壶里沸腾着。像平常一样，月光照射在窗前，只是有几枝梅花绽放，便显得今日气氛与往日格外不同。

【注释】

①杜耒(lěi)：生卒年不详，南宋诗人。

②汤沸：热水沸腾。

③寻常：平常。

霜 月

李商隐①

初闻征雁②已无蝉，百尺楼高水接天。
青女③素娥④俱耐冷，月中霜里斗婵娟⑤。

大意： 刚听到大雁南飞的鸣叫声，就已经没有了蝉鸣声。登上百尺高楼，看水天相接。青女和素娥都不怕寒冷，在寒月冷霜中争艳斗俏，比一比美好姿容。

【注释】

①李商隐(约813—约858)：唐代诗人。

②征雁：大雁春到北方，秋到南方，故称征雁。此处指南飞的雁。

③青女：神话传说中掌管霜雪的仙女。

④素娥：月宫仙女嫦娥的别称。

⑤婵娟：指美好的姿容。

归 雁

钱 起①

潇湘②何事等闲③回？水碧沙明两岸苔。
二十五弦④弹夜月，不胜⑤清怨⑥却飞来。

大意： 大雁为何要轻易地飞离那风光无限的潇湘水乡？那里水碧绿沙明净，两岸长满丰茂的水草。在月夜传出的琴瑟之音，声声凄清哀怨，难以承受那无限的凄凉才飞回北方。

【注释】

①钱起(约720—约782)：唐代诗人。

②潇湘：潇水和湘水，在今天的湖南境内。

③等闲：随便，轻易。

④二十五弦：指瑟这种乐器。原来有五十弦，后改为二十五弦。

⑤胜：承受。

⑥清怨：此处指曲调凄清哀怨。

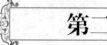

梅

王 淇①

不受尘埃半点侵②，竹篱茅舍自甘心③。
只因误识④林和靖⑤，惹得诗人说到今。

大意：梅花不受尘埃半点污染，在竹篱茅舍旁生长也心甘情愿。梅花只因错误地被林和靖结识喜爱，才身不由己地成为人们歌咏到今天的主题。

【注释】

①王淇：生卒年不详，北宋诗人。

②侵：沾染，污染。

③甘心：安于现状。

④误识：错误地结识。

⑤林和靖：林逋，北宋诗人，又称和靖先生。隐居西湖孤山，终生不仕不娶，唯喜植梅养鹤，自谓"以梅为妻，以鹤为子"，人称"梅妻鹤子"。

早 春

白玉蟾①

南枝②才放两三花，雪里吟香弄粉③些④。
淡淡著⑤烟浓著月，深深笼水浅笼沙。

大意：早春时节，南面向阳的梅枝才开了两三朵花，在雪地里就能闻到梅花散发的清香气味。初开的梅花浓浓、深浅有别，淡色的如着了一层轻雾，色浓的如染了一层月色；深色花朵仿佛笼罩上绿水，浅色花朵仿佛笼罩上明净的沙子一般。

【注释】

①白玉蟾(chán)：生卒年不详，南宋诗人。

②南枝：向南（向阳)的梅枝。

③弄粉：赏玩白色的梅花。粉：白色。

④些：句末语气助词。

⑤著(zhuó)：附着，笼罩。

雪 梅(其一)

卢梅坡①

梅雪争春未肯降②,骚人③搁④笔费评章⑤。
梅须逊雪三分白,雪却输梅一段香。

大意:梅花和雪花一起争夺春色,谁也不肯服输。诗人放下笔只因无法评议梅与雪的高下。梅花须逊让雪花三分晶莹洁白,雪花却输给梅花一段清香。

【注释】
　①卢梅坡:别名卢钺(yuè),生卒年不详,南宋诗人。
　②降(xiáng):服输。
　③骚人:诗人。
　④搁:放下。
　⑤评章:评议。这里指评议梅与雪的高下。

雪 梅(其二)

卢梅坡

有梅无雪不精神,有雪无诗俗了人①。
日暮诗成天又雪②,与梅并作十分③春。

大意:梅花虽香,但没有白雪装点就没有神韵,但只有雪而没有诗歌来描绘赏评就会显得俗气。黄昏落日诗作写成,正好天又降雪,与梅花一同点染出无限的春色。

【注释】
　①俗了人:给人一种庸俗的感觉。
　②雪:下雪。
　③十分:十足。

《千家诗》（下）

（五年级适用）

《千家诗》简介

中国古代明清及民国时期，《千家诗》是蒙学的重要教材之一。明清时期，文人宴会时，还常常以《千家诗》中的诗句作酒令，民间也以其诗意作画、装饰灯具。

《千家诗》的版本有很多，通行本定型于清代，主要由《七言千家诗》和《五言千家诗》构成。整本书分为七言绝句、七言律诗、五言绝句、五言律诗四卷。每一卷基本按照春、夏、秋、冬的季节顺序来编排。虽然多为成人的诗篇，但许多内容充满童趣，无论是对自然的描摹，还是对乡居生活的再现，都充满自然之真、自然之趣。当代特级教师于漪在《我与〈千家诗〉》中曾描述自己的感受："按春、夏、秋、冬顺序编排，打开书往下念，四季风光就会依次展现在眼前。'万紫千红总是春''春城无处不飞花''绿树荫浓夏日长''五月榴花照眼明''青女素娥俱耐冷，月中霜里斗婵娟''梅雪争春未肯降，骚人搁笔费评章'……冬天去了，春天又回来了。吟诵这些诗句，春花秋月，一年四季都沉醉在诗的意境里。"

在诗歌的选篇上，《千家诗》注重的是以"细雨无声之言"，使少年儿童能"识鸟兽草木之名"，所以篇幅短小、题材丰富，且不拘泥于名家名诗。吟诵这些诗篇，可以沉醉自然万物之境，了解社会民俗之风，感悟思乡怀古之意，从而丰富想象，积淀语言，内化情感。

访袁拾遗不遇①

孟浩然②

洛阳访才子③，江岭④作流人。

闻说梅花早⑤，何如此地春。

大意：我来到洛阳是为了拜访才子袁拾遗，没想到他已成为江岭的流放者。听说那里的梅花开得很早，却如何能比得过洛阳的春天呢？

【注释】

①诗题又名《洛中访袁拾遗不遇》。拾遗：古代官职的名称。

②孟浩然（689—740）：唐代诗人。

③才子：指袁拾遗。

④江岭：江南岭外之地。唐代时期的罪人常被流放到岭外。

⑤梅花早：梅花早开。

送郭司仓①

王昌龄②

映门淮水③绿，留骑主人心④。

明月随良掾⑤，春潮夜夜深。

大意：月光下碧绿的淮水映照着屋门，我再三挽留即将远行的朋友。只有明月随着朋友渐行渐远，我与朋友的真挚情谊如春潮那样久久不能平息。

【注释】

①司仓：管理仓库的小官。

②王昌龄（？—约756）：唐代诗人。

③淮（huái）水：淮河。

④留骑（qí）：留客的意思。骑：坐骑。

⑤良掾（yuàn）：好官吏，此处指郭司仓。掾：古代府、州、县属官的通称。

夜送赵纵①

杨　炯②

赵氏连城璧③，由来天下传。
送君还旧府④，明月满前川。

大意：赵纵的才华如同价值连城的和氏璧，一向是名声远扬的。我送你回到家乡，月光洒满前面的平野。

【注释】
①赵纵：杨炯的友人。
②杨炯（650—约693）：唐代诗人。
③连城璧：指的是战国时赵国的和氏璧，这里比喻赵纵极具才华。
④旧府：赵国的故地，指赵纵的家乡。

逢侠者

钱　起①

燕赵悲歌士，相逢剧孟②家。
寸心言不尽，前路日将斜。

大意：这是一首因路遇侠者而写的赠别诗。赵、燕两地有许多慷慨悲歌的侠士，我们相逢在剧孟的家乡。我心中有很多的话说不完道不尽，前路迢迢，太阳快要落山，也只好分别了。

【注释】
①钱起（约720—约782）：唐代诗人。
②剧孟：汉代侠士，洛阳人。

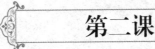

秋风引

刘禹锡①

何处秋风至？萧萧送雁群。
朝来入庭树，孤客②最先闻。

【注释】

①刘禹锡（772—842）：唐代文学家。

②孤客：羁旅在外的孤独的人。

大意： 这首诗是作者在被贬官期间，看到秋风起、雁南飞时有感而发。秋风是从哪里吹过来的？风吹草木的萧萧之声似乎在送别一群群南飞的大雁。清晨，秋风吹入庭院的树林中，最先听到那声音的是像我一样的羁旅在外的人。

行军九日思长安故园①

岑 参②

强欲登高去，无人送酒来。
遥怜故园菊，应傍③战场开。

【注释】

①九日：指农历九月九日重阳节。故园：故乡。

②岑参（约715—770）：唐代诗人。

③傍：靠近，挨近。

大意： 这首诗以重阳节为题，表达的是对战乱中的国事和人民疾苦的关切。重阳节，我强打精神地想去登高，却发现没有人送酒。远在异地的我怜惜长安故乡中的菊花，它们这时应开在战场旁。

三闾庙①

戴叔伦②

沅湘流不尽，屈子怨何深！
日暮秋风起，萧萧③枫树林。

【注释】

①三闾庙：奉祀战国时楚国三闾大夫屈原的庙宇。

②戴叔伦（732—789）：唐代诗人。

③萧萧：拟声词，风声，草木摇落的声音。

大意： 这是作者游屈原庙的题诗，表达了对屈原不幸遭遇的深切同情。沅江、湘江的水奔流不休，屈原的哀怨多么深重啊！黄昏时分，秋风萧萧，吹进枫林，树叶摇落。

次①北固山下

王　湾②

客路青山外③，　行舟绿水前。
潮平两岸阔，　风正一帆悬④。
海日生残夜⑤，　江春入旧年。
乡书何处达？　归雁⑥洛阳边。

【注释】

①次：旅途中暂时停宿，这里指泊船。

②王湾：生卒年不详，唐代诗人。

③客路：指旅途。青山：指北固山，在今江苏镇江北，倚长江而立。

④风正：顺风。悬：挂。

⑤海日：海上的旭日。生：升起。残夜：夜将尽之时。

⑥归雁：北归的大雁。古代有用大雁传递书信的传说。

大意： 诗人在北固山下停泊时，清晨远眺冬末春初的江南山水景色，并由此引起乡思。旅途远在青山之外，乘船行驶在青山绿水之间。潮水的上涨显得两岸更为宽阔，船帆高悬，船顺风航行，显得更加轻快。海上的太阳追赶着将尽的夜色，江上的春意也在驱逐着冬日的旧年。寄出的家书要送往何处？请北归的大雁捎回我的家乡洛阳。

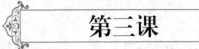

易水①送别

骆宾王②

此地别燕丹③，壮士发冲冠。

昔时人已没④，今日水犹寒。

大意：这首诗是咏史抒怀之作，在表达对古代英雄仰慕的同时，也倾诉了诗人的抱负和苦闷。在易水，荆轲告别了燕太子丹，壮士悲歌壮怀。昔日的人已经都不在了，今天的易水还是那么寒冷。

【注释】

①易水：河流名，在今河北省北部易县境内。

②骆宾王（约623—约684）：唐代诗人。

③燕丹：战国时燕国太子丹。

④没：同"殁"，死。

送友人

李 白①

青山横北郭②，白水③绕东城。

此地一为别，孤蓬④万里征⑤。

浮云游子意，落日故人情。

挥手自兹⑥去，萧萧⑦班马鸣。

大意：这是一首充满诗情画意、情深意切的送别诗。青翠的山峦横卧在外城的北面，清澈的河水围绕着城的东边。友人在此分别后，将如孤蓬远征万里。游子像浮云一样行踪不定，夕阳徐徐而下就像老朋友的无限牵挂与不舍。挥挥手从此分离，萧萧马鸣声中朋友将一个人孤单远行。

【注释】

①李白（701—762）：唐代诗人。

②郭：外城。

③白水：清澈的河水。

④蓬：蓬草，又名飞蓬，枯后根断，遇风飞旋，多用来比喻漂泊在外的旅人。

⑤征：远行。

⑥兹：此。

⑦萧萧（xiāo）：马的叫声。

和晋陵陆丞①早春游望

杜审言②

独有宦游人③，偏惊物候新。

云霞出海曙，梅柳渡江春。

淑气④催黄鸟，晴光转绿蘋。

忽闻歌古调⑤，归思欲沾巾。

大意：只有远离故乡外出做官的人才会对季节的转化特别敏感。海上云霞灿烂出现曙光，江南已梅红柳绿，江北却才出现春色。和暖的气息仿佛催促着黄莺歌唱，阳光使浮萍颜色改变。忽然听到古老的歌调，归乡的情思不禁让我泪沾衣巾。

【注释】

①和：指作诗应答。晋陵：县名，今江苏常州市。陆丞：姓陆的县丞。

②杜审言（约645—708）：唐代诗人。

③宦（huàn）游人：在外做官的人。

④淑气：和暖的春天气息。

⑤古调：古时传统曲调，这里指陆丞写的诗《早春游望》。

送杜少府之任蜀州①

王 勃②

城阙辅三秦③，风烟望五津④。

与君离别意，同是宦游人。

海内存知己，天涯若比邻。

无为在歧路⑤，儿女共沾巾⑥。

大意：这是一首送别诗的名作。该诗一改往昔送别诗中伤感惜别的情调，别开生面地体现出开朗壮别的友谊情怀。"海内存知己，天涯若比邻"更是千古传诵的名句。

【注释】

①少府：官名。蜀州：今四川崇州。

②王勃（约650—676）：唐代诗人。

③城阙：指长安。辅：护卫。三秦：指关中地区。

④五津：指岷江上的五个渡口。这里代指蜀州。

⑤无为：不必。歧路：分手的岔路口。

⑥沾巾：指挥泪告别。

第四课

终南山①

王 维②

太乙③近天都，连山到海隅④。

白云回望合，青霭⑤入看无。

分野⑥中峰变，阴晴众壑⑦殊。

欲投人处宿，隔水问樵夫。

大意：这首诗生动描绘了终南山的全貌。终南山靠近帝都长安，连绵的山峦似乎延至海边。回望山中云雾才开即合，若有若无。星宿州国被巍峨的终南山分隔，晦暗的变化使山川景色各不相同。我想借宿山村人家，隔岸来问砍柴人。

【注释】

①终南山：在长安南五十里，秦岭主峰之一。古人又称秦岭山脉为终南山。

②王维（约701—761）：唐代诗人、画家。

③太乙：终南山别名。

④海隅（yú）：海边。

⑤霭（ǎi）：云气。

⑥分野：古人将天上的星宿和地上的区域相对应，叫作分野，这里指终南山很大，一峰之隔便区域不同。

⑦壑（hè）：山谷。

旅夜书怀①

杜 甫②

细草微风岸，危樯③独夜舟。

星垂平野阔，月涌大江流。

名岂文章著，官应老病休。

飘飘何所似？天地一沙鸥。

大意：这首诗是作者晚年离开成都在途中所作。微风轻拂着江岸的细草，桅杆高耸的小船在夜里孤独地停泊着。星星垂在远天，四野显得宽阔，月光随着涌动的江水，滚滚东流。我的名声难道是因为文章带来的吗？被休官大概应是因为年老多病吧。我到底要漂泊到哪里呢？就好像天地间的一只孤零零的沙鸥。

【注释】

①永泰元年（765）四月，剑南节度使严武去世。杜甫因失好友，在蜀无所依靠，于同年五月携家人离开成都草堂，乘舟东下，此诗是在船经渝州（今重庆）至忠州（今重庆忠县）旅途中写下的。

②杜甫（712—770）：唐代诗人。

③危樯（qiáng）：高高的桅杆。

登岳阳楼①

杜 甫

昔闻洞庭水，今上岳阳楼。

吴楚东南坼②，乾坤日夜浮。

亲朋无一字，老病有孤舟③。

戎马关山④北，凭轩涕泗⑤流。

大意：这是一首即景抒情之作。诗人描绘岳阳楼的壮观景象，抒发了作者忧国忧民的情怀。昔日就闻知洞庭湖的盛名，今天终于登上了岳阳楼观望。吴楚之地被大致分为东南两地，浩荡的水波昼夜不息地吞吐。亲朋好友都音信全无，年老多病仿佛一叶孤舟。关山北边的战火不曾停息，扶窗远眺不禁涕泪交流。

题破山寺后禅院①

常 建②

清晨入古寺，初日照高林。

曲径通幽处，禅房③花木深。

山光悦鸟性，潭影空人心。

万籁④此都寂，但余钟磬⑤音。

大意：这是一首寄情山水的题壁诗。清晨登山进入古寺，旭日初升照耀山林。幽深的花木掩映着曲折小路，肃穆的禅房更觉得安静。山中的景色使小鸟怡然自得，潭中影像使人心中俗念消失。此时万籁俱寂，只有古寺钟磬声悠扬回荡。

第五课

野 望

王 绩①

东皋薄暮②望，徙倚③欲何依。

树树皆秋色，山山唯落晖。

牧人驱犊④返，猎马带禽归。

相顾⑤无相识，长歌怀采薇⑥。

大意： 这首诗写的是山野秋景，抒发了诗人惆怅孤寂的情感。迫近傍晚站在东皋纵目远望，不知该归向何方。森林都染上秋天的色彩，群山都披着落日的霞光。牧人驱赶着那牛群返回家园，猎人纵马携着猎物回归家园。相对无言彼此互不相识，长啸高歌怀念"采薇"人的高洁。

【注释】

①王绩（约589—644）：唐代诗人。

②薄暮：傍晚，太阳快落山的时候。

③徙（xǐ）倚：徘徊。

④犊：小牛。

⑤相顾：相视。

⑥采薇：薇，野菜名，嫩叶可食。相传周武王灭商后，伯夷、叔齐不愿做周的臣子，在首阳山上采薇而食，最后饿死。古时"采薇"代指隐居生活。

秋登宣城谢朓北楼①

李 白

江城②如画里，山晚望晴空。

两水③夹明镜，双桥④落彩虹。

人烟寒橘柚，秋色老梧桐。

谁念北楼上，临风怀谢公。

大意： 宣城的晚景好像在图画里一样美好，山色渐晚，诗人登上谢朓楼仰望晴空。两条江流之间，一潭湖水像明亮的镜子，江上的两座桥仿佛天上落在人间的彩虹。炊烟之中，橘林柚林掩映，令人感到寒意，秋色里，梧桐也已经显得衰老。谁会想着来谢朓北楼上，面对萧瑟的秋风缅怀谢公。

【注释】

①宣城：唐代宣州治所，在今安徽省。谢朓（tiǎo）北楼：即谢朓楼、谢公楼，为南朝齐诗人谢朓任宣城太守时所建。

②江城：这里指宣城。

③两水：指宛溪、句溪。

④双桥：宛溪上有凤凰桥，句溪上有济川桥。

临洞庭上张丞相①

孟浩然

八月湖水平，涵虚②混太清。

气蒸云梦泽③，波撼岳阳城。

欲济无舟楫，端居④耻圣明。

坐观垂钓者，徒有羡鱼情⑤。

大意：这是一首写给时任丞相张九龄的述怀诗,委婉地表达能够被赏识重用的愿望。八月的洞庭湖几乎要与堤岸平齐,水天一色、交相辉映,很难分辨。蒸腾的水汽笼罩着云梦大泽,洞庭湖水波涛汹涌,似乎把岳阳城撼动。想要渡过湖水却苦于找不到船只,闲居在此有辱于圣明时代。只是坐看垂钓之人,只能空怀羡鱼之情。

偶　成

程　颢①

闲来无事不从容，睡觉东窗日已红。

万物静观皆自得，四时佳兴与人同。

道②通天地有形外，思入风云变态中。

富贵不淫贫贱乐③，男儿到此④是豪雄⑤。

大意：闲静安适时,做什么事情都不慌不忙。一觉醒来,东窗被照得通红。静观万物,都可以得到自然的乐趣,对一年四季中美妙风光的兴致大家都是一样的。道理贯通着天地之间一切有形无形的事物,思想深入到风云变幻之中。只要能够富贵而不骄奢淫逸乱志,贫贱仍能怡然自乐,这样的男儿就是英雄豪杰。

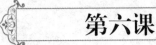

寓 意①

晏 殊②

油壁香车③不再逢，峡云无迹任西东。

梨花院落溶溶④月，柳絮池塘淡淡风。

几日寂寥伤酒后，一番萧索禁烟⑤中。

鱼书⑥欲寄何由达⑦，水远山长处处同。

大意：这首诗写的是别后相思之情。我再也见不到乘着油壁香车而来的你，我们像那巫峡的彩云飘散到东西不同的方向。盛开梨花的小院里，月光似水般倾泻下来，风轻轻地吹着，柳絮飞扬在池塘边。酒后更觉得伤怀寂寞，眼前凄凉的寒食节使我更加思念你。多想寄封信给你，可这山重水复你又如何能收得到呢？

【注释】

①寓意：有所寄托，但在诗题上又不明白说出。

② 晏 殊（991—1055）：北宋诗人。

③油壁香车：古代妇女所坐的车子，因车厢涂刷了油漆而得名。这里指代女子。

④溶溶：月光似水一般地流动。

⑤禁烟：寒食节，旧俗在那天禁火，吃冷食。

⑥鱼书：指书信。

⑦何由达：即无法寄达。

过香积寺①

王 维

不知香积寺，数里入云峰②。

古木无人径，深山何处钟③。

泉声咽危石④，日色冷青松⑤。

薄暮空潭曲⑥，安禅制毒龙⑦。

大意：不知道香积寺在什么地方，攀登几里之后却被入云高峰所困。深山里古木参天却没有人能行走的路径，不知从哪传来寺庙的钟声。泉水撞击着崖石发出幽咽的响声，松林中即使有日光照射也很寒冷。黄昏时来到空阔幽静的水潭，安静地打坐修禅来克制心中的妄想。王维的这首诗着重写香积寺之外的幽景，常建的《题破山寺后禅院》则着重写寺后禅院的静趣。两诗同时咏寺，却又不从寺本身落笔，而各自呈现出构思巧妙的意境。

【注释】

①过：过访，探望。香积寺：唐代著名寺院，建于长安（今西安），故址已废。

②入云峰：登上入云的高峰。

③钟：寺庙的钟鸣声。

④咽：呜咽。危：高的，陡的。

⑤冷青松：为青松所冷。

⑥薄暮：黄昏。曲：深隐、偏僻的地方。

⑦安禅：为佛家术语，指身心安然进入清寂宁静的境界。毒龙：佛家比喻世俗人的杂念妄想。

寄李儋元锡①

韦应物②

去年花里逢君别，今日花开又一年。
世事茫茫难自料，春愁黯黯③独成眠。
身多疾病思田里④，邑有流亡愧俸钱。
闻道欲来相问讯⑤，西楼望月几回圆。

大意： 这首诗是作者任滁州刺史时所作。去年花开时节与你们分手，到今年花开已是一年。世事渺茫，本来就很难预料，春愁格外使人黯然神伤，独自难眠。身体多病总想归隐田园，但自己管辖的地方还有流离失所的百姓，我内心愧于享有朝廷的俸禄。听说你们要来探望我，我翘首期盼，西楼上的月亮已经圆了好几回了。

江　村①

杜　甫

清江一曲抱②村流，长夏江村事事幽。
自去自来梁上燕，相亲相近③水中鸥。
老妻画纸为棋局，稚子敲针作钓钩。
但有故人供禄米，微躯④此外更何求？

大意： 清澈的江水曲折地绕着村子流过，漫长的夏日，村里的一切都显得很幽静。梁上的燕子自由自在地飞来飞去，水中的鸥鸟互相嬉戏，是那样亲热。妻子在纸上画着棋盘，小儿子敲打着针做鱼钩。只要有老朋友从俸禄中接济一些粮食，除此之外，我还能有什么奢求呢？

第七课

曲 江①(其一)

杜 甫

一片花飞减却春，风飘万点正愁人。
且看欲尽②花经眼，莫厌伤多酒入唇。
江上小堂巢翡翠，苑边高冢卧麒麟③。
细推物理④须行乐，何用浮名绊⑤此身。

大意：随着一片片春花飞落，春天渐渐而去。风吹落花点点，正愁人。且看曾经欣赏过的花随风飘去，不要因感伤太多而饮酒。江边的小堂上有翡翠鸟筑巢，芙蓉苑边的墓冢有石麒麟卧在墓道旁。仔细推究事物兴衰变化的道理，还须及时行乐，人生何必为虚幻的功名利禄束缚自己。

【注释】

①诗题又名《曲江对酒》。此诗写于乾元元年(758)暮春，此时作者官场失意，游览曲江(在今西安城南)后，作此诗二首。

②欲尽：花将开完。

③麒麟(qí lín)：古代传说中的一种瑞兽，这里指麒麟石像。

④物理：万物兴衰变化的道理。

⑤浮名：指虚名，虚幻的功名利禄。绊：束缚。

曲 江(其二)

杜 甫

朝回①日日典春衣，每日江头尽醉归。
酒债寻常行处②有，人生七十古来稀③。
穿花蛱蝶④深深见⑤，点水蜻蜓款款⑥飞。
传语风光共流转，暂时相赏莫相违⑦。

大意：每天上朝回来，都要典当衣服买酒。每天到曲江边畅饮，大醉而归。酒债是寻常处处赊欠的，人生七十古来稀。蝴蝶在花丛中穿行时隐时现，蜻蜓时而点着水面缓缓飞动。请让我和蝴蝶、蜻蜓一同流转，暂且互相欣赏不要彼此分开。

【注释】

①朝回：上朝回来。

②行处：到处。

③古来稀：又称古稀之年，古代为七十岁的代称。

④蛱(jiá)蝶：蝴蝶。

⑤深深见(xiàn)：时隐时现。见：同"现"。

⑥款款：缓慢。

⑦相违：互相分开。

秋　兴①（其一）

杜　甫

玉露②凋伤③枫树林，巫山巫峡气萧森。

江间波浪兼天涌④，塞上⑤风云接地阴⑥。

丛菊两开他日泪，孤舟一系故园心。

寒衣处处催刀尺⑦，白帝城高急暮砧⑧。

大意：这首诗描写的是巫山巫峡一带萧瑟的秋日景象，抒发了诗人孤独漂泊的思乡之情和对国家时局的担忧。在深秋白露的侵蚀下，枫树逐渐衰败、凋零，巫山和巫峡也笼罩在萧瑟阴森的迷雾中。江面波浪滔天，天上的乌云则像要压到地面上来似的，天地一片阴暗的景象。丛丛菊花花开花落，想到两年未曾回家，不免伤心落泪。小船还系在岸边，飘零在外的我，却心系故乡。又到了赶制冬天御寒衣服的时候了，黄昏时，白帝城上的捣衣声一阵紧似一阵。我对故乡的思念也愈加凝重深沉。

【注释】

①大历元年（766）秋天，杜甫漂泊寓居夔（kuí）州（在今重庆奉节），诗人借秋天的景物抒发家国身世情怀，作《秋兴》八首。

②玉露：白露，霜。

③凋（diāo）伤：摧残，使草木衰败，枝叶凋零。

④兼天涌：连天涌起，形容波浪滔天的水势。

⑤塞上：边关险要的地方，这里指夔州地处边远，山势险要。

⑥地阴：地面的阴暗气象。

⑦催刀尺：催人赶制冬衣。

⑧暮砧（zhēn）：黄昏时的捣衣声。砧：捣衣石。

秋 兴(其三)

杜 甫

千家山郭^①静朝晖，日日江楼坐翠微。
信宿^②渔人还泛泛，清秋燕子故飞飞。
匡衡抗疏^③功名薄，刘向传经^④心事违。
同学少年多不贱，五陵^⑤裘马自轻肥^⑥。

大意： 晨曦中的城郭虽然秋色清明、江色宁静，但是并没有给诗人带来内心的平静，诗人回顾往昔，慨叹诸事不遂愿。白帝城里千家万户静静地沐浴在朝晖中，我天天去江边的楼上，坐看对面青翠的山峰。连续两夜，渔人仍驾着小舟在江中漂荡，虽已是清秋时节，燕子仍然飞来飞去。汉朝的匡衡敢于向皇帝直谏，把功名看得很淡薄；刘向传授经学，无奈事与愿违。年少时的同学大都已飞黄腾达了，他们在五陵轻裘肥马，过着富贵的生活，我却注定要为一个信念苦苦地坚持着。

【注释】

①山郭：靠山的城郭。

②信宿：再宿，连宿两夜。

③匡衡抗疏：汉元帝时匡衡多次上疏，议论朝政，升光禄大夫、太子少傅。这里诗人慨叹自己上书救房琯(guǎn)，结果遭贬。

④刘向传经：汉宣帝时，刘向奉命传授《榖梁传》，在石渠阁讲论五经。这里诗人以刘向自比，感叹自己虽有传授经书、辅佐朝廷的愿望，但事与愿违，反而被朝廷疏远。

⑤五陵：长安北郊五座汉代帝王陵墓，即长陵、安陵、阳陵、茂陵、平陵，汉代每建一座陵墓，都将各地豪族外戚迁到附近。

⑥轻肥：轻裘肥马，指豪贵生活。

第八课

九日蓝田会饮①

杜 甫

老去悲秋强自宽，兴来今日尽君欢。

羞将短发②还吹帽③，笑倩④旁人为正冠⑤。

蓝水⑥远从千涧落，玉山⑦高并两峰寒。

明年此会知谁健，醉把茱萸⑧仔细看。

大意：这首诗以乐景写哀情，以壮语写悲情，展示了诗人强作欢颜的情形，抒发了诗人迟暮之心、悲秋之感、宦海浮沉之悲。年华已老，秋天不免有了悲伤的心情，但还是勉强自我安慰，高兴的是重阳节里能在崔君家和朋友们开怀畅饮。令我羞愧的是席间的秋风吹落了我的帽子，露出了我短短的头发，尴尬之余只得请旁边的人帮我重新戴好帽子。蓝田溪谷里的水从远方流经了千百条山涧，蓝田山上的两座山峰高高地并立在远处。醉眼蒙眬中看到了象征长寿吉祥的茱萸，不知明年此次相会的朋友还有谁能再聚？

【注释】

①诗题又名《九日蓝田崔氏庄》。大约作于乾元元年(758)农历九月初九，当时，杜甫被贬华州，受崔氏邀请，到蓝田的崔氏庄。九日：农历九月初九，重阳节。

②羞将短发：因为头发短而不好意思。

③吹帽：典出《晋书·孟嘉传》。重阳节时，东晋大将桓温在龙山宴请同僚，参军孟嘉的帽子被风吹落不自知，桓温命孙盛写文章嘲笑他，而孟嘉神情自若，一时传为美谈。

④倩：请别人代自己做事。

⑤正冠：把帽子扶端正。

⑥蓝水：蓝田溪谷里的水。

⑦玉山：蓝田山，因盛产玉，又称玉山。

⑧茱萸(zhū yú)：一种植物，有浓烈香味。旧时风俗，每逢重阳节佩茱萸、饮菊花酒。

长安秋望

赵嘏①

云物凄清拂曙流，汉家宫阙②动高秋。

残星几点雁横塞，长笛一声人倚楼。

紫艳③半开篱菊静，红衣落尽渚④莲愁。

鲈鱼正美⑤不归去，空戴南冠⑥学楚囚。

大意：这首诗通过描绘长安拂晓的凄清秋色，运用典故，抒发了诗人孤寂怅惘的愁思和对田园生活的向往。拂晓时灰蒙蒙的云雾夹带着寒意，宫殿四周开始呈现出深秋的景色。几点晨星伴随着从边塞上横空而来的大雁，悠扬的笛声引起倚楼眺望人的无限乡愁。篱笆旁艳丽的紫色菊花欲开未开，十分静谧，池塘里的莲花花瓣已凋谢。故乡的鲈鱼正是鲜美的时候，而我却回不去，我只能戴着南冠，如楚囚一样羁留在外。

【注释】

①赵嘏（gǔ）（约806—约853）：唐代诗人。

②汉家宫阙：借汉喻唐，指唐代的宫殿。

③紫艳：艳丽的紫色菊花。

④渚（zhǔ）：水中的小块陆地。

⑤鲈鱼正美：《世说新语·鉴识篇》载，晋时吴郡（今苏州）张翰在洛阳做官，一次见秋风起，便想起家乡鲈鱼正是味美时候，便弃官而归，后被传为归隐美谈。这里指思乡心切。

⑥南冠：南方楚国人戴的帽子，代指囚徒。这里用楚国钟仪囚于晋国的典故，表现身不由己，难以归乡。

闻 笛

赵 嘏

谁家吹笛画楼中，断续声随断续风。

响遏行云①横碧落②，清和冷月到帘栊。

兴来三弄③有桓子④，赋就一篇怀马融⑤。

曲罢不知人在否，余音嘹亮尚⑥飘空。

大意：是谁在美丽的楼阁上吹笛子？悦耳的笛声随着轻风断断续续传来。当笛声嘹亮时，就好像横在碧空中阻止了流动的云彩，当笛声清和时，就像冰冷的月光照进我的窗帘。笛声优美，就像桓伊随兴所至演奏了三首曲子，曲调之优雅更让人想起马融的《长笛赋》中的词句。一曲吹毕，不知道吹奏的人是否还在楼上，而那嘹亮的笛声却好像还飘荡在空中久久不散。

【注释】

①响遏（è）行云：《列子·汤问》："（秦青）抚节悲歌，声震林木，响遏行云。"形容笛声响彻云霄，阻挡了流动的云彩。遏：阻止。

②碧落：碧空，天空。

③三弄：三支曲子。

④桓子：指东晋桓伊，善音乐。

⑤马融：字季长，东汉人，很有才学，善鼓琴，好吹笛。

⑥尚：还。

梅 花①

林 逋②

众芳摇落独暄妍③，占尽风情向小园。

疏影横斜水清浅，暗香浮动月黄昏④。

霜禽欲下先偷眼，粉蝶如知合断魂。

幸有微吟可相狎，不须檀板⑤共金樽⑥。

大意： 这首咏物诗从多方面描写梅花神韵。百花凋零，唯独梅花凌寒怒放，疏朗的花影横斜在清浅的水中，清幽的芳香飘浮在黄昏的月光中。梅花的美丽与芳香既吸引着寒雀，也让蝴蝶感到失魂落魄。我在低声吟诗中已获得了赏梅的雅兴，无须音乐与饮酒那些俗情来凑趣。这首诗开咏梅诗风气之先。其后宋代的欧阳修、苏轼、王安石、陆游、辛弃疾、杨万里等诗人名家，都纷纷写咏梅诗词，咏梅之风盛行开来。

【注释】

①诗题又名《山园小梅》。

②林逋（bū）（967—1028）：北宋诗人。

③暄妍：原指天气和暖，景物明媚，这里形容梅花鲜艳夺目。

④"疏影""暗香"二句：是化用五代南唐诗人江为诗句"竹影横斜水清浅，桂香浮动月黄昏"而来，由原作咏竹、咏桂转而吟咏梅花神韵，从此"暗香疏影"就成为梅的代名词。

⑤檀板：演奏音乐用的檀木拍板，这里指音乐。

⑥金樽：珍贵的酒杯，这里指美酒。

古代诗词

（六年级适用）

独领风骚的唐诗

诗歌是中国人心灵的咏叹，志向的抒发，情感的表达。唐代（618—907）是中国古典诗歌发展的全盛时期。唐诗不仅继承了汉魏民歌、乐府的传统，而且创造了风格独特、韵律优美的近体诗，涌现出大批杰出诗人和优秀诗作。

唐诗的发展过程，后人划分为初唐、盛唐、中唐、晚唐四个时期。"初唐四杰"王勃、杨炯、卢照邻、骆宾王，诗风雄壮刚健。盛唐有"诗仙"李白和"诗圣"杜甫，还出现了以王昌龄、岑参为代表的边塞诗作。中唐的代表人物是白居易，他的叙事长诗《琵琶行》和《长恨歌》被广为传诵。晚唐时被称为"小李杜"的李商隐和杜牧，也留下了盛名诗作。

中国古代诗歌，从格律上可分为古体诗和近体诗。古体诗的风格是前代流传下来的，对诗的句数、音韵要求比较宽泛；而近体诗则对诗的字数、句数、音韵等方面有严格限定，近体诗有严整的格律，又被称为格律诗。

近体诗分为三种：律诗、长律、绝句。律诗每首限定八句。五字一句的称五言律诗，七字一句的称七言律诗。律诗的第一、二两句叫"首联"，第三、四两句叫"颔联"，第五、六两句叫"颈联"，第七、八两句叫"尾联"。每联的上句叫"出句"，下句叫"对句"。超过八句的律诗，称为长律或排律。长律一般是五言。绝句比律诗的句数及字数少一半。五言绝句只有四句二十字，七言绝句只有四句二十八字。

唐诗把中国古典诗歌的音节和谐、文字精练的艺术特色发挥得淋漓尽致，成为古代诗歌的最高典范，但是由于格律的严格限制，又有不易创作和自由发挥的缺陷。

唐诗对中国文学艺术影响深远，并传播到国外，影响到日本、韩国的诗词，不少唐诗从19世纪开始被欧美国家翻译流传，唐代诗人李白、杜甫、白居易是世界闻名的伟大诗人。

春 雪

韩 愈①

新年②都未有芳华③，二月初惊见草芽。

白雪却嫌春色晚，故穿庭树④作飞花。

大意： 新年到了，却看不到芬芳的鲜花，到了二月，才惊讶地发现草发了芽。白雪好像埋怨春天的来迟，竟像飞花一样穿过庭院的树木。诗中用"嫌""穿"拟人的写法，把春雪比作人，使雪花仿佛有了人的美好愿望与灵性，洋溢着诗人在冬去春来时节的喜悦之情。

【注释】

① 韩愈（768—824）：唐代文学家、哲学家。

②新年：指农历正月初一，即春节。

③芳华：鲜花。

④庭树：院子里的树木。

渔歌子①

张志和②

西塞山③前白鹭飞，桃花流水④鳜鱼肥。

青箬笠⑤，绿蓑衣，斜风细雨不须归⑥。

大意： 这首词描写了江南水乡春汛时期捕鱼的情景。有鲜明的山光水色，有渔翁悠闲自在的生活情趣，在秀丽的水乡风光和理想化的渔人生活中，寄托了作者爱自由、爱自然的情怀。

【注释】

①渔歌子：词牌名。

②张志和（约730—约810）：唐代词人。

③西塞山：浙江湖州西南。

④桃花流水：桃花盛开时节也是春水上涨之时，俗称桃花水或桃花汛。

⑤箬笠(ruò lì)：用竹篾编成的斗笠。

⑥不须归：不想回去。

江畔①独步寻花(其五)

杜　甫②

黄师塔③前江水东，春光懒困倚④微风。

桃花一簇⑤开无主，可爱深红爱浅红？

大意： 杜甫定居四川成都草堂之后，第二年春暖花开时节，他独自在锦江江畔散步赏花，写下《江畔独步寻花》一组七首绝句，此诗是其中的第五首。黄师塔前的江水向东奔流，依偎在温暖的春风里使人困意连绵。一丛丛桃花自由自在地盛开，深红的和浅红的桃花让人分不清哪个更可爱。

【注释】

①江畔：指成都锦江之滨。

②杜甫（712—770）：唐代诗人。

③黄师塔：一位姓黄的僧人的墓地。当时蜀人称僧人为"师"，称僧墓为"塔"。

④倚：依偎。

⑤一簇：一丛。

江畔独步寻花(其六)

杜　甫

黄四娘①家花满蹊②，千朵万朵压枝低。

留连③戏蝶时时舞，自在娇④莺恰恰⑤啼。

大意： 这首诗是杜甫所写《江畔独步寻花》组诗中的第六首。黄四娘家花儿茂盛把小路遮蔽，万千花朵压弯枝条离地低又低。眷恋芬芳的花间彩蝶时时飞舞，自由自在的娇美黄莺在花林间婉转欢快地啼鸣。

【注释】

①黄四娘：杜甫住在成都草堂时的邻居。

②蹊(xī)：小路。

③留连：即眷恋，舍不得离去。

④娇：可爱的样子。

⑤恰恰：拟声词，形容鸟叫声音和谐动听。一说"恰恰"为唐时方言，恰好之意。

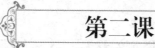

忆江南①

白居易②

江南好，风景旧曾谙③。日出江花④红胜火⑤，春来江水绿如蓝⑥。能不忆江南？

大意：白居易青年时期曾游历江南，后来在杭州、苏州等地做过刺史，江南的风物人情给他留下了美好的回忆，这首词便是描写他记忆中的江南。诗人巧妙地选取了最美的季节（春天）、最美的地方（江边）、最美的时刻（日出）、最美的景物（江花、江水），通过红胜火、绿如蓝这样强烈的颜色映衬，浓墨重彩地勾勒出江南春天的美丽景色。

【注释】

①忆江南：词牌名。忆，怀念。

②白居易（772—846）：唐代诗人。

③谙（ān）：熟悉。

④江花：江边的花朵。

⑤红胜火：颜色鲜红胜过火焰。

⑥绿如蓝：绿得比蓝草还要绿。蓝：蓝草，叶子可制青绿染料。

惠崇春江晚景①

苏 轼②

竹外桃花三两枝，春江水暖鸭先知。萎蒿③满地芦芽④短，正是河豚⑤欲上时。

大意：这首题画诗，着意刻画了一派初春的景象。竹林外伸出了两三枝桃花，最先感知春天江水回暖的鸭子在嬉水。满地的萎蒿长出了新枝，出现了芦芽，这一切都显示了春天的活力，此时又正是河豚逆流而上、从大海回游到江河的时节。全诗洋溢出江南初春特有的气息。

【注释】

①惠崇是北宋名僧，能诗善画。这首诗是苏轼为惠崇的画作《春江晚景》所写的题画诗。

②苏轼（1037—1101）：北宋文学家。

③萎蒿（lóuhāo）：草名，有青蒿、白蒿等种。

④芦芽：芦苇的幼芽。

⑤河豚：一种肉味鲜美的鱼，有毒性。

六月二十七日望湖楼①醉书②

苏 轼

黑云翻墨③未遮④山，白雨⑤跳珠乱入船。

卷地风来忽吹散，望湖楼下水如天⑥。

大意： 北宋熙宁五年(1072)，苏轼在杭州任职。这年六月二十七日，他游览西湖，在船上看到美妙的湖光山色，又到望湖楼上喝酒，并写诗描绘西湖美景。密布的乌云翻滚着像墨汁泼下，却没有遮住远山，大雨激起的水滴如白色珍珠飞溅到船中。忽然大风从地面席卷而来将阴云吹散，再看风雨骤停的西湖望湖楼下的水面，又如天空一样平静。

【注释】

①望湖楼：在今杭州西湖边。

②醉书：喝醉酒时所写。

③黑云翻墨：指黑云笼罩，如打翻的墨汁。

④遮：遮蔽，遮盖。

⑤白雨：雨大，看上去白花花的。

⑥水如天：水天一色，连成一片。

春夜喜雨

杜 甫

好雨知时节，当春乃发生①。

随风潜②入夜，润物③细无声。

野径④云俱黑，江船火独明。

晓看红湿处，花重⑤锦官城⑥。

大意： 这是杜甫在成都草堂居住时所写的一首赞美春雨的诗。及时的春雨好像知道季节时令，正当春天植物生长时就降落下来。细雨随着春风在夜晚悄然飘洒，无声无息地滋润大地万物。乌云笼罩着田野小路，江上渔船闪烁着灯火。明早再来看雨水湿润的花丛，一定会把锦官城装扮得万紫千红。

【注释】

①乃：就。发生：催发植物生长。

②潜：暗暗地，悄悄地。

③润物：使植物受到雨水的滋润。

④野径：田野小路。

⑤花重：花沾上雨水而变得沉重。

⑥锦官城：成都的别称。

第三课

清平乐①·村居

辛弃疾②

茅檐③低小，溪上青青草。醉里吴音④相媚好⑤，白发谁家翁媪⑥？

大儿锄豆⑦溪东，中儿正织⑧鸡笼。最喜小儿亡赖⑨，溪头卧剥莲蓬。

大意：这首诗通过描绘江南一户农家老小的不同面貌形态，表现了农家有声有色的浓厚生活气息和乡土风俗。草屋的屋檐又低又小，溪边长满了碧绿的小草。用温柔的吴地方言相互逗乐打趣，这一对满头白发的老人是谁家的呢？

大儿子在溪东边的豆田锄草，二儿子正忙于编织鸡笼。淘气的小儿子正横卧在溪头草丛里剥着刚摘下的莲蓬。

【注释】

①清平乐(yuè)：词牌名。

②辛弃疾（1140—1207）：南宋词人。

③茅檐：茅屋的屋檐。

④吴音：吴地的方言。作者当时闲居带湖(今属江西)，这一带的方言为吴音。

⑤相媚好：指相互逗趣，取乐。

⑥翁媪(ǎo)：老翁和老妇。

⑦锄豆：锄掉豆田里的草。

⑧织：编织。

⑨亡(wú)赖：这里指小孩顽皮、淘气。亡：同"无"。

春夜洛城①闻笛

李白②

谁家玉笛③暗飞声，散入春风满洛城。此夜曲中闻折柳④，何人不起故园情⑤。

大意：这首诗是李白游洛阳所作，描写了在夜深人静的时候听到笛声引起的思乡之情。不知从谁家传出悠扬的笛声，随风传遍洛阳城。今夜听到一曲《折杨柳》，思乡之情便油然而生。

【注释】

①洛城：即洛阳城，在今河南洛阳市。

②李白（701—762）：唐代诗人。

③玉笛：精美的笛子。

④闻：听，听见。折柳：即《折杨柳》笛曲。

⑤故园情：怀念家乡的情感。故园：指故乡，家乡。

游钟山

王安石①

终日看山不厌②山，买山终待③老山间。
山花落尽山常在，山水空流山自闲。

大意：这首诗中"山"字一共出现了八次，诗人反复运用"山"字，语言平实，逻辑紧密。每天看山都不厌倦，所以有了买下此山终老山间的想法，以便可以更细致认真地观赏山景，并发出山花全部凋落，可是山还依然是那座山的感慨。以山寄情，表达诗人心境。

游山西村

陆 游①

莫笑农家腊酒②浑，丰年留客足鸡豚③。
山重水复疑无路，柳暗花明又一村。
箫鼓追随春社④近，衣冠简朴古风存⑤。
从今若许⑥闲乘月⑦，拄杖无时夜叩门。

大意：这首诗是作者闲居在故乡山阴（今浙江绍兴）老家农村时所作，描绘了一幅栩栩如生、有声有色的农村风俗画。不要笑农家腊月酿的酒混浊，丰年年景待客的菜肴非常丰盛。山环水绕不要担心无路可走，柳绿花艳之后又会出现一个山村新景色。吹箫打鼓的春社节日已临近，淳朴的古代风俗依然延续至今。如果哪天趁月色闲游，拄着拐杖随时敲门来聊天。

第四课

秋 思

张 籍①

洛阳城里见秋风，欲作家书意万重②。
复恐③匆匆说不尽，行人临发又开封④。

大意：这首诗通过写家书的细节，细致表达了作者对家人的思念之情。洛阳城中刮起了秋风，此刻想写封家书表达我万重的心意。无奈时间仓促想说的话写也写不尽，捎信人即将出发之时，我又拆开封好的信封再写几句话在信中。

【注释】

①张籍(约767—约830)：唐代诗人。

②意万重：极言心思之多。

③复恐：又恐怕。

④行人：指捎信的人。临发：将出发。开封：拆开已经封好的家书。

秋 词（其一）

刘禹锡①

自古逢秋悲寂寥②，我言秋日胜春朝③。
晴空一鹤排④云上，便引诗情⑤到碧霄⑥。

大意：这首诗赞颂秋天的美好。诗人一反古人悲秋的传统，表现出昂扬向上的豪气和自信。自古以来每逢秋天都有人感到悲凉寂寞，我却说秋天胜过春天。一只仙鹤在万里晴空中凌云飞起，也会引发我的诗情，想象驰骋在青天之上。

【注释】

①刘禹锡(772—842)：唐代诗人。

②悲寂寥：悲叹寂寞萧条。

③春朝：春天。

④排：推开，有冲破的意思。

⑤诗情：作诗的兴致。

⑥碧霄：蓝天。

天净沙①·秋思

马致远②

枯藤老树昏鸦③，

小桥流水人家，

古道西风瘦马④。

夕阳西下，

断肠人在天涯⑤。

大意：漂泊天涯的游子在秋天抒发了思乡的凄然之情。短短二十八字，刻画出一幅非常生动的秋郊夕照图。枯藤、老树、昏鸦、小桥、流水、人家、古道、西风、瘦马，以景托景，景中生情，在苍凉的景致上勾勒出行旅之人飘泊不定的情怀感悟。这首词被誉为"秋思之祖"。

【注释】

①天净沙：曲牌名。

②马致远(约1251—约1324)：元代戏曲作家。

③枯藤：枯萎的枝蔓。昏鸦：黄昏时归巢的乌鸦。

④古道：年代久远的驿道。西风：秋风。瘦马：骨瘦如柴的马。

⑤断肠人：指漂泊天涯、极度忧伤的旅人。天涯：远离家乡的地方。

颂古五十五首(其一)

释绍昙①

春有百花秋有月，

夏有凉风冬有雪。

莫将②闲事挂心头，

便是人间好时节。

大意：这是一首哲理诗。一年四季，每个季节都有每个季节的美，只要不把那些烦恼的闲杂事情放在心上，那么天天都将是让人享受美好的时节。

【注释】

①释绍昙(？—1297)：南宋诗僧。

②莫将：不要将。

第五课

峨眉山月歌

李 白

峨眉山①月半轮秋，影入平羌江②水流。
夜发清溪③向三峡④，思君不见下渝州⑤。

大意：这首诗是李白于开元十三年(725)
离开故乡四川途中所作。登上峨眉山顶观赏半
轮秋月，泛舟平羌江中，一路漂流到岷江。夜色
里从岷江清溪驿向长江三峡进发，顺流而下到
渝州。李白这次畅游川蜀，既是对故乡的告别，
也是对友人的惜别。

【注释】

①峨眉山：在今四
川峨眉山市西南。

② 平 羌 (qiāng)
江：即青衣江，流经峨眉
山东北，是岷江支流，岷
江又是长江支流。

③清溪：指清溪驿，
在四川犍(qián)为县峨
眉山附近。

④三峡：指长江瞿
塘峡、巫峡、西陵峡。

⑤渝州：今重庆一
带。

暮江吟

白居易

一道残阳①铺水中，半江瑟瑟②半江红。
可怜③九月初三夜，露似真珠④月似弓。

大意：这是作者黄昏时分在江边所作的
诗。诗人选取了从红日西沉到新月东升这一段
时间里的两组景物进行描写，运用了新颖巧妙
的比喻，创造出和谐、宁静的意境。一道残阳渐
沉江中，半江碧绿半江艳红。最可爱的是九月
初三的夜晚，露珠像珍珠一样美丽，月亮像一张
弯弓挂在夜空。

【注释】

①残阳：落山的太
阳。也指晚霞。

②瑟瑟：这里形容
未受到残阳照射的江水
所呈现的青绿色。

③可怜：可爱。

④真珠：即珍珠。

竹枝词①

刘禹锡

杨柳青青江水平，闻郎江上唱歌声。

东边日出西边雨，道是无晴却有晴②。

【注释】

①竹枝词:乐府近代曲名。

②晴:与"情"谐音。

大意:《竹枝词》是古代四川东部的一种民歌。刘禹锡任夔(kuí)州刺史时，非常喜爱这种民歌，他学习屈原作《九歌》的精神，采用了当地民歌的曲谱，作成新的《竹枝词》，描写当地山水风俗和男女爱情，富于生活气息。体裁和七言绝句一样。但在写作上，多用白描手法，语言清新活泼，生动流畅，民歌气息浓厚。刘禹锡创作多首《竹枝词》，这是其中一首。三、四两句一直为后人喜爱引用的名句。

题都城①南庄

崔　护②

去年今日此门中，人面③桃花相映红。

人面不知何处去，桃花依旧笑春风。

【注释】

①都城:指唐代都城长安。

②崔护(?—831):唐代诗人。

③人面:第二句中的"人面"指姑娘的脸，第三句中的"人面"则指姑娘本人。

大意:去年的今天，正是在这户人家门前，姑娘那美丽的脸庞和盛开的桃花互相辉映，显得格外红艳。如今，姑娘不知去了哪里，只有满树的桃花依然在春风中含笑盛开。这首诗以"人面""桃花"贯串始终，时隔一年，还是相同的地点、相同的场景，却没有见到去年的那个人，表现了诗人惋惜、惆怅的心情。

别董大①

高 适②

千里黄云白日曛③，北风吹雁雪纷纷。

莫愁前路无知己，天下谁人不识君④。

大意： 这是一首送别诗。千里黄沙，北风呼啸，吹得白云看上去像是黄色的。夕阳西下，雁群南飞，大雪纷纷扬扬地下着。不要担心前方遇不到知己，天下人谁不认识你呢？在这里，诗人满怀信心地安慰自己的朋友，把临别赠言说得慷慨激昂、鼓舞人心。后两句常被人们在送别朋友时引用。

闻王昌龄左迁①龙标②遥有此寄

李 白

杨花落尽子规③啼，闻道龙标④过五溪⑤。

我寄愁心与明月，随君直到夜郎⑥西。

大意： 这首诗是李白为好友王昌龄贬官而作，抒发感愤，表达同情之意。暮春时节，柳絮零落，杜鹃鸟叫声悲哀，首句在写景的同时点出时令，"过五溪"表明贬谪路途之遥远、艰难。后两句李白通过丰富的想象，将满腹愁思寄托给原本无情的明月，让它成为一名多情的使者，替自己去陪伴远在夜郎的友人。诗人没有直接写听闻朋友被贬官的悲愤，而悲愤之情却跃然纸上。

送柴侍御①

王昌龄②

沅水通流③接武冈④，送君不觉有离伤。

青山一道同云雨，明月何曾是两乡⑤。

大意：这首送别诗是作者被降职到龙标（今湖南洪江西）时所作。柴侍御将要从龙标前往武冈，王昌龄写下此诗为他送行。沅江的波浪接连着武冈，送你不觉得有离别的伤感。虽然青山相隔，我们仍共沐风雨，虽然身处两地，我们还是同顶一轮明月。诗中蕴含着人分两地、情同一心的深情厚谊。

重送①裴郎中②贬吉州③

刘长卿④

猿啼客散暮江头，人自伤心水自流。

同作逐臣⑤君更远，青山万里一孤舟。

大意：这首诗首句交代诗人和裴郎中分别的时间、地点和情景，时间是傍晚，地点是江头。猿啼在诗词中常有悲哀、凄苦之意，这里以猿啼衬托了悲凄的气氛。诗人送别裴郎中，眼见朋友远去，自己独立江头，更感伤心。一起被贬逐，可是裴郎中被贬官的地方更远，此去千山万水，陪伴友人的却只有一叶孤舟。

第七课

题西林壁①

苏 轼

横看②成岭侧成峰，远近高低各不同。
不识庐山真面目，只缘③身在此山中。

大意：这是一首蕴含哲理的诗。前两句写所见，道出游人所处的位置不同，看到的景物各不相同。从正面看山峰连绵起伏，从侧面看山峰耸立，从远处、近处、高处、低处看，庐山会呈现不同的景象。后两句是所感，诗人感到看不清庐山真正的面目，是因为身在此山中。全诗紧扣游山，用诗的语言深入浅出地说出哲理：人们看问题的角度不同，对客观事物的认识就会产生片面性；要认识事物的真相与全貌，必须要有全面客观的思维方式。

【注释】

①题：书写，题写。西林：西林寺，在今江西庐山脚下。

②横看：从正面看。庐山是南北走向，横看就是从东面西面看。

③缘：因为。

登飞来峰①

王安石

飞来山上千寻塔②，闻说③鸡鸣见日升。
不畏浮云遮望眼，自缘④身在最高层。

大意：在飞来峰极高的塔上，听说鸡鸣时分可看到旭日初升。不怕浮云会遮住我的视线，因为我已身处登高望远的最高峰。后两句与苏轼"不识庐山真面目，只缘身在此山中"的哲理意义相近，有异曲同工之妙。

【注释】

①飞来峰：一说在浙江绍兴城外的宝林山。一说在今浙江杭州西湖灵隐寺前。

②千寻塔：很高的塔。寻：古时长度单位，八尺为寻。

③闻说：听说。

④自缘：自然是因为。

过松源晨炊漆公店①

杨万里②

莫言③下岭便无难，赚得④行人错喜欢。

正入万山围子里，一山放出一山拦⑤。

大意：不要说下山轻松容易，这会让前来上山的人高兴落空。当你进入崇山峻岭后，就会刚攀过一座山，另一座山立刻把你拦阻。这首诗通过描写山区行路的感受，生动形象地说明一个哲理：做什么事都要做好克服困难的准备，才能变被动为主动。

【注释】

①松源、漆公店：在今江西弋阳与余江之间。

②杨万里（1127—1206）：南宋诗人。

③莫言：不要说。

④赚得：骗得。

⑤拦：阻拦，阻挡。

山中留客

张　旭①

山光物态弄春晖②，莫为轻阴便拟③归。

纵使④晴明无雨色，入云深处亦沾衣。

大意：山上的万物在春天阳光的照耀下，呈现出一片欣欣向荣的景象，不要看到天空飘着乌云就想回家。即使天气晴朗，走入山上云雾缥缈的地方也会沾湿衣服。客人想走，主人想留，本是生活中的常事，诗人却劝得极为巧妙。首先告诉客人，春天来了，山上到处都是美景。接着猜测对方不想去的原因，可能是看到天阴怕下雨，便用天晴入山也要沾湿衣服的事实来说服对方。全诗紧扣题目中的"留"字，描绘出一幅幽静的山水画。

【注释】

①张旭：生卒年不详，唐代书法家、诗人。

②春晖：春阳，春光。

③拟：打算。

④纵使：即使。

第八课

山中问答

李 白

问余何意栖碧山^①，笑而不答心自闲。
桃花流水窅然去^②，别有天地非人间^③。

大意：这首诗写出了作者隐居山林时悠然自得的心情，反映了李白热爱自由的开朗性格。有人问我为什么要隐居碧山，我笑而不答，心中却轻松又安闲。飘落的桃花随着流水远去，这里别有洞天，不是人间所能比的。

【注释】

①栖：原指鸟类停歇在树枝等物上，引申为居住或停留。碧山：在湖北安陆市，山下桃花洞有李白读书处。

②窅（yǎo）然：深远的样子。

③非人间：不是人间，这里指诗人的隐居之地。

奉和令公^①绿野堂^②种花

白居易

绿野堂开占物华^③，路人指道令公家。
令公桃李^④满天下，何用堂前更种花。

大意：绿野堂建成后占尽了万物的精华，路人说那是令公的家。令公的学生遍布天下，何须房前再种花。诗人通过写裴度房子不用种花就占尽了万物的精华，表达了对一个老师桃李满天下芳名远播的赞美。

【注释】

①令公：指裴度。裴度是唐代政治家、文学家，官至中书令，故称"令公"。

②绿野堂：指的是唐代裴度的住宅。故址在今河南洛阳市南。

③物华：万物的精华。

④桃李：代指学生。

七步诗

曹　植①

煮豆持作羹②，漉菽③以为汁。
萁④在釜⑤下燃，豆在釜中泣。
本是同根生，相煎⑥何⑦太急？

大意：这首诗是三国时期曹魏著名文学家曹植所作。曹植是曹操的第三个儿子，魏文帝曹丕之弟。传说曹丕做了皇帝以后，对才华横溢的弟弟曹植一直心怀忌恨，一次他命曹植在七步之内作诗一首，如做不到就将行以大法（处死），而曹植不等其话音落下，便吟出这六句诗来。因为限在七步之中作成，故后人称之为《七步诗》。诗人用同根而生的萁和豆来比喻兄弟，兄弟应互敬互爱，为什么要自相残害呢？

【注释】
　①曹植（192—232）：三国时魏国诗人。
　②持：拿来。羹（gēng）：糊状食物。
　③漉（lù）菽（shū）：把煮熟后豆子的残渣过滤出去。漉：过滤。菽：豆类的总称。
　④萁（qí）：豆茎，晒干后可做烧柴。
　⑤釜（fǔ）：锅。
　⑥煎：煎熬，比喻迫害。
　⑦何：何必。

蜂

罗　隐①

不论平地与山尖②，无限风光尽③被占。
采得百花成蜜后，为谁辛苦为谁甜？

大意：这是一篇咏物寓理诗。这首诗通过对蜜蜂辛勤采花酿蜜的形象描写，歌颂了不辞辛苦为他人创造幸福生活的劳动人民，并讽刺了那些不劳而获的人。

【注释】
　①罗隐（833—909）：唐代诗人。
　②山尖：山的顶端。
　③尽：全部。

第九课

三五七言①

李 白

秋风清，秋月明。

落叶聚还散②，寒鸦栖③复④惊。

相思相见知何日？此时此夜难为情。

大意： 在深秋的夜晚，作者望见天空中的明月、落叶和树上的寒鸦，不禁引发了悲伤无奈的情绪。寒秋夜里，秋风清冷，秋月明朗。落叶在秋风中时聚时散，树上本已栖息的寒鸦又被阵阵落叶声惊起。想起曾经相遇相知的情景，不知道何日何时能再相见？此时此夜难耐心中的相思之情。

【注释】

①此体介于诗与词之间，又名《秋风词》。

②落叶聚还散：落叶在风中时聚时散的情景。

③栖：鸟停在树上。

④复：又，再。

游子①吟

孟 郊②

慈母手中线，游子身上衣。

临行密密缝，意恐③迟迟归。

谁言寸草④心⑤，报得三春晖⑥。

大意： 这是一首写母爱的颂歌。诗人通过回忆一个看似平常的缝衣场景，歌颂了母爱的伟大与无私，表达了诗人对母亲的感激以及对母亲深深的爱与尊敬。谁能说像小草的那点孝心，可以报答春天温暖阳光般的母爱呢？诗句以通俗形象的比喻，寄托了赤子炽烈的情怀。

【注释】

①游子：远游旅居的人。

②孟郊（751—814）：唐代诗人。

③意恐：担心。

④寸草：小草。这里比喻子女。

⑤心：语义双关，既指草木的茎干，也指子女的心意。

⑥三春晖（huī）：春天的阳光，形容母爱如春天和煦的阳光。

赋得①古原草送别

白居易

离离②原上草，一岁一枯荣。

野火烧不尽，春风吹又生。

远芳③侵古道，晴翠接荒城。

又送王孙④去，萋萋⑤满别情。

大意： 这首咏物送别诗，是白居易16岁时所作。原野上茂盛的青草，每年都随着季节枯萎了又翠绿。原野上的火烧不尽它，春风一吹又生机勃发。山野的花草弥漫着古道，阳光照耀下碧绿连荒城。我又一次送走知心的好友，茂盛的青草代表我的深情。"野火烧不尽，春风吹又生"既是对青草顽强生命力的赞颂，又是坚信分别后还会相见的隐喻。

离 思

元 稹①

曾经沧海难为水，除却巫山②不是云。

取次③花丛懒回顾，半缘修道④半缘君。

大意： 这是一首写思念的诗。见识过大海，就觉得别处的水难以称作水，领略过巫山云彩，其他地方的云就不能算是云。如今我信步走过花丛却懒得顾盼欣赏，这一半是因为修行，一半是因为我对你的思念。

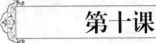

过华清宫①绝句(其一)

杜 牧②

长安回望绣成堆③，山顶千门次第④开。
一骑红尘⑤妃子⑥笑，无人知是荔枝来。

大意：这首诗是杜牧经过华清宫抵达长安时有感而作。诗中选取为贵妃快马送荔枝一事，形象地揭露了唐玄宗与杨贵妃骄奢淫逸的生活。从长安回头远望骊山宛如一堆堆锦绣，山上华清宫门一道道缓缓打开，快马飞尘传递讨得贵妃欢笑，无人知道是从南方送来的荔枝鲜果。

【注释】

①华清宫：故址在今陕西临潼骊山，是唐明皇与杨贵妃游乐之地。

② 杜 牧（803—852）：唐代文学家。

③绣成堆：指骊山两旁的东绣岭、西绣岭，岭上花草林木远望像一堆堆锦绣。

④次第：依次。

⑤红尘：这里指飞扬的尘土。

⑥妃子：指杨贵妃。

赠花卿①

杜 甫

锦城②丝管日纷纷③，半入江风半入云。
此曲只应天上④有，人间能得几回闻⑤。

大意：成都驻地部将花敬定曾因平叛立过功，他居功自傲，目无朝廷，僭用皇室音乐。杜甫赠此诗句予以委婉的劝诫和讽刺。悠扬的乐曲，整日萦绕在锦城之上，一半随江风飘远，一半升入白云间。这美妙音乐应该是天宫才有的，人间能听见几回？

【注释】

①卿：当时对地位、年辈较低的人一种客气的称呼。

②锦城：即锦官城，这里指成都。

③纷纷：繁多而杂乱，形容乐曲的轻柔悠扬。

④天上：双关语，虚指天宫，实指皇宫。

⑤几回闻：本义是听到几回。文中的意思是说人间很少听到。

除夜作

高 适

旅馆寒灯独不眠,客心①何事转凄然②。
故乡今夜思千里,霜鬓明朝③又一年。

大意: 这首诗写的是除夕之夜作者与家人两地相思之情。除夕之夜寒灯单影难以入睡,想起合家团聚守岁的欢乐景象,更让人心情悲凉。故乡的亲人今夜一定在思念远在千里之外的我,而明天我两鬓增添白发又迎来新的一年。

【注释】

①客心:自己的心情。

②凄然:凄凉悲伤。

③霜鬓(bìn):白色的鬓发。明朝(zhāo):明天。

绝 句

夏元鼎①

崆峒②访道至湘湖③,万卷诗书看转愚。
踏破铁鞋无觅④处,得来全不费功夫。

大意: 从崆峒山到湘湖,周游各地为的是寻访得道之人。如果死记硬背,即使读万卷诗书,恐怕只会使自己更加愚痴。走遍各地,把最结实的铁鞋底都磨穿了,也没有什么收获,没想到却在不经意间得到了自己想要的东西。后两句是常被人们引用的名句。

【注释】

①夏元鼎:生卒年不详,南宋诗人。

② 崆 峒(kōng tóng):山名,在甘肃,道教发源地。

③湘湖:在西湖附近,因风景秀丽而被称为西湖的姐妹湖。

④觅:寻找。

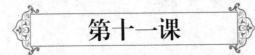

第十一课

题诗后

贾 岛①

两句三年得②，一吟③双泪流。
知音④如不赏⑤，归卧故山秋。

大意：这两句诗琢磨三年才写出,一读起来就禁不住感慨地流出两行热泪。了解我的好朋友如不欣赏,那我只好回故乡伴着山上秋风休息了。诗人作诗精益求精、追求完美的精神,备受后代人称赞。

【注释】

①贾岛（779—843）：唐代诗人。

②得：此处指想出来。

③吟：读,诵。

④知音：指了解自己思想情感的好朋友。

⑤赏：欣赏。

论 诗

赵 翼①

李杜②诗篇万口传，至今已觉不新鲜。
江山代有才人出③，各领风骚④数百年。

大意：诗人希望诗歌写作要有时代精神和个性特点,大胆创新,说明了诗风迭代的道理。"江山代有才人出,各领风骚数百年"是后人称赞人才辈出的广为传诵的名句。

【注释】

①赵翼（1727—1814）：清代诗人。

②李杜：指李白、杜甫。

③江山代有才人出：国家代代都会出现很多有才情的人。

④风骚：指《诗经》中的"国风"和屈原的《离骚》。这里指在文学上有成就的"才人"的崇高地位和深远影响。

戏为六绝句

杜 甫

王杨卢骆①当时体②，轻薄③为文哂④未休。
尔曹⑤身与名俱灭，不废⑥江河万古流。

大意：这首诗是杜甫针对当时文坛上一些人存在厚古薄今、好高骛远的习气而写的。诗中肯定了王杨卢骆"初唐四杰"的文学贡献和地位，劝告那些一叶障目的文人不要轻薄地讥笑名家。后二句含义后人多有引申，成为千古传诵的名句，称赞他们的诗文将传之久远。

【注释】

①王杨卢骆：王勃、杨炯、卢照邻、骆宾王。这四人都是初唐时期著名的作家，时人称之为"初唐四杰"。

②当时体：指四杰诗文的体裁和风格在当时自成一体。

③轻薄(bó)：言行轻佻，有玩弄意味。

④哂(shěn)：讥笑。

⑤尔曹：你们这些人。

⑥废：不影响。

白鹿洞二首(其一)

王贞白①

读书不觉已春深②，一寸光阴③一寸金。
不是道人来引笑④，周情孔思⑤正追寻。

大意：诗人读书入神，全然忘记了时间。不经意中发现，春天都快过去了。这一发现让诗人感到很意外，他觉得光阴过得太快了，许多知识要学，时间却总是不够用，于是就发出了"一寸光阴一寸金"的感慨。这里以金子比喻光阴，告诉人们时间的宝贵。

【注释】

①王贞白(875—958)：唐代诗人。

②春深：春末，晚春。

③一寸光阴：很短的时间。

④引笑：开玩笑。

⑤周情孔思：指周公礼法、孔子儒学，泛指经史之学。

第十二课

登科①后

孟　郊

昔日龌龊②不足夸③，今朝放荡④思无涯⑤。
春风得意⑥马蹄疾⑦，一日看尽长安花。

大意： 唐贞元十二年(796)，46岁的孟郊第三次赴京科考，这一次他终于金榜题名，进士及第。放榜之日，孟郊喜不自胜，当即写下了这首《登科后》。这首诗真切地描绘出诗人中榜后的得意之情。人逢喜事精神爽，诗人策马长安，这一刻，他觉得马跑得似乎格外轻快，偌大的长安城，无数的繁花，好像一天就可以看尽。"春风得意""走马观花"这两个成语就是从这首诗里派生出来的。

【注释】

①登科：唐朝实行科举考试制度，考中进士称及第，经吏部复试取中后授予官职称登科。

② 龌龊（wò chuò）：原意是肮脏，这里指处境不如意。

③不足夸：不值得提起。

④放荡：自由自在，不受约束。

⑤思无涯(yá)：兴致高涨。

⑥得意：指考取功名，称心如意。

⑦疾：飞快。

偶　成

朱　熹①

少年易学老难成，一寸光阴不可轻。
未觉池塘春草梦②，阶前梧叶已秋声③。

大意： 这是一首劝学诗。时光易逝，学问难成，所以每一寸光阴都要珍惜，不能轻易放过。还没有从池塘春天的景色中一觉醒来，台阶前的梧桐树叶已经在秋风里沙沙作响了。诗中将岁月易逝的程度，以"未觉池塘春草梦，阶前梧叶已秋声"来比喻，生动形象。

【注释】

① 朱 熹 (1130—1200)：南宋哲学家、教育家。

②池塘春草梦：表示美好的青春年华将很快消逝。

③秋声：秋风刮起，草木凋零。

冬夜读书示①子聿②

陆 游

古人学问③无遗力④，少壮工夫老始成。

纸上得来终觉浅，绝知⑤此事要躬行⑥。

大意：这是陆游晚年所写的一首哲理诗，通过陆游对儿子子聿的教育，告诉人们做学问一定要有孜孜不倦、持之以恒的精神。一个既有书本知识又有实践经验的人，才是真正有学问的人。

明日歌

钱 福①

明日复②明日，明日何其多。

我生待明日，万事成蹉跎③。

世人若被明日累④，春去秋来老将至。

朝看水东流，暮看日西坠。

百年明日能几何⑤，请君听我明日歌。

大意：《明日歌》七次提到"明日"，反复告诫人们要珍惜时间，今日的事情今日做完，不要拖到明天，一个人如果做什么事都要等到明天，那么就会什么也做不成。诗句内容浅显，说理通俗易懂，很有教育意义。

竹 石

郑 燮①

咬定②青山不放松，立根③原在破岩④中。
千磨⑤万击还坚劲⑥，任尔⑦东西南北风。

大意：这是一首赞美岩竹的题画诗，表面
是写竹，其实是写人。竹子抓住青山一点儿也
不放松，它的根牢固地扎在岩缝中。经历过千
万次的打击折磨仍然坚韧挺拔，任凭严冬酷暑
的东南西北风吹刮，依然顽强生存。作者通过
咏颂劲竹，含蓄地表达了自己决不随波逐流的
品格。全诗语言质朴，寓意深刻。

【注释】

①郑燮（xiè）（1693
—1765）：号板桥，清代
书画家、文学家。

②咬定：比喻根扎得
结实，像咬着青山不松口
一样。

③立根：扎根，生根。

④破岩：裂开的山
岩，即岩石的缝隙。

⑤磨：折磨，挫折，磨
炼。

⑥坚劲：坚强有力。

⑦尔：你。

新 竹

郑 燮

新竹高于旧竹枝，全凭老干为扶持。
下年再有新生者，十丈龙孙①绕凤池②。

大意：新长的竹子要比旧竹子高，它们的
生长全凭老的枝干扶持。明年还会有新的长
出来，会长得更高。诗中用新竹比喻新生力
量，后辈还需得到前辈的扶持，才能成长得更
好更强大。

【注释】

①龙孙：竹笋的别
称。

②凤池：这里指周围
生长竹子的池塘。

白 梅

王 冕①

冰雪林中著此身②，不同桃李混芳尘③。
忽然一夜清香发，散作乾坤④万里春。

大意： 白梅生长在冰天雪地的严冬，不与桃李花一样混在泥土里。忽然间一夜花开，芳香便传遍天下。这首诗托物言志，借梅花的高洁来表达自己坚守情操，不与世俗同流合污的品行志向。

【注释】

①王冕（1287—1359）：元代画家、诗人。

②著：放进，置入。此身：指白梅。

③混：混杂。芳尘：香尘。

④乾坤：天地。

墨 梅①

王 冕

我家洗砚池②头树，朵朵花开淡墨③痕。
不要人夸好颜色，只留清气满乾坤④。

大意： 这是作者题咏自己所画的《墨梅图》的诗作。画中小池边的梅树花朵盛开，朵朵梅花都是用淡淡的墨水点染而成的。梅花不需要别人的夸耀，只愿给人间留下清香。这首诗实际上是借梅自喻，表达作者的人生态度以及不媚俗的品格。

【注释】

①墨梅：用墨笔勾勒出来的梅花。

②洗砚（yàn）池：写字、画画后洗笔洗砚的池子。王羲之有"临池学书，池水尽黑"的传说。这里化用这个典故。

③淡墨：水墨画中将墨色分为四种，如清墨、淡墨、浓墨、焦墨。这里指所画的梅花，是用淡墨点画成的。

④清气：清香。乾坤：天地。

第十四课

石灰吟①

于　谦②

千锤万凿③出深山，烈火焚烧若等闲④。

粉骨碎身浑不怕，要留清白⑤在人间。

大意：这是一首托物言志诗。诗人以石灰自喻，表达自己为国尽忠、不怕牺牲的意愿和坚守高洁情操的决心。"要留清白在人间"一句，更是作者在直抒情怀，立志要做纯洁清白的人，这首诗也可以说是于谦人格的真实写照。

【注释】

①石灰吟：赞颂石灰。吟，吟颂。指古代诗歌体裁的一种名称。

②于　谦（1398—1457）：明代大臣、诗人。

③千锤万凿：无数次的锤击开凿，形容开采石灰非常艰难。

④若等闲：好像很平常的事情。

⑤清白：指石灰洁白的本色，又比喻高尚的节操。

秋夜将晓出篱门迎凉有感

陆　游

三万里河①东入海，五千仞岳②上摩天③。

遗民④泪尽胡尘⑤里，南望王师⑥又一年。

大意：这首诗表达了作者忧国忧民的情怀。秋夜里天将要亮了，走出篱笆门，迎面吹来了凉风，心有感慨，写诗述怀。绵长的黄河向东流入大海，巍峨的华山耸入云天。被金国奴役的民众已经流干了眼泪，年复一年地盼望着朝廷的军队收复失地。

【注释】

①三万：虚数，形容很长。河：黄河。

②五千仞：形容山极高。古代七尺或八尺为一仞。岳：指西岳华山。

③摩天：碰到天，形容极高。

④遗民：指在金兵占领区生活的宋人。

⑤胡尘：指金政权统治地区。

⑥王师：指南宋朝廷的军队。

己亥杂诗(其五)

龚自珍①

浩荡离愁②白日斜,吟鞭东指即天涯③。
落红④不是无情物,化作春泥更护花。

大意:《己亥杂诗》是作者在己亥年(1839)写的一组诗,共315首。这首诗写的是诗人离京后的感受。浩荡的离愁别绪向着日落西斜之处延伸,马鞭东挥似乎已在天涯。落花并非无情之物,化成了春天的泥土,能够培育出美丽的花朵。

【注释】

①龚自珍(1792—1841):清代文学家。

②浩荡离愁:离别京都的愁思浩如水波,也指作者心潮不平。浩荡:无限。

③吟鞭:诗人的马鞭。东指:东方故里。天涯:指离别京都的距离。

④落红:落花。这里比喻辞官后的作者。

己亥杂诗(其一二五)

龚自珍

九州①生气恃②风雷,万马齐暗③究可哀。
我劝天公重抖擞④,不拘一格降⑤人才。

大意:这首诗表达了作者急切希望社会变革的愿望。只有革命的风暴才能使中国大地焕发出生机,社会死气沉沉、令人窒息的局面终究是一种悲哀。我劝天公重新振作精神,不拘泥既定规则地使用大批人才。

【注释】

①九州:中国的别称之一。

②恃(shì):依靠。

③万马齐暗:比喻社会沉闷、缺失生机的现状。暗(yīn):沉默,不说话。

④抖擞:振作,奋发。

⑤降:降生,降临。

第十五课

马 诗(其五)

李 贺①

大漠沙如雪，燕山②月似钩③。

何当金络脑④，快走踏清秋。

大意： 李贺所写的《马诗》共二十三首，这是其五。燕山天空的秋月如一弯金钩，月下广阔的原野白如霜雪。何时才能骑上配有金笼头的骏马，纵横驰骋在疆场。诗人期望建功立业的心情跃然纸上。

【注释】

①李贺（790—816）：唐代诗人。

②燕山：指燕然山。这里借指边塞。

③钩：弯刀，是古代的一种兵器，形似月牙。

④金络脑：用黄金装饰的马笼头。

从军行①

王昌龄

青海②长云暗雪山，孤城遥望玉门关③。

黄沙百战穿金甲④，不破楼兰⑤终不还。

大意： 唐代著名边塞诗人王昌龄写的《从军行》组诗共有七首，此诗是其中的第四首。这首诗表达了戍边将士保家卫国的豪情壮志。青海湖上空的阴云遮暗了祁连雪山，站在孤城上可以望见远方的玉门关。久经沙场征战早已磨穿了盔甲，不打败入侵西部的敌人誓不回还。

【注释】

①从军行：乐府曲名，大多描写军旅生活。

②青海：即青海湖。

③玉门关：古关名，故址在今甘肃敦煌西北。

④金甲：金属制成的盔甲。

⑤楼兰：西域古国名，这里泛指西域地区的各部族政权。

赠猎骑

杜　牧

已落双雕血尚新，鸣鞭走马①又翻身。
凭②君莫射南来雁③，恐④有家书寄远人。

大意：猎人刚把雕射下来，又挥鞭催马拉弓瞄准了天空中的大雁。请猎人不要射那从南方飞来的大雁，恐怕那雁身上有别人寄给家人的书信呢。中国汉代就有"鸿雁传书"的典故，后两句就是用此典故写久在边塞的人睹雁思乡之情。

长相思

纳兰性德①

山一程，水一程，身向榆关②那畔③行，夜深千帐灯④。

风一更，雪一更⑤，聒⑥碎乡心梦不成，故园⑦无此声。

大意：这首词描写的是将士在外对故乡的思念，真切感人。跋山涉水走过一程又一程，千军万马向着山海关进发，夜已经深了，千万个帐篷里都点起了灯。营帐外面整夜风雪交加，搅得思乡的将士们无法入睡，故乡没有这般寒风呼啸、雪花乱舞的嘈杂之声。

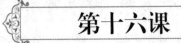

第十六课

茅屋为秋风所破歌①

杜 甫

八月秋高风怒号，卷我屋上三重茅。茅飞渡江洒江郊，高者挂罥②长林梢，下者飘转沉塘坳③。

南村群童欺我老无力，忍能对面为盗贼④。公然抱茅入竹去，唇焦口燥呼不得，归来倚杖自叹息。

俄顷风定云墨色，秋天漠漠⑤向昏黑。布衾⑥多年冷似铁，娇儿恶卧踏里裂。床头屋漏无干处，雨脚如麻未断绝。自经丧乱⑦少睡眠，长夜沾湿何由彻！

安得广厦千万间，大庇⑧天下寒士⑨俱欢颜！风雨不动安如山。呜呼！何时眼前突兀见⑩此屋，吾庐独破受冻死亦足！

【注释】

①这首诗作于唐肃宗上元二年(761)，当时安史之乱还未平定。诗中的茅屋即指成都近郊的草堂。

②挂罥(juàn)：挂着，挂住。罥：挂结。

③沉塘坳(ào)：沉到池塘边。坳：水势低的地方。

④忍能对面为盗贼：竟然狠心这样当面做偷窃的事。忍：狠心。

⑤漠漠：阴沉迷蒙的样子。

⑥衾(qīn)：被子。

⑦丧乱：战乱，指安史之乱。

⑧大庇(bì)：全部遮蔽。

⑨寒士：贫寒的士人。

⑩见(xiàn)：同"现"，出现。

大意：这首诗描绘秋夜屋漏、风雨交加的情景。写的是自己的茅屋，抒发的却是忧国忧民的情怀。八月秋深狂风怒号，风卷走了我屋顶上好几层茅草。茅草乱飞散落在对岸江边，飞得高的茅草缠绕在高高的树梢上，飞得低的沉落到低洼的水塘里。

南村的一群儿童欺负我年老没力气，竟然狠心在我眼前做出偷窃的事，毫无顾忌地抱着茅草跑进竹林去了。我喊得唇焦口燥也没有用，只好回来，拄着拐杖感叹自己的不幸。

一会儿风停了，空中乌云黑如墨，深秋天色阴沉迷蒙渐渐黑下来。棉被盖了多年又冷又硬像铁板似的，孩子睡相不好，把被里蹬破了。屋顶漏雨，屋子没有一点儿干的地方，像线条一样的雨点下个没完。自从战乱以来，睡眠的时间很少，长夜漫漫，屋漏床湿，如何挨到天亮？

怎么才能得到千万间宽敞的大房子，遮蔽天下贫寒的士人，让他们笑逐颜开。房屋遇到风雨也不为所动，安稳如山。唉！什么时候眼前出现这样高耸的房屋，即使那时我的茅屋被秋风吹破，自己受冻而死也心甘情愿！

溪山秋色图（明·沈周）

《唐诗三百首》(上)

(七年级适用)

《唐诗三百首》简介

  中国是诗的国度，唐诗则是中国诗歌的巅峰。唐诗集中国古典诗歌之大成，也是此后一切诗体形式及诗歌流派的渊源。唐诗作为唐代的主要文学形式，在唐朝近三个世纪的漫长岁月中发展到了高度成熟的阶段，名家辈出，异彩纷呈。至今流传下来的诗作有近五万首之多，选本难以计数，而其中家喻户晓的当数清朝蘅塘退士所选编的《唐诗三百首》。

  早在《唐诗三百首》出现之前，就有谚语云："熟读唐诗三百首，不会作诗也会吟。"而"三百首"的书名，正是启发于"熟读唐诗三百首"的民谚。

  《唐诗三百首》的编选着眼于普及，所选各诗皆是脍炙人口的名篇。全书共分八卷，按诗体分为五言古体诗、七言古体诗、五言律诗、七言律诗、五言绝句、七言绝句六类。乐府诗附在各体之后，涵盖了唐诗诸体，入选唐诗三百一十余首。所选唐诗收录了较多展现盛唐气象的大家之作，兼顾了初唐、中唐、晚唐著名诗人的代表作品，还精选了一些名不见经传的唐人诗作，较为全面地反映了唐代的社会风貌。在题材上，无论山水田园、咏史怀古、羁旅思乡，还是赠别怀远、边塞出征、思妇宫怨等，只要被认定是经典诗歌便予以录入，真正做到了兼容各种风格流派。

  诗言志。《唐诗三百首》在教育启蒙、培养审美情趣等方面所起的作用是其他文学作品无法取代的，成为读者学习中华优秀传统文化的必读经典。

第一课

鹿柴①

王维②

空山不见人，但③闻④人语响。
返景⑤入深林，复照⑥青苔上。

大意：这首诗描绘了鹿柴附近的空山深林在傍晚时分的幽静景色。空旷的山中不见人影，只听到人的话音在回响。夕阳的余晖返回深林，又把光影映照在青苔之上。这首诗体现出诗、画、乐的结合。作者以音乐家对声的感悟，画家对光的把握，诗人对语言的提炼，刻画了空谷人语、夕阳返照那一瞬间特有的寂静清幽。

【注释】
①鹿柴(zhài)："柴"同"寨"，栅栏。此为地名。
②王维（约701—761）：唐代诗人、画家。
③但：只。
④闻：听见。
⑤返景：夕阳返照的光。"景"古时同"影"。
⑥照：照耀。

竹里馆①

王维

独坐幽篁②里，弹琴复长啸③。
深林人不知，明月来相照。

大意：这首诗是作者晚年隐居陕西蓝田辋川时所作，描绘了诗人月下独坐、弹琴长啸的悠闲生活情趣。独自坐在幽静的竹林里，一边弹琴一边歌唱。身处竹林深处无人知晓，只有明月相伴将我照耀。

【注释】
①竹里馆：王维建在辋(wǎng)川的别墅，周围生长着茂盛的竹林。
②篁(huáng)：竹林。
③长啸：撮口发出长而清晰的声音，这里指吟咏、歌唱。

送　别①

王　维

山中相送罢，日暮掩②柴扉③。
春草年年绿，王孙④归不归？

【注释】

①诗题又名《山中送别》。

②掩：关闭。

③柴扉：柴门。

④王孙：公子，对人的尊称。此处指友人。

大意：这首诗写的是送别友人后的怅惘之情。在深山之中送走了友人，夕阳落下便关上了自家的柴门。春天每年都会回来，朋友还会不会回来呢？诗人问得无奈，看来重逢只是人生的奢望。

相　思①

王　维

红豆②生南国③，春来发几枝？
愿君多采撷④，此物最相思。

【注释】

①诗题又名《江上赠李龟年》。

②红豆：又称相思子。古人常以红豆象征爱情和相思。

③南国：我国南部。此处指广东一带。

④采撷（xié）：采摘。

大意：这首诗借咏红豆寄托对朋友的思念之情。相传是写给乐人李龟年的，李龟年流落江南后常常演唱这首诗。红豆生长在南方，春天里红豆树又生出了多少新枝？希望你多采摘一些，这红豆最能寄托我们相互的思念。平白的口吻寄托深切的情意，引发后世青年男女相爱相思的共鸣。

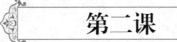

第二课

杂 诗

王 维

君自故乡来，应知故乡事。

来日①绮窗②前，寒梅著花③未？

大意： 这首诗写的是思乡之情，又是王维信手拈来的问句，不问大事问细处，不问家人问梅花。你刚从故乡来，一定知道故乡事，来时我家窗前的梅花可曾开放？问得清淡随意，宛然如画。闲话家常间，别有寄托，暗涌的是腊月里的思乡心切。

【注释】

①来日：指从故乡启程之日。

②绮(qǐ)窗：镂花的窗户。

③著(zhuó)花：开花。

送崔九①

裴 迪②

归山深浅去，须尽丘壑③美。

莫学武陵人④，暂游桃源里。

大意： 这首诗写的是对朋友坚定隐居的劝勉。诗人希望友人彻底放下功名利禄的牵绊，尽享林泉之美，不为富贵而醺，做一个淡泊无求的隐者，不要学武陵渔人，在桃源暂住几天便匆匆返回。该诗既是对友人的劝勉，也是诗人自己志趣追求的表达。

【注释】

①崔九：崔兴宗，此时与王维、裴迪一起隐居在终南山。

②裴迪：生卒年不详，唐代诗人。与王维友善，同居终南山。

③丘壑(hè)：丘陵和山谷。

④武陵人：指陶渊明《桃花源记》中的渔人，误入桃花源，匆匆离去，回来时找不到原来的路。

终南①望余雪

祖　咏②

终南阴岭③秀，积雪浮云端。
林表明霁色④，城中增暮寒。

大意：这首诗写的是终南山的雪色和寒意。据《唐诗纪事》记载，这首诗是祖咏的应试之作。应试诗要求写十二句的五言排律，祖咏自信四句话即写尽"终南望余雪"的意境，不肯多言。的确如此，第一句"阴岭"与第四句"暮寒"相呼应，山北寒意重，重到已侵袭到城中，雪后气温下降的寒凉传至诗外。而"霁色"二字则精当地呼应了诗题中的"余雪"之意。

【注释】
　①终南：即终南山，主峰在长安南面。
　②祖咏（699—746）：唐代诗人。
　③阴岭：指山的北面。山南称"阳"，山北称"阴"。
　④霁（jì）色：雪后晴明的天色。

宿建德江①

孟浩然②

移舟泊烟渚③，日暮客愁新。
野旷天低树，江清月近人④。

大意：这首诗写的是诗人漫游吴越时生出的羁旅之思。迷蒙的沙洲，高大的树木，辽阔的原野，清澈的江水，停泊的小舟，明澈的月影，一起画出了江上晚景，淡淡的哀愁随之悠然泛起。

【注释】
　①建德江：指流经建德（今属浙江）境内的一段新安江。
　②孟浩然（689—740）：唐代诗人。
　③泊烟渚：停靠在江中雾气笼罩的小洲。渚，水中的小块陆地。
　④月近人：因月影在水中感觉月亮离人很近。

八阵图①

杜 甫②

功盖三分国③，名成八阵图。
江流石不转，遗恨失吞吴④。

大意：这首诗是对诸葛亮丰功伟绩及其遗憾的咏怀。一代贤相历史功绩光耀天下，军事天才的卓越贡献名垂青史。纵使浪花淘尽英雄，八阵图石仍在，悲剧英雄不朽，千古遗恨犹存。

【注释】

①八阵图：天、地、风、云、龙、虎、鸟、蛇八种阵势所组成的军事操练和作战的阵图，是诸葛亮的一项军事创造。诸葛亮所布八阵共有四处，以夔州最著名。

②杜甫（712—770）：唐代诗人。

③三分国：指魏、蜀、吴三国鼎立。

④"遗恨"句：遗恨千古啊，未能阻止先主伐吴的错误。

送灵澈上人①

刘长卿②

苍苍竹林寺③，杳杳④钟声晚。
荷笠⑤带斜阳，青山独归远。

大意：这首诗写的是送僧人灵澈归山的所见所感。竹林苍苍，钟声幽远，出家人无以为念，远离尘嚣的寺庙才是真正的安身之所。灵澈头戴斗笠，身披着夕阳余晖，独自回归远方的青山。

【注释】

①灵澈：唐代诗僧。上人：对僧人的尊称。

②刘长卿（？—789）：唐代诗人。

③竹林寺：在今江苏镇江黄鹤山。

④杳杳：深远的样子。

⑤荷笠：头戴斗笠。

听弹琴

刘长卿

泠泠①七弦②上，静听松风③寒。

古调虽自爱，今人多不弹。

【注释】

①泠泠(líng)：形容清凉。此处形容琴声清越。

②七弦：相传神农氏制琴为五弦，周文王加为七弦。

③松风：指古典琴曲《风入松》。

大意： 这首诗写的是诗人听琴有感，流露出孤芳自赏的情怀。诗人两遭贬谪，怀着一种与流俗落落寡合的黯然，感叹自己所好不合时宜。而那如水泠泠的琴音，如风飒飒的意境，又岂是凡夫俗子所能领会？

怨 情

李 白①

美人卷珠帘，深坐②颦蛾眉③。

但见④泪痕湿，不知心恨谁。

【注释】

① 李 白（701—762）：唐代诗人。

②深坐：久坐。

③ 颦（pín）蛾眉：皱眉。蛾眉：即娥眉，形容美人细长而弯的眉。

④但见：只见。

大意： 这首诗写的是美人的幽怨。佳人卷帘独坐，久久凝望，皱眉落泪，日日思君不见君的苦楚读来真切可感。

第四课

秋夜寄丘员外①

韦应物②

怀君属③秋夜，散步咏凉天。
山空松子落，幽人④应未眠。

大意：这首诗写的是作者在秋夜时对隐居朋友的思念之情。诗的前两句写自己因怀念友人以致夜不能寐，诗的后两句想象友人因思念也没有睡眠。在这深秋的夜晚，我深深地怀念着你，散步咏叹天气的凉爽。此刻空寂的山中松子静静地落下，我料想此时你也未能入眠。可见两个人情谊深厚。

【注释】

①丘员外：指丘丹。员外：官职名。

②韦应物（约737—约791）：唐代诗人。

③属：恰逢。

④幽人：隐者。此处指正在山中隐居学道的丘丹。

听 筝

李 端①

鸣筝金粟柱②，素手玉房③前。
欲得周郎④顾，时时误拂弦。

大意：这首诗写的是女子渴慕知音的曲折心理。筝之美，金枕玉房；人之意，得顾周郎。弹筝的女子想得到知音的眷顾，有意弹错音调，将女子娇美的情态和渴求知音的心理刻画得真切细腻，实在惹人怜爱。

【注释】

①李端：生卒年不详，唐代诗人。

②金粟柱：指筝上拴弦线的短柱。

③玉房：筝上之枕叫房。枕为玉制，故称玉房。

④周郎：三国时名将周瑜精通音律，如果乐人将曲子弹错了，他就会朝那人望一眼以示意。所以当时人说："曲有误，周郎顾。"

新嫁娘词

王　建①

三日入厨下，洗手作羹汤。
未谙②姑③食性④，先遣小姑⑤尝。

大意： 这首诗形象生动地描绘了乖巧聪明的新媳妇初下厨房小心周到的心理状态。新娘婚后三天就下厨房，洗净双手亲自做了羹汤，还不熟悉婆婆的口味，便先找与婆婆最亲近的小姑代尝。诗句把纯朴的民间风俗人情，写得鲜活有趣。

【注释】
　①王建(约767—约830)：唐代诗人。
　②谙：熟悉。
　③姑：指婆婆。
　④食性：口味。
　⑤小姑：丈夫的妹妹。

问刘十九①

白居易②

绿蚁③新醅酒④，红泥小火炉。
晚来天欲雪，能饮一杯无⑤？

大意： 这首诗写的是诗人邀约友人共饮的真挚情意。米酒新熟，火炉正热，天色昏沉，风雪将至，围炉小饮，与友夜话，好一番陶然欲醉的图画。刘十九自然心向往之，岂能回绝。

【注释】
　①刘十九：白居易被贬江州后的好友。
　②白居易(772—846)：唐代诗人。
　③绿蚁：未经过滤的米酒上有浮沫，微呈绿色，称"浮蚁"。
　④新醅(pēi)酒：新酿熟的酒。
　⑤无：义同"否"。

第五课

登乐游原①

李商隐②

向晚意不适③，驱车登古原。
夕阳无限好，只是近黄昏。

大意：这是一首登高望远、即景抒情的诗。在傍晚来临时觉得心情不好，于是驾着车登上乐游原，看见夕阳下的晚景无限美好，可惜这么美的景致和时光已临近黄昏。诗人登高远眺，抒发了对时光的珍惜和对美好晚景的留恋之情。

【注释】
①乐游原：在长安城东南，是登高望远的游览胜地。
②李商隐（约813—约858）：唐代诗人。
③不适：指心情不好。

渡汉江

宋之问①

岭外②音书绝，经冬复立春。
近乡情更怯，不敢问来人③。

大意：这首诗写的是被贬谪之人返归故乡时复杂的愁绪。被贬蛮荒之地，远离至亲好友，路遥无音信，时长无尽期。时过境迁，再次踏上故乡的土地，心里怎么不感慨万千：不知道那些心里一直牵挂的人怎么样，是否会因为受到自己牵累或其他原因而遭遇不幸？虽然惴惴不安却也不敢打探。

【注释】
①宋之问（约656—约713）：唐代诗人。
②岭外：指岭南。
③来人：指从家乡来的人。

长干行①（其一）

崔　颢②

君家何处住？妾住在横塘③。

停船暂借问，或恐是同乡。

【注释】

①长干行：又名长干曲，乐府曲名。长干：即长干里，街巷名，在今南京市。

②崔颢（？—754）：唐代诗人。

③妾：古代女子自称的谦辞。横塘：地名，在今南京市西南，与长干里相近。

大意：这首诗写的是摇船姑娘与邻船小伙子在水上初次相识的对话。请问你家住在哪里？我家住在横塘。停下船来向你打听，或许我们就是同乡人。

玉阶怨①

李　白

玉阶生白露，夜久侵罗袜②。

却下水精帘③，玲珑④望秋月。

【注释】

①玉阶怨：乐府《楚调曲》旧题。

②侵罗袜：露水打湿了丝织的袜子。

③水精帘：水晶制的帘子。

④玲珑：指月色晶莹。

大意：一个后宫女子久久地站在宫殿的玉阶上等待所盼望的人，以致深夜里台阶上冰冷的露水都打湿了她的罗袜。女子满含幽怨地放下帘子走回了房间，还是忍不住隔着透明的水晶帘眺望天上那轮晶莹的秋月。诗中女子心灵的纯净与月色的晶莹相互映照，纯得洁白，美得洁净。

第六课

塞下曲①（其一）

卢　纶②

鹫翎金仆姑③，燕尾绣蝥弧④。

独立扬新令⑤，千营共一呼。

大意：这首诗写的是军营整队发令的壮观场景。诗中的将军高大而威猛，他身佩由鹫的羽毛做箭羽的金仆姑，手拿质地精美的绣蝥弧旗帜，飒爽英姿，令旗一挥，千营军士喊声震天，惊动四野。这豪壮的军威预示着一场痛快淋漓的战斗即将开始。

【注释】

①《塞下曲》组诗共六首，原题为《和张仆射塞下曲》，该组诗从不同侧面赞颂了守边抗敌、英勇善战的将军。

②卢纶（748—约799）：唐代诗人。

③鹫翎（jiù líng）：鹰的羽毛。金仆姑：箭名。

④燕尾：旗上的飘带。蝥（máo）弧：旗名。

⑤扬新令：举旗发出新号令。

塞下曲（其二）

卢　纶

林暗草惊风，将军夜引弓①。

平明寻白羽，没在石棱中②。

大意：这首诗写的是将军夜晚狩猎场景。夜深林暗，风动草惊，这情景似乎暗藏着危险，引发将军的警觉，他果断行动，将箭射向密林深处。天亮时，他去寻找昨晚所射的箭，发现那只箭隐藏在石棱当中。原来，箭并没有射中猛虎。虽是一场误射，但将军的机警敏锐可见一斑。

【注释】

①引弓：拉弓。

②"平明"二句：引用李广的典故。《史记·李将军列传》："广出猎，见草中石，以为虎而射之，中石没镞，视之，石也。"平明：天刚亮。白羽：指箭。石棱：指石头的边角。

塞下曲(其三)

卢 纶

月黑^①雁飞高,单于^②夜遁^③逃。

欲将轻骑逐^④,大雪满弓刀。

大意:这首诗写的是雪夜将军率兵追击敌人的场景。单于在"月黑雁飞高"的情景下逃跑,将军在"大雪满弓刀"的严寒天气下追击。短短二十个字,却把一逃一追的紧张气氛全部渲染了出来。虽然没有写追敌和激烈的战斗场面,但是已经展现了将士们英勇顽强、克敌制胜的形象。

塞下曲(其四)

卢 纶

野幕^①敞^②琼筵^③,羌戎贺劳^④旋。

醉和金甲舞,雷鼓动山川。

大意:这首诗写的是野外军帐中祝贺作战告捷的场景。野外的军帐中设立了盛大的宴席,庆贺将士们俘虏羌戎兵将,获得作战胜利。将士们也高兴地穿着铠甲起舞,鼓声雷动,响彻山川,整个军营沉浸在胜利的喜悦中。

第七课

哥舒①歌

西鄙人②

北斗七星高，哥舒夜带刀。
至今窥牧马③，不敢过临洮④。

大意：这首诗写的是英明神武的大将军哥舒翰，他佩带一把寒光凛凛的战刀，与敌人进行过殊死搏斗，因此，人们用北极星赞誉他，表达对他的敬仰之意。这位大将军的威名，不仅在当时显赫，即使到了现在，英雄已殁，但他曾经的气魄威猛尚在，使得敌人闻风丧胆，不敢来犯。

【注释】

①哥舒：指哥舒翰，唐玄宗时大将，曾经打败吐蕃，威名远播，使得吐蕃不敢侵犯。他还做过陇右节度副使兼河西节度使，功绩卓著，被封为西平郡王。

②西鄙人：天宝时西北边境人，姓名和事迹都不可考。

③牧马：古代少数民族常南下牧马劫掠，后用来称其侵边。

④临洮(táo)：在今甘肃岷县。

桃花溪

张 旭①

隐隐飞桥隔野烟，石矶②西畔问渔船。
桃花尽日随流水，洞在清溪何处边？

大意：这首诗写的是诗人游赏桃花溪美景时的所见所感。在一片缥缈的云烟里，一座飞桥若隐若现，清澈的流水上飘落着片片桃花，粉白相间，格外迷人。诗人被眼前的美景陶醉，甚至将眼前的渔人当成了那个武陵渔人，不禁问：我在哪里可以找到进入桃花源的洞口呢？

【注释】

①张旭：生卒年不详，唐代书法家、诗人。

②矶(jī)：水边突出的岩石。

闺 怨

王昌龄①

闺中少妇不知愁，春日凝妆②上翠楼。
忽见陌头③杨柳色，悔教夫婿觅封侯④。

【注释】
　①王昌龄（？—约756）：唐代诗人。
　②凝妆：盛妆。
　③陌头：道边。
　④觅封侯：为封侯而从军。

　　大意：这首诗写的是少妇愁情。这位美丽的少妇心中本无愁情，但是当她登上高楼看到眼前一片明媚的春光时，由自然之春想到人生之春，感慨青春短暂，悔意暗生：既然人生苦短，为什么还要让夫婿去求取那些无谓的功名呢？

芙蓉楼送辛渐①

王昌龄

寒雨连江②夜入吴③，平明送客楚山孤④。
洛阳亲友如相问，一片冰心⑤在玉壶。

【注释】
　①芙蓉楼：故址在今江苏镇江北。辛渐：诗人的朋友。
　②连江：雨水与江面连成一片，形容雨很大。
　③吴：镇江在古代属于吴地。
　④平明：天刚亮。客：指辛渐。楚：长江中下游北岸在古代属于楚地范围。
　⑤冰心：像冰一样晶莹、纯洁的心。

　　大意：这是作者被贬为江宁县丞时所写的一首送别诗。诗的构思新颖，前两句写景，以江雨和楚山的孤影，烘托送别友人时的伤感；后两句以晶莹透明的冰心玉壶自喻，表明自己光明磊落、廉洁自守的节操。

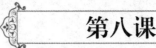

第八课

逢人京使①

岑 参②

故园③东望路漫漫，双袖龙钟④泪不干。
马上相逢无纸笔，凭君传语报平安。

大意：这首诗写作于诗人赴安西(今新疆)上任途中，表达了一片思乡之情。离开长安的家园前往安西，回首东望，故乡离自己越来越远，伤心难抑，两只袖子都被泪水打湿。在途中恰巧遇见了同乡的入京使者，可惜的是两个人骑着马，都没有纸笔，无法给家人写一封书信，只好拜托同乡捎个话，就说我在这里一切平安。

【注释】
①入京使：进京的使者。
②岑参(约715—770)：唐代诗人。
③故园：指长安的家。
④龙钟：被泪水沾湿的样子。

凉州词①

王 翰②

葡萄美酒夜光杯③，欲饮琵琶马上催。
醉卧沙场④君莫笑，古来征战几人回？

大意：这是一首描写出征情景的边塞诗。晶莹透亮的酒杯里斟满了葡萄美酒，正要畅饮却听到马上奏响的琵琶催人出征。醉卧沙场请不要见笑，古往今来征战的将士有几人能回归。这首诗揭示了战争的残酷，更表现出军人视死如归的悲壮豪迈气概。

【注释】
①诗题又名《凉州曲》，乐府曲名。凉州：在今甘肃武威市，是唐代的边防要地。
②王翰：生卒年不详，唐代诗人。
③夜光杯：用美玉制成的精致酒杯，夜间能够发光。
④沙场：平坦空旷的沙地，古时多指战场。

江南逢李龟年①

杜 甫

岐王②宅里寻常见，崔九③堂前几度闻。

正是江南好风景，落花时节又逢君。

大意： 大历五年(770)暮春时节，漂泊在潭州(今湖南长沙市)的杜甫与李龟年重逢，写下此诗，感慨昔盛今衰。当年常常在岐王李范和崔涤的家中与你相见，听到过你动人的歌声。江南风光如同往昔，景致明丽，却在这落花飘散的时节，多年离散后再次与你相遇。两位曾经经历过盛世的人竟是如此沧桑。

【注释】

①李龟年：唐代著名音乐家，善歌，得到唐玄宗的赏识，后流落江南，以卖艺为生。

②岐王：唐玄宗的弟弟李范。

③崔九：崔涤，唐玄宗的宠臣，时任秘书监。

月 夜

刘方平①

更深月色半人家②，北斗阑干③南斗斜。

今夜偏知春气暖，虫声新透④绿窗纱。

大意： 这首诗写的是月夜小景。夜半更深，斜月朗照，庭院半边月色半边暗影，星斗横斜，寂寥无声。只有那敏感的虫儿捕捉到了春的气息，不禁为春天发出鸣声，阵阵虫鸣透过薄薄的窗纱向人们传递着春的信息。春的生机在夜的静谧里潜滋暗长，悄悄萌芽。

【注释】

①刘方平：生卒年不详，唐代诗人。

②半人家：半个庭院。指月亮已经西斜，只能照亮半个院落。

③阑干：形容星斗横斜。

④新透：初透。

春 怨

刘方平

纱窗日落渐黄昏，金屋①无人见泪痕。

寂寞空庭春欲晚，梨花满地不开门。

大意：这首诗写的是官女的孤独寂寞。日落时分，昏黄的日光透过薄薄的纱窗映入屋里，也落在屋中孤独而垂泪的女子身上。晚春季节的庭院是那么空寂，梨花纷纷凋落，院门紧闭，让她更感到寂寞凄凉。

【注释】

①金屋：指华丽的宫殿。相传汉武帝少年时喜欢他的表妹阿娇，说："若得阿娇作妇，当作金屋贮之。"

征人①怨

柳中庸②

岁岁金河复玉关③，朝朝马策与刀环④。

三春白雪归青冢⑤，万里黄河绕黑山⑥。

大意：这首诗写的是征人久戍边塞的生活。年年驻守金河、玉关这些边塞，每时每刻都身背马鞭和刀剑，随时随地都可能要打仗。这些驻守的地方荒凉冷寂，经常白雪覆盖，即使是到了阳春三月，也是一片雪白，看不到春色。黄河奔涌，弯绕过黑山，由东转向南流去，仿若征人的怨情绵绵不绝。

【注释】

①征人：指征戍边塞的将士。

②柳中庸（？—775）：唐代诗人。

③金河：即黑河，在今内蒙古呼和浩特市南。玉关：玉门关，这里代指边关。

④马策：马鞭。刀环：指刀。

⑤三春：指春季。青冢(zhǒng)：汉代王昭君墓，在今内蒙古呼和浩特市。

⑥黑山：指大青山，在今呼和浩特市东南。

夜上受降城①闻笛

李 益②

回乐烽③前沙似雪，受降城外月如霜。
不知何处吹芦管，一夜征人④尽望乡。

大意：这首诗写的是边塞将士的思乡之情。清冷如霜的月色，将回乐烽前的沙地映得如雪，远处传来阵阵幽咽的芦笛声，在静谧的夜里伴着夜风吹到耳畔，更吹动了藏在心底的压抑许久的乡情，出征将士整夜都在思念故乡。

【注释】

①受降城：指西受降城，故址在今内蒙古杭锦后旗乌加河北岸。一说指唐代灵州的受降城，故址在今宁夏灵武西南。

②李益（748—约829）：唐代诗人。

③回乐烽：烽火台名，在西受降城附近。一说当作"回乐峰"，山峰名，在回乐县（今宁夏灵武西南）。

④征人：指出征或戍边的军人。

乌衣巷①

刘禹锡②

朱雀桥③边野草花，乌衣巷口夕阳斜。
旧时王谢④堂前燕，飞入寻常百姓家。

大意：这是一首咏史怀古诗。诗人将乌衣巷的今日荒凉与昔日繁华相对照，抒发了对世事盛衰无常的感慨。朱雀桥旁边长满野草和野花，夕阳的余晖斜洒在乌衣巷口，昔日王、谢豪门堂前的燕子，如今飞到平民百姓家去筑巢。

【注释】

①乌衣巷：在今南京市东南。

②刘禹锡（772—842）：唐代文学家。

③朱雀桥：在乌衣巷口秦淮河上。

④王谢：东晋时王导、谢安两大贵族世家。

第十课

春 词

刘禹锡

新妆宜面①下朱楼，深锁春光一院愁。
行到中庭数花朵，蜻蜓飞上玉搔头②。

大意：这首诗写的是一位年轻女子心底的寂寞。她精心打扮好自己，走下朱楼来到庭院欣赏美好的春光，却发现院门紧闭，一院春光里自己越发显得孤独，于是她站在庭院中细数花朵，打发那些再次被滋生出来的愁苦。寂寞庭院中，只有蜻蜓懂得欣赏女子的美貌，误将她当成美丽的花朵轻轻飞上她的玉簪。这美丽的错误反而平添了女子心里的孤寂。

【注释】
①宜面：指打扮得很漂亮。
②"蜻蜓"句：打扮一新，却只有蜻蜓欣赏我的美貌。玉搔头：玉簪。

题金陵渡①

张 祜②

金陵津渡③小山楼，一宿行人自可愁。
潮落夜江斜月里，两三星火是瓜州④。

大意：这首题壁诗写的是寄宿他乡的凄凉愁思。金陵渡口小山楼是作者今夜停留的地方，羁旅的离愁别绪让游子彻夜难眠。夜空一弯斜月，月光在江面上跃动，乡愁如潮水般澎湃。星光渐渐暗淡，只有两三点闪烁于对岸的瓜州之上。月影暗淡、星火闪烁的孤独寂寞，引起无数离乡背井之人的共鸣。

【注释】
①金陵渡：在今江苏镇江的长江边。位于长江南岸的京口金陵渡，与对岸的瓜州在古代都是长江南北水运交通要冲的大渡口。
②张祜(hù)(约785—约852)：唐代诗人。
③津渡：渡口。
④瓜州：又作瓜洲，在今江苏扬州的长江边，位于长江北岸，大运河入长江处，著名的古渡口。

近试上张水部^①

朱庆馀^②

洞房昨夜停^③红烛，待晓堂前拜舅姑^④。
妆罢低声问夫婿：画眉深浅入时无^⑤？

大意：这首诗是诗人在一次临考所作，托意抒情。自屈原开始，男女情爱在文人笔下会影射君臣、朋友、师生等。这首诗表面写的是新婚的妻子早上要去公婆处请安，问丈夫眉毛画得是否时髦，其实是朱庆馀以新妇自比，问张籍自己的文章写得怎么样。在诗人笔下，闺房之中，那女子小心讨喜的可爱让人心喜，背后藏的却是一个士子对自己前途的不安与期待。

【注释】

①诗题又名《闺意献张水部》。近试：临近考试。张水部：水部员外郎张籍。

②朱庆馀：生卒年不详，唐代诗人。

③停：置放。

④舅姑：公婆。

⑤深浅：浓淡。入时无：是否时髦。

将赴吴兴登乐游原

杜 牧^①

清时有味是无能^②，闲爱孤云静爱僧。
欲把一麾^③江海去，乐游原上望昭陵^④。

大意：这首诗是诗人出任湖州刺史离京时所作，表达作者抑郁不得志的愤慨与对前程的期望。清平岁月能有闲情雅致是无能的体现，表面上是说自己无能以至于有闲情逸致，实际上是在说自己无法实现抱负的现状。而后话锋一转，为了告别这闲散的生活，他渴望持着符节出任地方官。乐游原上作者远望昭陵，那是一代英杰唐太宗的陵墓，心中也在希望可逢明主，一展抱负。

【注释】

①杜牧（803—852）：唐代文学家。

②"清时"句：当这清平之世，我却无所作为，正是因为自己无能所以才有此闲情。

③麾（huī）：古代指挥用的旌旗，这里指出任地方官的符节。

④昭陵：唐太宗的陵墓。

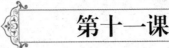

第十一课

赤 壁

杜 牧

折戟沉沙铁未销①，自将②磨洗认前朝。
东风不与周郎③便，铜雀④春深锁二乔⑤。

大意：这首诗作者是托物咏志，感怀古今。那斑驳的古兵器在泥沙中并未被销蚀，磨洗之后发现是赤壁之战时留存的痕迹。赤壁的东风如果不助周瑜一臂之力，可能二乔就要被曹操掳走，在铜雀台上悲泣失声。东风如愿是周瑜在赤壁克敌制胜的原因，可见人力有时遇到的困难，还需要天时相助。"折戟沉沙"成语就出自此诗。

【注释】

①销：销蚀。

②将：拿起。

③周郎：指周瑜，字公瑾，年轻时即有才名，人呼周郎。后任吴军大都督。

④铜雀：指铜雀台。

⑤二乔：东吴乔公的两个女儿，合称"二乔"。

泊秦淮①

杜 牧

烟笼寒水月笼沙，夜泊②秦淮近酒家。
商女③不知亡国恨，隔江犹唱后庭花④。

大意：这首诗是诗人夜泊秦淮时触景感怀之作。此诗前两句写秦淮夜景，朦胧的月色和轻烟笼罩寒水白沙，夜晚船停靠在秦淮河岸边的酒家。诗的后两句抒发感慨，卖唱的歌女不懂得亡国之恨，隔江仍在高唱亡国之音《后庭花》。此诗讽刺了当政者只知道饮酒作乐，寄托了诗人对国家命运的担忧之情。

【注释】

①秦淮：即秦淮河。

②泊：停泊。

③商女：以卖唱为生的歌女。

④后庭花：曲名，《玉树后庭花》的简称。南朝陈末皇帝陈叔宝（即陈后主）溺于声色，作此曲与后宫美女寻欢作乐，终致亡国，所以后世称此曲为亡国之音。

赠　别(其一)

杜　牧

娉娉袅袅①十三余②，豆蔻梢头二月初。
春风十里扬州路，卷上珠帘总不如。

【注释】

①娉（pīng）娉袅（niǎo）袅：形容女子体态轻盈美好。

②十三余：年龄十三四岁。

大意：这首诗写的是杜牧对一位与自己交好的歌女的临别赠言。"娉娉袅袅"是描述少女的姿容轻盈可爱，称赞这女孩子如花似玉。扬州路上，十里长街，有多少女子出入，我卷起珠帘，却发现都不如你美丽动人。

赠　别(其二)

杜　牧

多情却似总无情①，唯觉尊②前笑不成。
蜡烛有心还惜别，替人垂泪到天明。

【注释】

①"多情"句：意谓多情者满腔情绪，一时无法表达，只能无言相对，倒像彼此无情。

②尊：同"樽"，古代的盛酒器具。

大意：这首诗写的是杜牧在扬州离别宴上，对歌女的依依惜别之情。分别在即，情绪太多以至于彼此无言，恰似无情。离别酒席前难以欢笑，那身边蜡烛是不是也有感于我的痛苦，替我流泪直到天明。

寄扬州韩绰判官

杜 牧

青山隐隐水迢迢①，秋尽江南草未凋②。
二十四桥明月夜，玉人③何处教吹箫？

大意：这首诗是诗人离开扬州以后怀念昔日同僚韩绰判官而作。此诗着意描绘深秋的扬州仍然是青山绿水、草木葱茏，二十四桥月夜仍然是乐声悠扬，你这美人又在何处教人吹箫呢？由此表达了作者对扬州生活的深情怀念。

【注释】

①迢迢：指江水悠长遥远。一作"遥遥"。

②草未凋(diāo)：一作"草木凋"。凋：凋谢。

③玉人：美貌之人。这里是对韩绰的戏称。

遣 怀①

杜 牧

落魄②江湖载酒行，楚腰纤细掌中轻。
十年一觉扬州梦③，赢④得青楼薄幸⑤名。

大意：这首诗写的是杜牧对往昔扬州幕僚生活的追忆与感慨。自己落魄潦倒，流连于歌楼舞馆。十年很快就过去了，如同一场梦，自己一事无成，却落得个薄情的名声。扬州繁华如梦，可惜自己十年的光阴却是在这样的生活中荒废了，表面上繁华热闹，实际上更多的是烦闷抑郁，从字里行间可以看出，诗人对自己沉沦下僚、寄人篱下生活的不满与感伤。

【注释】

①遣怀：排遣情怀，犹遣兴。

②落魄：困顿失意，放浪不羁。

③扬州梦：作者随牛僧孺出镇扬州时，曾经出入青楼，后分务洛阳，追思感旧，故云繁华如梦。

④赢：一作"占"。

⑤薄幸：薄情。

金谷园①

杜 牧

繁华事散逐香尘，流水无情草自春。
日暮东风怨啼鸟，落花犹似堕楼人②。

大意： 这首诗写的是杜牧在金谷园吟咏春
景，凭吊古今。繁华世事随时光的流逝烟消云
散，就像这金谷园里的春天和金谷园主人石崇的
富甲一方。春草依旧，但风流总被雨打风吹去。
春已逝，东风残照中鸟儿鸣啼悲切，那绿珠就如
眼前的落花般香消玉殒。

瑶瑟怨

温庭筠①

冰簟银床②梦不成，碧天如水夜云轻。
雁声远过潇湘③去，十二楼④中月自明。

大意： 这首诗写的是女子别离的悲怨。冰
簟银床给人清冷的质感，最让人感到凄凉的是
"梦不成"。眼前的景象是夜云缭绕，雁阵惊寒，
高楼之上明月一轮。缭绕的云，远去的雁，相思
在哪里？弹瑶瑟，寄哀怨。

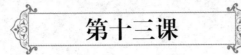

第十三课

寄令狐郎中①

李商隐

嵩云秦树②久离居，双鲤③迢迢一纸书。

休问梁园④旧宾客，茂陵⑤秋雨病相如。

大意：这首诗写的是李商隐病居洛阳，旧友令狐绹从长安寄来书信问候，李商隐作诗寄答。"嵩云秦树"其实是二人所在的地点，"久离居"这就让人看出了分隔的空间之远，时间之长。千里迢迢收到寄来的书信，别问那曾经的旧宾客生活如何，李商隐此时已如多病的司马相如般潦倒、孤苦。

【注释】

①令狐郎中：指令狐绹，时任右司郎中。

②嵩云：嵩山的云。秦树：秦地的树。这里分别代指洛阳、长安两地。

③双鲤：指书信。

④梁园：西汉梁孝王刘武的园林，此处比喻自己昔年游于令狐门下。

⑤茂陵：在今陕西兴平市东北，以汉武帝陵墓而得名。司马相如曾病居茂陵，作者此时也卧病洛阳。

隋　宫①

李商隐

乘兴南游②不戒严，九重③谁省④谏书函。

春风举国裁宫锦，半作障泥⑤半作帆。

大意：这首诗写的是李商隐借着隋炀帝的荒唐举动劝谏晚唐执政者不可有奢侈之风。李商隐用二十八个字将隋炀帝的昏庸写得入木三分。南游不戒严展现了隋炀帝的骄横，大兴土木更见其荒唐。为何无人进谏？因为多位大臣因直言进谏被杀，而后举国织锦只为出行的排场。天子偶用一物，奉行者以为定例，劳民伤财，那风光背后是百姓的苦不堪言。

【注释】

①隋宫：隋炀帝杨广建造的行宫。

②南游：隋炀帝为满足自己荒淫享乐的欲望，曾多次巡游江南。

③九重(chóng)：指皇帝居住的深宫。

④省(xǐng)：明察，懂得。

⑤障泥：马鞯，垫在马鞍的下面，两边下垂至马镫，用来挡泥土。

夜雨寄北①

李商隐

君问归期未有期，巴山②夜雨涨秋池。

何当③共剪西窗烛④，却话⑤巴山夜雨时。

大意：这首诗是诗人在巴蜀写给远在长安的妻子的。当时诗人被秋雨阻隔，滞留四川一带，妻子从家中寄来书信，询问归期。但秋雨连绵，交通中断，所以回答说：你问归期我无法确定，巴山连夜的秋雨涨满池塘。何时我们相聚共剪西窗烛花，再告诉你今夜秋雨时我的情思。这首诗质朴无华，但却语浅情深，余味无穷。

瑶　池

李商隐

瑶池阿母绮窗开①，黄竹歌声动地哀②。

八骏③日行三万里，穆王何事不重来？

大意：这首诗写的是李商隐借《穆天子传》的故事，讽刺唐朝皇帝学仙服药以求长生的荒谬行为。瑶池阿母是昆仑山上的仙人，倚窗守望等待周穆王到来。"黄竹歌声动地哀"暗示周穆王此时已经过世，相传八骏脚力非凡，如果周穆王还在人间，一定会再来与瑶池阿母相见。"何事不重来"的反问借着瑶池阿母的心理活动再次说穆王不在人世的事实。瑶池阿母是仙人尚且不能让爱人免于一死，俗世中的帝王欲求长生，更为虚妄。

第十四课

贾 生①

李商隐

宣室②求贤访逐臣③，贾生才调④更无伦。
可怜夜半虚前席⑤，不问苍生⑥问鬼神。

大意： 这首诗写的是李商隐借着汉文帝讽刺唐帝喜爱鬼神之事。借古讽今是咏史诗常用的手法，本诗开篇写出汉文帝求贤访问贾谊，而贾谊也是意气风发，才情无双，一幅君臣尽欢的画面。而后一句可怜汉文帝不问天下苍生只问鬼神之事，这求贤之事竟是巫婆神汉之行！这对贾谊又意味着什么？不问与问两相对比，可怜，可悲，可叹！韩愈一封《谏佛骨表》收获的却是"一封朝奏九重天，夕贬潮州路八千"的境地，可见晚唐鬼神之祸、人心愚昧、风雨飘摇在于这唐朝皇帝"不问苍生"之举。

【注释】

①贾生：指贾谊，西汉著名的政论家、文学家，力主改革弊政，提出了许多重要政治主张，却遭谗被贬，一生抑郁不得志。

②宣室：汉代长安城中未央宫前殿的正室。

③逐臣：被放逐之臣，指贾谊曾被贬谪。

④才调：才华气质。

⑤前席：指在座席上移膝靠近对方。

⑥苍生：百姓。

嫦 娥

李商隐

云母屏风①烛影深，长河②渐落晓星③沉。
嫦娥应悔偷灵药，碧海青天夜夜心。

大意： 这首诗写的是李商隐借嫦娥吟咏自己的内心独白。烛影深，晓星沉，又一次夜不能寐，又一次月夜低回，银河渐渐没入晨光，寂寞清冷之感溢于言表。作者以自己的心情来揣度嫦娥心境，广寒漠漠，下有碧海，上有青天，那心夜夜寂寥。

【注释】

①云母屏风：以云母石制作的屏风。云母，一种矿物，板状，晶体透明有光泽，古代常用来装饰窗户、屏风等物。

②长河：银河。

③晓星：晨星。

马嵬坡①

郑畋②

玄宗回马杨妃死，云雨③难忘日月新。
终是圣明天子事，景阳宫井④又何人。

大意：这首诗写的是马嵬事变之后玄宗的内心感受。"玄宗回马"指的是安史之乱后唐玄宗返回长安。而玄宗能回马长安，是以杨贵妃的死换来的，岁月变迁但情意难忘。这天子家事与天下大事息息相关，马嵬坡下、景阳宫里两位天子的境遇好像相同。"终是"这里有对玄宗的理解。但是唐玄宗的"圣明"其实并非褒奖，又颇有讽刺之意。

已 凉

韩偓①

碧阑干外绣帘垂，猩色屏风②画折枝③。
八尺龙须④方锦褥，已凉天气未寒时。

大意：这首诗写的是女子闺怨。本诗之中不见女子形象，而是通过屋中摆设来让读者窥视诗中人物的心理。那门帘内部的折枝图、龙须席上的方锦褥都是闺阁陈设，折枝图中透露着"有花堪折直须折"的诗情画意。虽是秋天，但天气未寒，结尾突出时令，暗示闺阁女子对爱情的向往。

【注释】

①马嵬（wéi）坡：即马嵬驿，为杨贵妃缢死的地方。

②郑畋（825—883）：唐代诗人。

③云雨：出自宋玉《高唐赋》"旦为朝云，暮为行雨"。此句意谓玄宗、贵妃之间的恩爱虽难忘却，国家却已一新。

④景阳宫井：故址在今江苏省南京市玄武湖边。南朝后主陈叔宝听说隋兵已经攻进城来，就和宠妃张丽华、孔贵嫔躲在景阳宫井中，结果还是被隋兵俘虏。

【注释】

①韩偓（约842—923）：唐代诗人。

②屏风：一种用来遮挡和做隔断的东西。

③画折枝：一作"画柘枝"，指图绘花卉草木。

④龙须：属灯芯草科，茎可织席。这里指草席。

第十五课

台 城①

韦 庄②

江雨霏霏江草齐，六朝③如梦鸟空啼。
无情最是台城④柳，依旧烟笼十里堤。

大意：这首诗写的是诗人凭吊六朝古迹的感受。江雨迷蒙江草茂密，在这细雨草木间是曾经繁盛的六朝古都，而今台城早已破败，春鸟空啼。昔日繁华成空，只有烟柳映堤，风景依旧，人世沧桑。凭吊古迹之时感觉天地悠悠，古人来者不过沧海一粟。

【注释】

①诗题又名《金陵图》。金陵：古地名，今江苏南京及江宁等地，为六朝古都。

②韦庄（约836—910）：晚唐诗人。

③六朝：指吴、东晋、宋、齐、梁、陈。这六朝均建都于金陵。

④台城：六朝时的禁城，故址在今南京市鸡鸣山麓，玄武湖边。

陇西行

陈 陶①

誓扫匈奴不顾身，五千貂锦②丧胡尘。
可怜无定河③边骨，犹是春闺④梦里人。

大意：这首诗写的是边塞战争的惨烈。那出征的将士奋不顾身，英勇奋战，五千将士最终埋骨他乡。战争的伤害不仅使一个个风华正茂的儿郎命丧胡尘，还使一个个家庭支离破碎。"可怜"句场面开合，纵横千里，从极苍凉的战场到极缠绵的深闺，明知死讯固然凄惨，但是死而不知，这无望的期盼更加痛苦。美好的梦里人，让河边白骨更添悲剧色彩。

【注释】

①陈陶：生卒年不详，唐代诗人。

②貂锦：这里指战士，指装备精良的精锐之师。

③无定河：在陕西北部。

④春闺：这里指战死者的妻子。

长信怨①

王昌龄

奉帚②平明金殿开，暂将团扇③共徘徊。
玉颜④不及寒鸦色，犹带昭阳⑤日影⑥来。

大意：这首诗写的是深宫之怨。长信宫乃是汉朝太后所居住的宫殿，本诗的主人公是一代才女班婕妤，因被赵飞燕姐妹排挤而失宠，自请去长信宫侍奉太后。远离了宫廷纷争，也远离了汉成帝的宠爱。天刚破晓就持帚洒扫，她就像入秋时的团扇被遗忘在一边，如玉的容颜还不如昭阳宫的乌鸦，寒鸦还能带着昭阳宫的阳光飞来，而主人公却得不到些微的恩爱关怀。

【注释】

①长信怨：诗题又名《长信秋词》，原有五首，本诗为其三。

②奉帚：持帚洒扫。多指嫔妃失宠而被冷落。

③团扇：指圆形的扇子。班婕妤曾作《团扇诗》。

④玉颜：指洁美如玉的容颜，这里指班婕妤。

⑤昭阳：汉代宫殿名，代指赵飞燕姐妹与汉成帝居住之处。

⑥日影：语义双关，既指阳光，也比喻君恩。

清平调①(其一)

李白

云想衣裳花想容，春风拂槛②露华浓③。
若非群玉山④头见，会向瑶台⑤月下逢。

大意：这首诗描绘杨玉环的艳美胜过牡丹花。云与花相映，在霓裳与绝美的容颜面前变成陪衬。春风送露，牡丹在艳丽雍容之上又添晶莹观感，人与云与花与露，不分彼此。这样的美只能在传说中西王母的瑶池仙山才能见到。美在花月之下，美在传说之中，美在玄宗眼前。

【注释】

①清平调：乐府曲牌名。天宝三年(744)李白在长安时任翰林供奉，奉诏作《清平调词三首》。

②槛：栏杆。

③露华浓：比喻杨贵妃像带露的牡丹一样美艳。华：同"花"。

④群玉山：神话中的仙山，传说是西王母住的地方。

⑤瑶台：传说中仙人住的地方。

秋夜曲

王 涯①

桂魄②初生秋露微，轻罗③已薄未更衣。
银筝夜久殷勤弄，心怯空房不忍归。

大意：这首诗写的是女子秋夜怀念亲人的情思。明月初生，秋夜微凉，那女子身披轻罗，在这样的夜、这样的月色下抚琴。为何不去入睡？是因为害怕这屋子的空旷、这秋天的清冷以及内心的孤单。月色下抚琴的女子，在秋风里凄凉地怀念着亲人。人如草木，草木在秋天零落，人在分别中憔悴。

【注释】

①王涯（？—835）：唐代诗人。此书作者原误题为王维，应为王涯。

②桂魄：指月亮。

③轻罗：轻盈的丝织品，宜做夏装，在此代指夏装。

出 塞①

王昌龄

秦时明月汉时关②，万里长征人未还。
但使龙城飞将③在，不教胡马④度阴山⑤。

大意：这是一首表达平息战乱、安定国防愿望的边塞诗。秦汉时的明月、秦汉时的边关，将士们远征万里至今仍不能凯旋。如果卫青和李广那样的将领还在，绝不会让胡人的兵马越过阴山。这首诗气势流畅，雄浑壮阔，被誉为七绝唐诗的压卷之作。

【注释】

①出塞：乐府旧题。

②秦筑长城，汉击匈奴，故以秦汉称。

③龙城飞将：指西汉抗击匈奴的名将李广。此处泛指英勇善战的将领。

④胡马：指侵扰中原的北方游牧民族骑兵。

⑤阴山：在今内蒙古中部及河北北部，汉代匈奴南侵的要道。

凉州词①

王之涣②

黄河远上白云间，一片孤城万仞③山。
羌笛④何须怨杨柳⑤，春风不度玉门关⑥。

大意： 这首诗描写的是戍边将士的思乡之情。远望黄河如在青天白云之上，一座座孤城在高山之间断续相连。何必用羌笛吹奏相思哀怨的《折杨柳》离别曲，春风从来就吹不到玉门关。诗情悲中有壮，愁而不怨，表达了豪迈的盛唐情怀。

【注释】

①凉州词：乐府曲名，起源于凉州（今甘肃武威）一带。诗题又名《出塞》。

②王之涣（688—742）：唐代诗人。

③仞（rèn）：古代的长度单位，七尺或八尺为一仞。

④羌笛：古代羌族的一种管乐器。

⑤杨柳：即《折杨柳》笛曲，内容多为离情别绪。

⑥玉门关：故址在今甘肃敦煌西北，是古代通往西域的关口。

金缕衣①

杜秋娘②

劝君莫惜金缕衣，劝君惜取少年时。
花开堪③折直须④折，莫待⑤无花空折枝。

大意： 这是一首劝诫青少年珍惜时光的诗。金缕衣虽然珍贵，但与少年时光相比不值一提。与"一寸光阴一寸金，寸金难买寸光阴"有异曲同工之妙。本诗无说教之感，后两句将珍惜时间行动与折花联系在一起。"直"是让少年珍惜时光，"空"是对年少时光一去不返的感叹。花是美的，这首诗在后人眼中看到的不仅有惜春、惜时，还有对爱情、对美的事物的追求与珍视。花与少年，相映成趣。

【注释】

①金缕衣：唐教坊的曲调名。

②杜秋娘：生卒年不详，唐代人。一说无名氏。

③堪：可。

④直须：不必犹豫。

⑤莫待：不要等到。

《唐诗三百首》（下）

（八年级适用）

独领风骚的唐诗

诗歌是中国人心灵的咏叹，志向的抒发，情感的表达。唐代（618—907）是中国古典诗歌发展的全盛时期。唐诗不仅继承了汉魏民歌、乐府的传统，而且创造了风格独特、韵律优美的近体诗，涌现出大批杰出诗人和优秀诗作。

唐诗的发展过程，后人划分为初唐、盛唐、中唐、晚唐四个时期。"初唐四杰"王勃、杨炯、卢照邻、骆宾王，诗风雄壮刚健。盛唐有"诗仙"李白和"诗圣"杜甫，还出现了以王昌龄、岑参为代表的边塞诗作。中唐的代表人物是白居易，他的叙事长诗《琵琶行》和《长恨歌》被广为传诵。晚唐时被称为"小李杜"的李商隐和杜牧，也留下了盛名诗作。

中国古代诗歌，从格律上可分为古体诗和近体诗。古体诗的风格是前代流传下来的，对诗的句数、音韵要求比较宽泛；而近体诗则对诗的字数、句数、音韵等方面有严格限定，近体诗有严整的格律，又被称为格律诗。

近体诗分为三种：律诗、长律、绝句。律诗每首限定八句。五字一句的称五言律诗，七字一句的称七言律诗。律诗的第一、二两句叫"首联"，第三、四两句叫"颔联"，第五、六两句叫"颈联"，第七、八两句叫"尾联"。每联的上句叫"出句"，下句叫"对句"。超过八句的律诗，称为长律或排律。长律一般是五言。绝句比律诗的句数及字数少一半。五言绝句只有四句二十字，七言绝句只有四句二十八字。

唐诗把中国古典诗歌的音节和谐、文字精练的艺术特色发挥得淋漓尽致，成为古代诗歌的最高典范，但是由于格律的严格限制，又有不易创作和自由发挥的缺陷。

唐诗对中国文学艺术影响深远，并传播到国外，影响到日本、韩国的诗词，不少唐诗从19世纪开始被欧美国家翻译流传，唐代诗人李白、杜甫、白居易是世界闻名的伟大诗人。

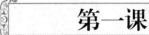

感遇①（其一）

张九龄②

兰叶春葳蕤③，桂华秋皎洁。

欣欣此生意，自尔④为佳节。

谁知林栖者⑤，闻风坐相悦。

草木有本心⑥，何求美人折。

大意：这首诗借咏兰草和桂花来抒发自己气节清高、不求名利的情怀。兰草在春天茂盛地生长，桂花在秋夜里清雅地开放。欣欣向荣、充满生机的兰草和桂花，使春天和秋天成了最美好的季节。有谁知道山林中的隐士，也是特别喜爱春兰秋桂的芳香。春兰和秋桂吐露芬芳源于本性，而不是求人摘取赏识。

【注释】

① 开元二十五年（737），张九龄由宰相被贬为荆州长史后，作《感遇》十二首，此诗是其中的第一首。

②张九龄（678—740）：唐代政治家、诗人。

③葳蕤（wēi ruí）：指草木枝叶茂盛的样子。

④自尔：从此。

⑤林栖者：山林隐士。

⑥本心：本性，天性。

登幽州台①歌

陈子昂②

前不见古人③，后不见来者④。

念天地之悠悠⑤，独怆然⑥而涕下！

大意：这首诗抒发的是诗人怀才不遇的情绪。既遇不到古代招贤的君主，也看不到后世求才的明君。只觉得天地苍茫无边，感到生不逢时而悲伤落泪。诗篇慷慨悲壮，是具有"汉魏风骨"的唐代诗歌的先驱之作。

【注释】

①幽州台：故址在今北京西南，是战国时燕昭王为招纳天下贤士而建。

②陈子昂（661—702）：唐代文学家。

③古人：指古代能礼贤下士的君主。

④来者：指后世重视人才的明君。

⑤悠悠：形容时间的久远和空间的广大。

⑥怆（chuàng）然：悲伤的样子。

子夜吴歌①

李 白

长安一片月，万户捣衣声。
秋风吹不尽，总是玉关情②。
何日平胡虏③，良人④罢远征。

大意：长安城一片月色，千家万户传来洗衣敲打的声音。秋风吹不尽的，是思念玉门关亲人的情思。何时才能平定侵扰边塞的敌人，丈夫可以结束远征。

望 岳

杜 甫

岱宗①夫如何？齐鲁②青未了。
造化钟神秀③，阴阳割昏晓④。
荡胸生曾云⑤，决眦⑥入归鸟。
会当凌⑦绝顶，一览众山小。

大意：这首诗是杜甫24岁时所作，描绘了泰山的高峻和雄奇，抒发了人生的抱负与自信。泰山的景色如何？整个齐鲁大地看不尽它的青翠之色。大自然使泰山凝聚了神奇秀美，山南山北明暗差别犹如分割出傍晚和早晨。层层白云使人心胸开阔，翩翩归鸟让人目不转睛。我要登上泰山顶峰，去俯瞰天下那些低小的群山。

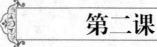

第二课

月下独酌

李 白

花间一壶酒，独酌无相亲①。

举杯邀明月，对影成三人。

月既不解②饮，影徒③随我身。

暂伴月将④影，行乐须及春。

我歌月徘徊，我舞影零乱。

醒时同交欢，醉后各分散。

永结无情游⑤，相期邈云汉⑥。

大意： 在花丛中摆上一壶美酒，我独自斟饮。举起酒杯邀请夜空中的明月共饮，明月与我以及我的影子，便成了三个人。明月不懂得饮酒的乐趣，影子也只能默默跟随着我。我暂且伴着明月、清影，趁此春宵良辰及时行乐。月亮伴随着我，听我吟诵歌唱。我手舞足蹈，影子便随之晃动。清醒之时，我们一同分享欢乐；沉醉之后，免不了要各自离散。我愿与你们相约在浩渺的银河边，永远结下深厚的友谊。

【注释】

①无相亲：没有亲近的人。

②不解：不懂，不理解。

③徒：徒然，白白地。

④将：和，共。

⑤无情游：忘情地游乐。

⑥ 相 期 邈（miǎo）云汉：约定在天上相见。邈：遥远。

送　别

王　维①

下马饮君酒②，问君何所之③。

君言不得意，归卧④南山陲⑤。

但去莫复问，白云无尽时。

大意：请你下马来喝一杯酒，我想问朋友，你要去往哪里？你说官场不如意，想要回乡隐居在终南山边。那你就只管去吧，我也不再追问，空中变幻的白云无穷无尽，足以自娱自乐。

【注释】

①王维（约 701—761）：唐代诗人、画家。

②饮君酒：劝君喝酒。

③何所之：去哪里。

④归卧：隐居。

⑤南山陲（chuí）：终南山边。

望月怀远

张九龄

海上生明月，天涯共此时。

情人怨遥夜，竟夕①起相思。

灭烛怜②光满③，披衣觉露滋④。

不堪盈手⑤赠，还寝梦佳期⑥。

大意：贬官在荆州的张九龄，望月思念远方的亲人，赋诗抒怀。望着海上升起的明月，想象远在天涯的亲人此时此刻也应是望着同一轮明月。有情之人因离别而抱怨夜长，整夜失眠思念远方的亲人。熄灭蜡烛欣赏这满屋的月光，披衣出门感受到露水的寒凉。无法用双手把美好的月光捧给远方亲人，只好期待梦里相见。

【注释】

①竟夕：整夜。

②怜：爱惜。

③光满：月光满照。指月色皎洁，浩渺无边。

④滋：沾湿。

⑤盈手：双手捧满之意。

⑥佳期：指相会的好日子。

第三课

赋得暮雨送李胄①

韦应物

楚江②微雨里，建业③暮钟时。

漠漠④帆来重，冥冥⑤鸟去迟。

海门⑥深不见，浦树远含滋⑦。

相送情无限，沾襟比散丝⑧。

大意：暮色雨中，晚钟响起，诗人伫立江畔，送别友人。细雨打湿船帆，帆重犹不能进；江面暗淡迷蒙，飞鸟入雨，振翅仍不能速飞。入海口波涛奔流，江边树水雾缭绕。对友人的无限情意全都化成了沾襟泪水，有如江面雨丝，连绵不绝。

月 夜

杜 甫

今夜鄜州①月，闺中②只独看。

遥怜小儿女，未解忆长安。

香雾云鬟③湿，清辉④玉臂寒。

何时倚虚幌，双照泪痕干。

大意：这首诗写的是诗人独陷长安在月夜对妻子的思念之情。今夜鄜州的月亮，只有妻子独自遥看。可怜幼小的儿女，还不懂得妻子为何思念长安。染香的雾气打湿了妻子的鬟发，清冷的月光让人玉臂生寒。何时才能与妻子依偎在薄帷幔中，在月光的照映下把彼此的泪痕擦干。

【注释】

①赋得暮雨：古代文人分题作诗，分到的诗题称"赋得"，此诗题"暮雨"，所以称"赋得暮雨"。李胄（zhòu）：作者的好友。

②楚江：指属于古楚国境内的一段长江。

③建业：今江苏南京。

④漠漠：水汽密布的样子。

⑤冥冥（míng）：形容天色昏暗。

⑥海门：长江入海处。

⑦浦：水边。滋：水分。

⑧散丝：指细雨。

【注释】

①鄜（fū）州：今陕西富县。至德元年（756）七月，安史之乱叛军攻陷长安。同年八月杜甫携妻儿逃难鄜州的羌村，自己去投奔在灵武即位的肃宗途中，被叛军俘至长安。

②闺中：此处指妻子。

③云鬟（huán）：古代妇女的环形发髻。

④清辉：指月光。

在狱咏蝉①

骆宾王②

西陆③蝉声唱，南冠④客思深。

那堪玄鬓⑤影，来对白头吟⑥。

露重飞难进，风多响易沉。

无人信高洁，谁为表予⑦心？

大意：这首诗作者以蝉自喻，语意双关，表面是写蝉，实际是写自己的遭遇。在狱中听到外面寒蝉鸣叫声，思绪万千；我哪能忍受黑蝉对着我这白头老人吟诵《白头吟》这般哀怨的诗篇。露水重蝉飞不快，风声大蝉鸣不响；无人知道我如秋蝉般高洁的品性，有谁能为我表白内心的冤屈呢？

【注释】

①此诗为狱中所作。此时作者任官职，因上疏进谏，被诬下狱。

②骆宾王（约623—约684）：唐代诗人。

③西陆：指秋天。

④南冠：南方楚国人戴的帽子，代指囚徒。

⑤玄鬓：原指黑色的鬓发，这里指黑色的蝉。

⑥白头吟：古乐府名，传说是汉代卓文君因丈夫司马相如再娶而写，曲调哀怨。

⑦予：我。

赠孟浩然①

李白

吾爱孟夫子，风流天下闻。

红颜②弃轩冕③，白首卧松云④。

醉月⑤频中圣⑥，迷花⑦不事君。

高山安可仰，徒此揖⑧清芬⑨。

大意：这首诗写的是李白对孟浩然的钦佩爱慕之情。诗人非常敬重孟浩然，因为他有着潇洒的人品风度和非凡的文学才华。他青年时代就鄙视功名不爱官冕车马，年老白发时又选择归隐山林摒弃世俗。他常常月下饮酒一醉方休，不侍奉君王只留恋自然美景。他的品行如高山那样令人仰望，在此向他高洁的品格致敬。

【注释】

①孟浩然：唐代著名诗人，李白之友。

②红颜：指孟浩然少壮时期。

③弃轩冕（miǎn）：指轻视仕宦。轩：车。冕：礼帽。古时高官才能乘轩戴冕。

④卧松云：隐居于山林白云之间。

⑤醉月：月下酣饮。

⑥中（zhòng）圣：指醉酒。

⑦迷花：留恋自然花草。这里指隐居。

⑧揖（yī）：致敬之意。

⑨清芬：清高，芬芳。

第四课

渡荆门送别①

李 白

渡远荆门外，来从楚国游。

山随平野尽，江入大荒流。

月下飞天镜，云生结海楼②。

仍怜故乡水③，万里送行舟。

大意：这首诗写的是诗人沿长江出蜀东下，一路向湖北荆门山之外航行所见的长江山水风光。山随着平原的出现渐渐远去消失在尽头，大江滚滚汇入广阔的原野，显得天空寥廓，境界高远。晚上江中月影如同天空中飞下的明镜，白天江上的云霞结成美丽的海市蜃楼。多情的故乡水为我送别，一直送行到万里之外。

【注释】

①李白25岁第一次离开故乡四川，顺长江东下到湖北一带出游，他坐船出三峡，渡荆门为自己送行。

②海楼：海市蜃楼，为云气折射出的各种景象。

③怜：爱。故乡水：这里指长江水。长江水从李白故乡四川（蜀）流入湖北（楚）。

春 望

杜 甫

国破①山河在，城春草木深②。

感时花溅泪③，恨别鸟惊心。

烽火④连三月，家书抵万金。

白头搔更短，浑欲不胜簪⑤。

大意：至德元年(756)，安史之乱叛军攻陷长安，杜甫也被俘在长安。他触景生情写下此诗，抒发了忧国忧民的愁绪和思念亲人之情。京城长安沦陷，但山河依旧存在，春天的长安城草木杂生，人烟稀少。伤感时见花流泪，离别时闻鸟鸣也会揪心。战争已持续了三个月，一封家书抵得上万两黄金。花白的头发越抓越少，现在连簪子都插不上了。

【注释】

①国破：指京城长安被叛军占领。

②城：长安城。草木深：指十分荒芜，人烟稀少。

③感时：感叹时事。溅泪：流泪。

④烽火：古时边防报警的烟火，这里指安史之乱的战火。

⑤浑：简直。簪(zān)：一种束发的首饰。

夜泊牛渚①怀古

李 白

牛渚西江夜，青天无片云。

登舟望秋月，空忆②谢将军③。

余亦能高咏，斯人④不可闻。

明朝挂帆⑤去，枫叶落纷纷。

大意： 李白失意后的一个夜晚乘船经过牛渚山，登船仰望秋月，追忆起赏识袁宏的谢尚将军。尽管我也像当年的袁宏那样富有文学才华，但是像谢尚那样的人物却不可再遇了。待明天乘船远去，枫叶也将纷纷落下，无言地为怀才不遇的我送行。

月夜忆舍弟①

杜 甫

戍鼓断人行②，边秋一雁③声。

露从今夜白，月是故乡明。

有弟皆分散，无家问死生。

寄书长不达④，况乃⑤未休兵。

大意： 这首诗写的是诗人对在战乱中失散兄弟的思念与担忧。宵禁的更鼓声隔断了行人的路，天边孤雁的叫声使荒凉的边塞显得更加冷落。白露的夜晚，令人顿生寒意，而故乡的月亮最为明亮。月光勾起了对家的思念，弟兄离散天各一方，家已不在，生死难卜。平时寄信时常还收不到，何况还是战争时期。

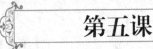

第五课

辋川^①闲居赠裴秀才迪

王　维

寒山转苍翠，秋水日潺湲^②。

倚杖柴门外，临风听暮蝉。

渡头余落日，墟里^③上孤烟。

复值接舆^④醉，狂歌五柳^⑤前。

大意： 这首诗写的是诗人王维与友人裴迪的相酬之乐。寒秋时节，山间泉水潺潺作响，山色也变得更加苍翠。诗人在柴门外，倚杖临风，听晚树鸣蝉、寒山泉水，看渡头落日、村里孤烟。那安闲的神态、潇洒的闲情，和陶渊明十分相似，而朋友裴迪也似楚国狂士接舆一般超然物外！

天末^①怀李白

杜　甫

凉风起天末，君子^②意如何。

鸿雁^③几时到，江湖秋水多。

文章憎命达，魑魅^④喜人过。

应共冤魂^⑤语，投诗赠汨罗^⑥。

大意： 这首诗写的是杜甫寄居秦州时得知李白流放夜郎，对李白的遭遇表达深深的同情。时值凉风乍起，景物萧疏，作者不言自己心境，反问远方的朋友意如何。路途遥远，盼消息却不可得，江湖多险，直给人苍茫惆怅之感。文才出众者总是命途多舛，李白流放夜郎定是遭人诬陷。于是诗人很自然地想到同样因为谗言而被流放、自投汨罗江的屈原，想必李白也会向屈原的冤魂倾诉内心的愤慨吧。

汉江临眺^①

王 维

楚塞^②三湘^③接，荆门九派^④通。

江流天地外，山色有无中。

郡邑^⑤浮前浦，波澜动远空。

襄阳好风日，留醉与山翁^⑥。

大意： 这首诗写的是王维途经襄阳时所见的山水风光。汉江流经古楚之地又折入三湘，西起荆门往东与九江汇聚。汉江滔滔远去，好像一直涌流到天地之外。重重青山，迷迷蒙蒙若有若无。前面的城墙在水面上浮动，天空也为之摇荡起来，水势磅礴浩大。如此醉人的景致，也想与山简一同沉醉在襄阳的风物中。

山居秋暝^①

王 维

空山新雨后，天气晚来秋。

明月松间照，清泉石上流。

竹喧归浣女^②，莲动下渔舟。

随意春芳^③歇^④，王孙^⑤自可留。

大意： 这首诗写的是秋日傍晚雨后山中的景象，以诗情画意的山水来寄托诗人对人生境界的追求。山雨初霁，初秋傍晚，空气清新，景色美好。天色已黑，但有皓月当空；群芳已谢，仍有青松如盖。山泉清冽泻出于山石之上，在月光下闪闪发光。这时竹林里传来一阵欢歌笑语，是一群洗衣服的姑娘归来，顺流而下的渔舟划破了荷塘的宁静。尽管春芳消逝，但秋色依然美好，这里宁静纯朴，正是我归隐的地方。

【注释】

①汉江：汉水。临眺：登高远望。

②楚塞：楚国地界。因襄阳一带汉水为古代楚国的北境，故称楚塞。

③三湘：泛指今洞庭湖南北、湘江流域一带。

④九派：指今江西九江市附近的一段长江，此段有九条支流。

⑤郡邑：郡城，此指襄阳城。

⑥山翁：指晋人山简。山简镇守襄阳时，喜好饮酒，常在高阳池宴饮，每饮必醉。

【注释】

①暝：傍晚。

②浣（huàn）女：洗衣女。

③春芳：春天的芳菲。

④歇：消歇，逝去。

⑤王孙：原指贵族子弟，后泛指隐居的人。这里指作者自己。

第六课

终南别业

王 维

中岁颇好道①，晚家南山陲②。

兴来每独往，胜事③空自知。

行到水穷处，坐看云起时。

偶然值林叟④，谈笑无还期⑤。

大意：这首诗作者把自己隐居后自得其乐的闲适生活写得十分有情趣。中年以后常有好道之心，晚年就安家在终南山脚下。兴致来时独往山中闲走，其中自在的乐趣只有自己才能体会。漫步到溪水尽头之处，索性坐下来仰望天上的风起云涌。偶尔也会在林中遇见老翁，于是谈笑着忘记了回家的时间。

【注释】

①中岁：中年。好(hào)：喜好。道：这里指佛教。

②家：安家。南山陲(chuí)：即终南山脚下。

③胜事：美好的事。

④值：遇到。叟(sǒu)：老翁。

⑤无还期：没有回去的准确时间。

岁暮归南山①

孟浩然

北阙②休上书，南山归敝庐③。

不才明主④弃，多病故人疏。

白发催年老，青阳⑤逼岁除⑥。

永怀愁不寐，松月夜窗虚。

大意：开元十六年(728)，40岁的孟浩然到长安考进士，这首诗写的是他落榜后的复杂心情。不愿再到朝廷宫门前陈述己见，只想返回南山破旧的茅屋。自己无才难让君主加以任用，又因多病而使朋友疏远。白发增多催人慢慢老去，岁暮将至新春又要来临。满怀苦闷夜不能寐，月照松影，窗外一片空寂。

【注释】

①南山：指岘山，孟浩然在其附近隐居。

②北阙(què)：指皇帝的居处，也代称皇帝。

③敝(bì)庐：破旧的房子，这里是自谦。

④明主：指当今皇帝。

⑤青阳：指春天。

⑥岁除：指年终之日。

与诸子登岘山①

孟浩然

人事有代谢，往来成古今。

江山留胜迹②，我辈复登临。

水落鱼梁③浅，天寒梦泽④深。

羊公碑⑤尚在，读罢泪沾襟。

大意：这首诗写的是作者登岘山凭吊时的感慨。人世间的事情总是交替变化，流逝的时光成为古今岁月。江山留下羊公碑，供我辈今天登临凭吊。水落石出，天气渐寒，鱼梁洲更多地露出水面，云梦泽一望无际，让人感到深远。纪念羊公的石碑至今还在，我读罢碑文不禁泪流满衫。

蜀先主①庙

刘禹锡②

天地英雄气，千秋尚凛然③。

势分三足鼎④，业复五铢钱⑤。

得相能开国，生儿不象贤⑥。

凄凉蜀故妓，来舞魏宫前。

大意：刘备的英雄气概充满天地，千秋万代仍令人敬仰。刘备建立基业，与魏、吴三分天下，誓要复兴以五铢钱币为标志的汉室。打天下又得贤相诸葛亮辅佐，可惜刘备的儿子后主刘禅昏庸无能，致使蜀国基业被他葬送。凄惨的蜀宫歌女舞女们最终只能在魏王宫殿表演。

过^①故人^②庄

孟浩然

故人具鸡黍^③，邀我至田家。

绿树村边合^④，青山郭^⑤外斜。

开轩^⑥面场圃^⑦，把酒话桑麻^⑧。

待到重阳日^⑨，还来就菊花。

大意：这首诗描写的是山村风光和朋友欢聚的生活场景。老朋友准备了丰盛的农家饭菜，邀请我去家中做客。绿树环抱着村庄，青山横斜在城外。人们在屋里饮酒交谈，打开窗户外面的田园景色就映入眼帘。等到重阳节那天，我还要再来饮酒赏菊。

【注释】

①过：探访。

②故人：老朋友。

③鸡黍(shǔ)：指农家丰盛的饭菜。

④合：环绕。

⑤郭：外城，指城墙。

⑥轩：窗。

⑦场圃(pǔ)：打谷场和菜园子。

⑧桑麻：泛指农事。

⑨重阳日：农历九月九日重阳节，有登高饮菊花酒的风俗。

喜见外弟^①又言别

李 益^②

十年离乱后，长大一相逢。

问姓惊初见，称名忆旧容。

别来沧海事^③，语罢暮天钟。

明日巴陵^④道，秋山又几重。

大意：李益和表弟因安史之乱离散十年，忽然相逢又要匆匆离别。初问姓氏，心已惊疑，再得姓名，忆起旧容，化惊为喜。十年阔别，一朝相逢，倾诉别情，千头万绪。不觉之中，已是暮色，晚钟响起，聚散匆匆。短暂团圆，又将话别，表弟明日即将登上巴陵古道，秋山添愁，不知又隔几重？

【注释】

①外弟：表弟。

②李 益(748—约829)：唐代诗人。

③沧海事：沧海桑田，比喻世事变迁。

④巴陵：今湖南岳阳市，诗中表弟将去的地方。

云阳馆①与韩绅宿别②

司空曙③

故人江海别，几度隔山川。
乍见翻④疑梦，相悲各问年。
孤灯寒照雨，湿竹暗浮烟。
更有明朝恨⑤，离杯惜共传⑥。

大意： 安史之乱后，作者在云阳旅馆偶然遇到韩绅，感慨万千。两人上次别后已历数年，久别重逢，乍见之后，反而怀疑是一场梦，问及几年来的情况真是悲喜交集。夜深人静，两人在馆中叙谈，寒雨孤灯，湿竹浮烟，这凄凉景象使离别更加令人伤感。明朝又将别离，劝饮离杯，恋恋不舍，悲喜感伤。

【注释】
①云阳馆：云阳的驿馆。云阳：县名，县治在今陕西泾阳县西北。馆：驿站客舍。
②宿别：同宿后告别。
③司空曙：生卒年不详，唐代诗人。
④翻：反而。
⑤明朝（zhāo）恨：指明早离别之愁。
⑥共传：传杯共饮。

黄鹤楼①

崔　颢②

昔人③已乘黄鹤去，此地空余黄鹤楼。
黄鹤一去不复返，白云千载空悠悠。
晴川历历④汉阳树，芳草萋萋⑤鹦鹉洲。
日暮乡关⑥何处是？烟波江上使人愁。

大意： 这首诗抒发了诗人在黄鹤楼上远眺所引发的思乡之情。传说中的仙人早已乘黄鹤离去，这里只留下一座黄鹤楼。黄鹤离去再也不会回来，千百年只有白云在天上浮动。天气晴朗时隔着江水，能看清汉阳的树木，也能看到鹦鹉洲茂盛的青草。夕阳西下，故乡在哪里？望着浩瀚如烟的江水涌起了乡愁。

【注释】
①黄鹤楼：故址在今湖北武汉。
②崔颢（hào）（？—754）：唐代诗人。
③昔人：前人，指传说中骑黄鹤经过这里的仙人。
④历历：清楚可数。
⑤萋萋：形容草木长得茂盛。
⑥乡关：故乡。

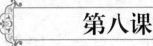

第八课

行经华阴

崔　颢

岧峣①太华②俯咸京③，天外三峰④削不成。

武帝祠⑤前云欲散，仙人掌⑥上雨初晴。

河山北枕秦关⑦险，驿路⑧西连汉畤⑨平。

借问路旁名利客，何如此处学长生。

大意：这首诗写的是诗人路经华阴眺望华山的所见所思。从鬼斧神工的山峰到开阔平展的大路，高下相倾、险夷互现、气象万千。诗人本是赴长安求取功名，面对华山雄奇壮丽的景象，遥想秦时明月汉时关的历史胜迹，觉得世人追求名利没有意思，不如来华山养生求道。

【注释】

①岧峣（tiáo yáo）：山高峻的样子。

②太华：华山。

③咸京：即咸阳。因咸阳为秦的京城，故称。

④三峰：指华山的莲花、玉女、明星三峰。

⑤武帝祠：指巨灵祠。

⑥仙人掌：指仙人掌峰。

⑦秦关：指函谷关。

⑧驿路：即大路。

⑨汉畤（zhì）：在今陕西凤翔县，为汉武帝祭天地、五帝之祠。

望蓟门①

祖　咏②

燕台③一望客心惊，笳鼓喧喧汉将营。

万里寒光生积雪，三边曙色动危旌④。

沙场烽火连胡月，海畔云山拥蓟城。

少小虽非投笔吏⑤，论功还欲请长缨⑥。

大意：诗人描绘边塞景色，表达从军报国壮志。登上燕台眺望不禁感到震惊，军营鼓角争鸣，边塞战旗飘动，山海环绕拱卫边城。我要像投笔从戎的班超、请缨出征的终军，报国从军，杀敌立功。

【注释】

①蓟（jì）门：蓟门关，在今北京西南。

②祖咏（699—746）：唐代诗人。

③燕台：即幽州台。

④三边：古称幽、并、凉三州为三边。危旌：高扬的旗帜。

⑤投笔吏：东汉班超投笔从戎的典故。

⑥请长缨：终军请缨杀敌的典故。

送魏万①之②京

李颀③

朝闻游子唱离歌，昨夜微霜初渡河。
鸿雁不堪愁里听，云山况是④客中过。
关城⑤曙色催寒近，御苑⑥砧声⑦向晚多。
莫是长安行乐处⑧，空令岁月易蹉跎⑨。

大意： 这首诗写的是诗人送别晚辈时的关切和勉励。诗人想象魏万一路赴京，定是云山重重、关隘处处，只身远行，不胜艰辛。行程艰苦固然需要克服，京城安乐尤其应该远离。诗人提醒年轻人不可安于享乐，要奋发有为。诗中既有情感的牵挂又有思想的警示，一片秋凉中，自有高洁自持之感。

【注释】

①魏万：诗人，又名魏颢，也是李白的朋友。

②之：往。

③李颀（qí）：生卒年不详，唐代诗人。

④况是：更何况是。

⑤关城：潼关城。

⑥御苑：皇家宫苑，此处指长安城。

⑦砧（zhēn）声：捣衣声。

⑧莫是长安行乐处：不要因为长安是行乐之地。

⑨蹉跎：虚度。

登金陵凤凰台①

李白

凤凰台上凤凰游，凤去台空江自流。
吴宫②花草埋幽径，晋代衣冠成古丘③。
三山④半落青天外，二水中分白鹭洲⑤。
总为浮云能蔽日，长安⑥不见使人愁。

大意： 李白受高力士等人陷害排挤，离开长安后，漫游金陵。登上凤凰台，眼见得凤去台空、长江空流，自然景物永恒，而东吴、东晋这些王朝却灭亡很快。如今奸臣总是能蒙蔽皇上，若视而不见，国家堪忧。诗中把眼前之景、历史典故和个人感怀融为一体，借古鉴今，寓意深刻。

【注释】

①金陵凤凰台：故址在今南京城西南凤台山。

②吴宫：三国时吴国建都于金陵。

③晋代衣冠：东晋的名门望族。古丘：古墓。

④三山：三峰相连的山，在今南京西南长江边上。

⑤二水：指秦淮河穿过金陵城而入长江，江中有白鹭洲，分水为两支。白鹭洲：古代秦淮河中的沙洲。

⑥长安：指代朝廷和皇帝

第九课

晚次鄂州①

卢　纶②

云开远见汉阳城，犹是孤帆一日程。
估客③昼眠知浪静，舟人④夜语觉潮生。
三湘⑤愁鬓逢秋色，万里归心对月明。
旧业⑥已随征战尽，更堪江上鼓鼙声⑦。

大意：这首诗写的是遭逢战乱，颠沛漂泊。晚宿停泊异地鄂州，远望汉阳城，虽不能及却依稀可见，喜上心头。商人、船家，知觉风浪；明月、秋色，解我归心。何时不再有战乱，希望早得安栖所。有家不能归，异域颠沛，在随处的战鼓声中使人更添乡愁。

【注释】
①次：停泊。鄂州：今武汉市武昌。
②卢纶（748— 约799）：唐代诗人。
③估客：商人。
④舟人：船家。
⑤三湘：漓湘、潇湘、蒸湘的总称，指湖南境内。
⑥旧业：原有的家产。
⑦鼓鼙（pí）声：战鼓声，代指战争。

登　高①

杜　甫

风急天高猿啸哀，渚②清沙白鸟飞回。
无边落木萧萧下③，不尽长江滚滚来。
万里悲秋常作客④，百年⑤多病独登台。
艰难苦恨繁霜鬓，潦倒⑥新停⑦浊酒杯。

大意：这首诗写的是诗人客居异乡，重阳登高的观感，饱含对自己大半生坎坷波折和穷困潦倒的喟叹。登高所见，满目萧然，忧思仿佛无边的落叶和不尽的长江一样绵绵不绝。登高之情，满心身世漂泊、功业无成的无奈与落寞。忧愁使得鬓染白霜，本想借酒浇愁，但因病不能再端起酒杯。诸多不如意，让诗人身心疲累。

【注释】
①此诗是杜甫大历二年（767）秋天的重阳节寓居长江之滨的夔（kuí）州时所作。
②渚（zhǔ）：水中小洲。
③落木：落叶。萧萧：风吹落叶声。
④万里：指远离故乡。作客：客居他乡。
⑤百年：一生。
⑥潦倒：穷困、失意。
⑦新停：停杯罢饮。

蜀 相①

杜 甫

丞相祠堂②何处寻？锦官城③外柏森森④。

映阶碧草自春色，隔叶黄鹂空好音。

三顾⑤频烦天下计，两朝⑥开济⑦老臣心。

出师未捷身先死，长使英雄泪满襟。

大意：这首诗是杜甫游武侯祠的感慨。在喟叹诸葛亮功业垂成身死的同时，寄寓了作者忧国伤乱、怀才不遇的感慨。诗人急寻武侯祠，不写殿堂、雕像，偏写"映阶碧草"和"隔叶黄鹂"，渲染荒凉景象，体现个人心境。刘备识才礼贤，诸葛亮鞠躬尽瘁，无奈功业未成。杜甫夙有大志，终生忧国忧民，然而天下大乱，英雄无用武之地，不禁泪满衣襟。

客① 至

杜 甫

舍②南舍北皆春水，但见群鸥日日来。

花径③不曾缘客扫，蓬门④今始为君开。

盘飧⑤市远无兼味⑥，樽酒家贫只旧醅⑦。

肯与邻翁相对饮，隔篱呼取⑧尽余杯。

大意：这是一首迎客诗。草堂南北面都是清清的春水，只见成群的白鸥天天飞来。长满花草的小路不曾为客人来而打扫，关紧的柴门今天为您的光临而敞开。因为远离集市，盘中的菜肴并不丰盛；由于家境贫寒，杯中只有隔年的陈酒。如果客人肯与邻居老翁对饮，那就隔着篱笆喊他一起喝完余下的几杯酒。

【注释】

①蜀相：三国蜀汉丞相，指诸葛亮。

②丞相祠堂：即诸葛武侯祠，在今成都。

③锦官城：成都别名，古代成都以产锦著名，设专官管理，故称。

④柏（bǎi）森森：柏树茂盛繁密的样子。

⑤三顾：诸葛亮隐居襄阳隆中，刘备三请方出。

⑥两朝：指蜀汉刘备、刘禅父子两朝。

⑦开济：指诸葛亮辅佐刘备开朝，助刘禅继业。开：开创。济：扶助。

【注释】

①客：指崔明府，唐人称县令为明府。

②舍：指草堂。

③花径：长满花草的小路。

④蓬门：即柴门。

⑤盘飧（sūn）：泛指菜肴。飧：熟食。

⑥无兼味：指菜少。兼味，多种味道。

⑦旧醅（pēi）：隔年陈酒。醅：未经过过滤的米酒。

⑧呼取：唤来。

第十课

登 楼

杜 甫

花近高楼伤客心，万方多难此登临。

锦江①春色来天地，玉垒②浮云变古今③。

北极朝廷终不改④，西山寇盗⑤莫相侵。

可怜后主还祠庙⑥，日暮聊为梁甫吟⑦。

大意： 这首诗写的是诗人春回成都时，见万方多难，急欲报效朝廷的迫切心情。登楼所见，两岸蓬勃春色扑面，天地广阔，时光悠悠，写出诗人广阔的视野和开阔的胸襟。论天下形势，杜甫一片忠心，热爱国家，渴望安定。可皇帝身边没有贤相能臣，诗人空有济世之心，苦无报国之门，不禁愁思绵绵，情味深婉。

【注释】

①锦江：流经成都城西。

②玉垒：山名，在今四川省。

③变古今：与古今一同变幻。

④北极朝廷终不改：唐王朝如北极星一样不可动摇。

⑤西山寇盗：指吐蕃。

⑥后主：指刘禅。还祠庙：刘禅得诸葛亮辅佐，尚可立国，死后还有祠庙。

⑦梁甫吟：乐府曲名。

闻官军收河南河北

杜 甫

剑外①忽传收蓟北②，初闻涕泪满衣裳。

却看妻子③愁何在，漫卷④诗书喜欲狂。

白日放歌⑤须纵酒⑥，青春⑦作伴好还乡。

即从巴峡穿巫峡，便下襄阳向洛阳⑧。

大意： 这首诗写的是诗人闻听安史之乱结束的喜悦和还乡的愉快。平乱的消息如春雷乍响、山洪突发般，令他无比惊喜。诗中有"漫卷"的细节刻画，有"喜欲狂"的欢喜情态，有"泪满衣裳"的喜极而泣。诗人积郁在心中的愿望无比强烈，回乡的心情极为迫切，于是想要纵酒高歌，与春光结伴同回故乡。

【注释】

①剑外：剑门关以南地区，这里指四川。

②蓟北：河北北部地区，是安史叛军的根据地。

③妻子：妻子和儿女。

④漫卷(juǎn)：随手卷起。是说杜甫已经迫不及待地去整理行装准备回家乡去了。

⑤放歌：放声高歌。

⑥纵酒：纵情饮酒。

⑦青春：明媚春色。

⑧洛阳：杜甫家在洛阳。

阁 夜

杜 甫

岁暮阴阳催短景①，天涯霜雪霁②寒宵。

五更鼓角③声悲壮，三峡星河④影动摇。

野哭千家闻战伐⑤，夷歌数处起渔樵⑥。

卧龙跃马⑦终黄土，人事音书漫寂寥。

大意：这首诗是杜甫在大历元年(766)冬天寓居夔(kuí)州西阁时所作，写出了对世事无可奈何的忧愤。该诗从寒宵雪霁写到五更鼓角，从天空星河写到江上洪波，从山川形胜写到战乱人事，从当前现实写到千年胜迹，有上天下地、俯仰古今的气概，被誉为七言律诗的"千秋鼻祖"。

【注释】

①阴阳：指日月。短景：指冬季日短。

②霁(jì)：雨后或雪后转晴。

③鼓角：更鼓和号角。

④星河：天上银河。

⑤野哭：哭声响彻四野。战伐：蜀中多战事。

⑥夷歌：当地少数民族歌谣。渔樵：打鱼人和砍柴人。

⑦卧龙：诸葛亮人称"卧龙"。跃马：指蜀中公孙述，西汉末年曾割据西蜀，称白帝。两人在夔州都有祠庙。

咏怀古迹五首(其三)

杜 甫

群山万壑赴荆门，生长明妃②尚有村。

一去紫台③连朔漠④，独留青冢⑤向黄昏。

画图省识⑥春风面⑦，环珮⑧空归月夜魂。

千载琵琶作胡语，分明怨恨曲中论。

大意：这首诗写的是诗人对王昭君遭遇的深切同情，借昭君故国之思至死不变的可贵形象，寄托他自己思念故乡的心情。这是中华民族世代传承的乡土情怀。昭君骨留青冢，魂归故乡。元帝昏庸，不识真才真貌，造成千古遗恨。千年以来，众多琵琶古曲都饱含昭君出塞的幽怨与伤感。诗人在抒写昭君的怨情中寄寓对自己身世的慨叹。

【注释】

①荆门：指荆门山，在今湖北宜昌市。

②明妃：指王昭君。

③紫台：帝王之宫。

④朔漠：北方沙漠，指匈奴所居之地。

⑤青冢(zhǒng)：汉代王昭君墓，在今内蒙古呼和浩特市。

⑥省识：略识。

⑦春风面：形容王昭君的美貌。

⑧环珮：指妇女的装饰品，此处借指昭君。

第十一课

无 题

李商隐

昨夜星辰昨夜风，画楼西畔桂堂东①。
身无彩凤双飞翼，心有灵犀一点通②。
隔座送钩③春酒暖，分曹射覆④蜡灯红。
嗟余听鼓应官去，走马兰台类转蓬⑤。

大意：这首诗回忆的是可望不可即的爱慕之情。昨夜宴会，我们有幸相识，游戏传情彼此心领神会。可惜为官身不由己，天亮又要上班去，一切美好也许还能后会有期。

【注释】

①"昨夜"二句：交代聚会的时间、地点。"画楼""桂堂"，指富丽的屋舍。

②"身无"二句：虽然身无双翼，不能飞跃阻隔，但两心都如灵犀般一脉相通。

③送钩：又叫"藏钩"，一种游戏。

④分曹射覆：分两队互相猜盖在器皿下的东西。

⑤"嗟余"二句：比喻自己为官，像蓬草一样身不由己。

隋 宫①

李商隐

紫泉宫殿②锁烟霞，欲取芜城作帝家。
玉玺不缘归日角，锦帆应是到天涯③。
于今腐草无萤火，终古垂杨有暮鸦。
地下若逢陈后主④，岂宜重问后庭花⑤。

大意：这首诗写的是诗人暮年游江东时的感慨。望烟霞中的长安城，感叹隋炀帝不知满足。如今腐草不能化为萤火，隋堤的杨柳上也只有暮鸦在聒噪。可悲隋炀帝杨广，前人亡国不借鉴，终于重蹈覆辙。如果他在地下与陈后主相逢，还会再欣赏一曲《后庭花》吗？

【注释】

①隋宫：隋炀帝杨广在江都（今江苏扬州）所建的行宫。

②紫泉宫殿：指隋宫。

③"玉玺"二句：意思是要不是李渊做了皇帝，隋炀帝的龙舟可游到天涯海角了。

④陈后主：南朝陈末代皇帝陈叔宝。

⑤后庭花：陈后主创作的舞曲，被后人斥为亡国之音。

和贾至舍人《早朝大明宫》之作

王 维

绛帻鸡人①报晓筹②，尚衣③方进翠云裘。
九天阊阖④开宫殿，万国衣冠拜冕旒⑤。
日色才临仙掌⑥动，香烟欲傍衮龙⑦浮。
朝罢须裁五色诏，珮声归到凤池头。

大意：这首诗写的是早朝的庄严华贵。鸡人报晓，尚衣齐备，宫门大开，万官朝拜，春日灿烂，香烟飘浮，极写朝见的盛况。"九天阊阖开宫殿，万国衣冠拜冕旒"更是形象地描绘出了大唐王朝的堂皇、气派。

锦 瑟①

李商隐②

锦瑟无端五十弦，一弦一柱思华年。
庄生③晓梦迷蝴蝶，望帝④春心托杜鹃。
沧海月明珠有泪⑤，蓝田⑥日暖玉生烟。
此情可待成追忆，只是当时已惘然⑦。

大意：这首诗是诗人的晚年之作，追忆似水华年。装饰华美的瑟无缘无故地有五十根弦，那一弦一柱都不禁使我想起青春年华的重重往事。庄周在破晓时的梦中化作蝴蝶翩翩起舞，望帝将伤春时的悲痛寄托于杜鹃的哀啼。月照沧海，鲛人的泪凝为珍珠；蓝田日暖，美玉好像环绕着轻烟。这般情景此刻只能追忆，而当年我就已茫然若失。

【注释】

①绛帻(zé)鸡人：宫中担任报时的卫兵。

②晓筹：更筹，夜里计时的竹签。

③尚衣：官名。隋唐时宫中设尚衣局，掌管天子服饰。

④阊阖(chāng hé)：原为神话中的天门，这里指大明宫正门。

⑤冕旒(miǎn liú)：帝王上朝时所戴的头冠，这里指代皇帝。

⑥仙掌：即掌扇，又叫障扇，多以雉尾为饰。

⑦衮(gǔn)龙：卷曲的龙。指天子的衣服，龙袍。

【注释】

①锦瑟：绘有织锦纹饰的瑟，据说古瑟有五十弦。

②李商隐(约813—约858)：唐代诗人。

③庄生：庄周，他说自己在梦中化为蝴蝶。

④望帝：传说中的古蜀王杜宇，死后灵魂变为杜鹃鸟。

⑤珠有泪：传说南海有鲛人，眼泪能变珍珠。

⑥蓝田：山名，出产玉，在陕西蓝田东南。

⑦惘然：失意的样子。

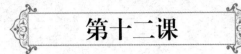

第十二课

无 题①

李商隐

相见时难别亦难，东风无力百花残②。

春蚕到死丝③方尽，蜡炬成灰泪始干④。

晓镜但愁云鬓⑤改，夜吟应觉月光寒。

蓬山⑥此去无多路，青鸟殷勤为探看⑦。

大意：这首诗表达了思恋的离别之痛与相思之苦。相见很难，离别时更是难舍难分；何况春风无力再吹，百花都已凋残。春蚕只有到死蚕丝方能吐完，蜡烛只有燃烧成灰烛泪才会流干。清晨对镜梳妆，发现秀发变疏变白；远方的你在月下吟诗，应该觉得寂寞清寒。从这里到蓬山那里并不遥远，就让殷勤的青鸟代我前去探望。

【注释】

①无题：唐代以来，有的诗人不愿意标出能够表示主题的题目时，常用"无题"作诗的标题。

②东风：春风。残：凋零。

③丝："丝"与"思"谐音，含相思之意。

④蜡炬：蜡烛。泪：指燃烧时的蜡烛油，这里取双关义，指相思的眼泪。

⑤云鬓(bìn)：这里指年轻女子的秀发。

⑥蓬山：蓬莱山，指仙境。这里借指所思女子的住处。

⑦青鸟：神话中为西王母传递音讯的信使。探看：探望。

长沙过贾谊①宅

刘长卿②

三年谪宦③此栖迟④，万古惟留楚客⑤悲。

秋草独寻人去后，寒林空见日斜时。

汉文⑥有道恩犹薄，湘水无情吊岂知？

寂寂江山摇落⑦处，怜君⑧何事到天涯⑨！

大意：乾元二年(759)，作者被贬南巴(今广东茂名)，途中路过长沙去访问贾谊故宅，作此诗抒发吊古自伤之情。"悲"字贯通始末，奠定诗歌悲怆的基调。写贾谊故宅的荒凉萧条，以景衬悲。写贾谊遇到明君依然遭贬谪，自己的贬谪也就不必悲哀，豁达中悲愁更深。贾谊凭吊屈原，屈原不知，自己凭吊贾谊，贾谊也不知，悲凉之意又添一层。诗人面对幽寂的深山里秋叶飘落，不禁暗自神伤。

【注释】

①贾谊：西汉文帝时政治家、文学家，后被贬为长沙王太傅，长沙有其宅故址。

②刘长卿(？—789)：唐代诗人。

③谪宦：贬官。

④栖迟：居留。

⑤楚客：流落在楚地的客居者，指贾谊，也指自己。

⑥汉文：指汉文帝。他虽有明君之称，却不能重用贾谊。

⑦摇落：秋景荒凉。

⑧君：作者自指。

⑨到天涯：指被贬到极远的地方。

登柳州城楼寄漳汀封连^①四州刺史

柳宗元^②

城上高楼接大荒^③，海天愁思正茫茫。

惊风乱飐^④芙蓉水，密雨斜侵薜荔墙。

岭树重遮千里目，江流曲似九回肠。

共来百越文身地^⑤，犹自音书滞一乡。

大意： 永贞元年(805)，柳宗元、刘禹锡等人因参加王叔文领导的"永贞革新"失败被贬。十年后回长安，不久一行五人再次被贬到边远地区任职。柳宗元初到柳州任刺史时写了这首诗。通过对眼前景物的描写，托物寄兴，以"惊风""密雨"比喻恶势力，意在抨击政敌；以"岭树"重重、"江流"回曲比喻远望之难和思念之苦，哀怨忧愁之情溢于言表。

【注释】

①漳汀封连：漳州、汀州在今福建省；封州、连州在今广东省。

②柳宗元(773—819)：唐代文学家。

③大荒：旷野。

④飐(zhǎn)：吹动。

⑤百越：指岭南少数民族地区。文身地：意指蛮荒之地。

西塞山^①怀古

刘禹锡

王濬楼船下益州，金陵王气黯然收^②。

千寻铁锁沉江底，一片降幡出石头^③。

人世几回伤往事，山形依旧枕寒流。

从今四海为家日^④，故垒萧萧芦荻秋^⑤。

大意： 这首咏史诗写的是诗人怀古伤今，感慨人事。赴任和州，顺江而下，途经西塞山，不禁观景感怀，历史兴亡，不仅仅是西晋灭东吴，皆是山河依旧在，人事已全非。分裂最终要归于统一，即使有山川要塞也阻挡不住。

【注释】

①西塞山：在今湖北大冶县，长江中流要塞，三国时东吴曾在此设防。

②"王濬"二句：西晋益州刺史王濬(jùn)奉命为伐吴造战船，征讨东吴，吴国都城的王气便黯然消散。

③降幡(fān)：降旗。石头：石头城，曾是吴都的屏障。此处代指金陵。

④四海为家日：唐朝一统天下的时代。

⑤"故垒"句：只有芦苇在西塞山旧日营垒中飘摇。

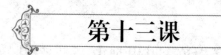

第十三课

独不见①

沈佺期②

卢家少妇郁金堂③，海燕双栖玳瑁梁④。
九月寒砧⑤催木叶，十年征戍忆辽阳。
白狼河北音书断，丹凤城⑥南秋夜长。
谁为含愁独不见，更教明月照流黄⑦。

大意：这首诗写的是少妇思夫，愁怨满怀。首联以郁金堂、玳瑁梁点染满屋华丽，海燕双栖尤为惹人"恼"，引出颔联思念远征辽阳的丈夫，十载分离，心愁冷比九月寒。颈联更是愁煞人，音信阻断，独守秋夜犹漫长。尾联借月表愁肠，明月不解人心苦闷，照入闺帷耀眼明亮，月明惹人愁更愁。

【注释】

①独不见：乐府歌曲名。诗题又名《古意呈乔补阙知之》。

②沈佺期（约656—约714）：唐代诗人。

③卢家少妇郁金堂：语出南朝梁武帝《河中之水歌》："卢家兰室桂为梁，中有郁金苏合香。"

④玳瑁梁：指屋梁。

⑤砧(zhēn)：捣衣石。

⑥丹凤城：京城的别称。此处指唐都长安。

⑦流黄：黄色和紫色相间的绢。此处指帷帐。

贫 女

秦韬玉①

蓬门②未识绮罗香③，拟托良媒益自伤。
谁爱风流④高格调，共怜⑤时世⑥俭梳妆。
敢将十指夸针巧⑦，不把双眉斗⑧画长。
苦恨年年压金线⑨，为他人作嫁衣裳。

大意：这首诗以未嫁贫女独白的形式，倾诉无助惆怅。家境贫寒，陋户蓬门，缊袍敝裳，从不识得绮罗香，没有人做红娘，愁煞适嫁人。虽然我有淑德在心，灵巧在手，也只得指牵针线，为别人做嫁衣裳。

【注释】

①秦韬玉：生卒年不详，唐代诗人。

②蓬门：指贫女破败的居所。

③绮罗香：指富贵女子的装束。

④风流：举止潇洒。

⑤怜：爱。

⑥时世：当代。

⑦敢将十指夸针巧：形容女子刺绣技艺精湛。

⑧斗：争。

⑨压金线：指刺绣。

白雪歌送武判官①归京

岑 参②

北风卷地白草③折，胡天④八月即飞雪。

忽如一夜春风来，千树万树梨花开。

散入珠帘湿罗幕⑤，狐裘不暖锦衾薄⑥。

将军角弓不得控⑦，都护铁衣冷难着⑧。

瀚海阑干百丈冰⑨，愁云惨淡万里凝。

中军⑩置酒饮归客，胡琴琵琶与羌笛。

纷纷暮雪下辕门⑪，风掣⑫红旗冻不翻。

轮台东门送君去，去时雪满天山路。

山回路转不见君，雪上空留马行处。

大意：天宝十三年(754)八月，岑参前往北庭担任节度判官，他的前任武判官即将回京城。这首边塞送别诗，描写边塞雪景，抒发送友情怀。强劲的北风席卷而来吹倒了白草，八月的塞北飘起了白雪，好像春风吹过，梨花竞相开放一般。雪花打湿了帐幕，寒冷的天气，使得狐皮锦缎显得单薄，将军的弓很难拉开，铠甲冰冷难着。大漠里寒冰深有百丈，万里阴云凝聚不动，主帅营帐中为归京的武判官摆酒、弹奏乐器送行。军营门前落满皑皑白雪，寒风奈何不了冻僵的红旗。就在轮台东门送你回京，天山的路被大雪覆盖，山回路转看不见你的身影，雪上只留下串串马蹄印。

【注释】

①判官：官职名，地方主官的僚属。

②岑参(约715—770)：唐代诗人。

③白草：西域牧草名，秋天变白色。

④胡天：指塞北一带的天空。

⑤罗幕：丝织的帐幕。

⑥狐裘：狐皮袍子。锦衾：锦缎做的被子。

⑦角弓：两端用兽角装饰的硬弓。控：拉开。

⑧都护：镇守边疆的长官。铁衣：铠甲。

⑨瀚海：沙漠。阑干：纵横交错的样子。

⑩中军：指主将。

⑪辕门：军营门。

⑫掣(chè)：拉，扯。

走马川行奉送封大夫出师西征①

岑 参

君不见走马川行雪海边，

平沙莽莽黄入天。

轮台②九月风夜吼，一川碎石大如斗，

随风满地石乱走。

匈奴草黄马正肥，金山西见烟尘飞，

汉家大将西出师。

将军金甲夜不脱，半夜军行戈相拨③，

风头如刀面如割。

马毛带雪汗气蒸，五花连钱旋作冰，

幕中草檄④砚水凝。

虏骑闻之应胆慑，料知短兵不敢接，

车师西门伫献捷⑤。

大意： 这是岑参为封常清天宝十三年(754)九月率兵西征突厥叛军而写的一首壮行诗。这首诗从有边地特征的景物来描写环境的恶劣，从而衬托出将士们不畏艰难、英勇抗敌的英雄气概。

你可曾看见那苍茫的雪海之畔，走马川辽阔得直接天地。那茫茫的黄沙与天相连，九月的轮台夜风嘶吼，吹起那斗大的碎石随着风沙肆虐。匈奴的牧草正肥，战马正烈，他们入侵使金山的西边烟尘四起。汉将西征，即使到了夜晚将军的铠甲仍不能脱下。时刻行军，刀戈相向，阵阵寒风如利刃割面。雪花凝固在战马身上，连同着寒气瞬间便凝结成冰。帐中起草的文书连砚台都冻成了冰。敌军听闻将军西征胆战心惊，料想他们不敢与我军短兵相接，在车师西门静等着捷报的传来。

第十四课

燕歌行 并序

高 适①

开元二十六年，客有从元戎出塞而还者，作《燕歌行》以示，适感征戍之事，因而和焉。

汉家烟尘在东北，汉将辞家破残贼。

男儿本自重横行，天子非常赐颜色。

拟金伐鼓下榆关②，旌旆③逶迤碣石间。

校尉羽书飞瀚海，单于猎火照狼山。

山川萧条极边土，胡骑凭陵④杂风雨！

战士军前半死生，美人帐下犹歌舞。

大漠穷秋塞草腓，孤城落日斗兵稀。

身当恩遇常轻敌，力尽关山未解围。

铁衣远戍辛勤久，玉箸⑤应啼别离后。

少妇城南欲断肠，征人蓟北⑥空回首。

边庭飘飖那可度，绝域苍茫更何有！

杀气三时作阵云⑦，寒声一夜传刁斗⑧。

相看白刃血纷纷，死节⑨从来岂顾勋？

君不见沙场争战苦，至今犹忆李将军！

【注释】

①高适（约700—765）：唐代诗人。

②拟（chuāng）金伐鼓：军中鸣金击鼓。榆关：即山海关。

③旌旆（pèi）：军中各种旗帜。

④凭陵：侵犯。

⑤玉箸（zhù）：玉制的筷子，古代形容妇女双流的眼泪。

⑥征人：指出征或戍边的军人。蓟（jì）北：泛指今河北东北部边地。

⑦阵云：战云。

⑧刁斗：古代军中铜制炊具，夜晚敲击巡更。

⑨死节：为国捐躯的志节。

大意：开元二十六(738)年，有从戎服役的朋友归来，作了一首《燕歌行》赠予我。我感慨于边疆戍边之苦，遂作了这首诗附和他。

东北境地，烽烟四起。大汉的将士们辞别家乡父老，誓破残贼。男儿志在沙场杀敌，天子也大加鼓励。敲锣打鼓中队伍开进了榆关，旗帜透迤穿梭在山石之间。校尉的加急文书飞过沙漠，书中称单于的侵略战火已经烧到了狼山。

山川的萧条已达边境，敌将来势汹汹，犹如狂风暴雨。战士们在前线奋勇杀敌，生死未卜，而将军们却仍在军帐中欣赏着美人的歌舞。大漠深秋的边塞蓬草已枯萎，夜幕笼罩孤城，驻守的士兵越来越少，身受皇恩的战士们拼死杀敌。尽管用尽气力，仍未能解关山之困。

身穿铁甲久戍边境，离别后的妻子在家中涕泪长流。少妇在长安城南思念征人肝肠欲断，征人在蓟北独自回望家乡。边疆长风万里怎能轻易度过，大漠远地更是少有人烟。白天战云密布杀气四起，夜晚刁斗声频传使人胆战心惊。

雪白的战刀上血迹斑斑，尽忠而死岂能顾及是否能受赏封官？你没见到那沙场上苦战的战士们，至今他们仍然在怀念爱兵如子的李广将军。

兵车行

杜 甫

车辚辚①，马萧萧，行人弓箭各在腰。

爷娘妻子②走相送，尘埃不见咸阳桥。

牵衣顿足拦道哭，哭声直上干③云霄。

道旁过者问行人，行人但云④点行频。

或从十五北防河，便至四十西营田。

去时里正与裹头，归来头白还戍边。

边庭流血成海水，武皇开边意未已。

君不闻汉家山东二百州，

千村万落生荆杞。

纵有健妇把锄犁，禾生陇⑤亩无东西。

况复秦兵耐苦战，被驱不异犬与鸡。

长者虽有问，役夫敢申恨？

且如今年冬，未休关西卒。

县官急索租，租税从何出？

信知⑥生男恶⑦，反是生女好。

生女犹得嫁比邻，生男埋没随百草。

君不见青海头，古来白骨无人收，

新鬼烦冤旧鬼哭，天阴雨湿声啾啾。

【注释】
①辚辚：车行声。
②妻子：妻子和儿女。
③干：冲。
④但云：只说。
⑤陇：通"垄"，田埂。
⑥信知：真的明白。
⑦恶：不吉利。

大意：这首诗借役夫的话，诉说了民众的痛苦和愤恨，对唐玄宗长期以来穷兵黩武、横征暴敛的行径进行了控诉。

车轮滚滚，马鸣萧萧，行人的腰间都佩带着弓箭。父母、妻子和儿女来送别，我满眼尘埃，看不见咸阳桥在何方。牵起衣角，捶胸顿足而哭泣，这哭声直上九霄。

过路时我向役夫询问，他说这征兵还没有尽头。有的从十五岁就去河北驻守，到了四十岁还要去西营屯田。离家时长辈还为我裹头，回来时已经是白发斑斑，却仍要被派去边防驻守。边境已经血流成河，可皇帝要开拓疆土的心思却丝毫未改。你难道没有听说过，山东以西的州地，千万个村庄早已成空，遍地生满荆棘，即便有健壮的妇女把锄耕种，可是庄稼在田垄上还是长得稀疏杂乱，更何况秦地士兵惯于征战，被东征西调仿佛逐狗驱鸡一般。

虽然您老人家询问，我这服役的征夫岂敢诉说怨恨？只说今年冬天，关西的士兵还在打仗，可官府就急着来索要租税。这租税从何而来？这个年头，生个男孩儿真是悲哀，反而不如生个女孩儿。生个女儿尚且能嫁给近邻，男孩儿却只能战死他乡，埋入荒原。你没看见那青海之边，自古以来白骨累累却无人来捡，旧鬼哭泣，新鬼喊冤，尤其是在阴天下雨时分，这哭声更是悲哀。

宣州谢朓楼①饯别校书叔云

李 白

弃我去者，昨日之日不可留；

乱我心者，今日之日多烦忧。

长风万里送秋雁，对此可以酣高楼。

蓬莱文章建安骨，中间小谢②又清发。

俱怀③逸兴壮思飞，欲上青天揽明月。

抽刀断水水更流，举杯消愁愁更愁。

人生在世不称意，明朝散发弄扁舟④。

【注释】

①谢朓（tiǎo）楼：在今安徽宣城市，为南朝齐诗人谢朓任宣城太守时所建。

②小谢：指谢朓。

③俱怀：两人都怀有。

④散发（fà）：去冠披发。弄扁舟：指隐居不仕。

大意：李白来到宣州，他的一位官为校书郎的族叔李云将要离去。这首诗是李白在谢朓楼为李云饯行而作，诗中表达了诗人怀才不遇的感慨。

昨日渐行渐远，已经不可挽留；扰乱我心的今日，却充满了无限烦忧。长风不远万里送来秋雁，对此秋景可以开怀畅饮酣醉高楼。校书的文章颇具建安风骨，我的诗如谢朓秀朗清新。我们二人心怀超脱的兴致，想登上九天摘下一轮明月。抽刀断水水流更加急切，举杯消愁愁上加愁。人生在世不能够称心如意，不如驾着小舟浪迹天涯。

将进酒①

李 白

君不见黄河之水天上来，
奔流到海不复回。
君不见高堂明镜悲白发，
朝如青丝暮成雪。
人生得意须尽欢，莫使金樽空对月。
天生我材必有用，千金散尽还复来。
烹羊宰牛且为乐，会须一饮三百杯。
岑夫子，丹丘生，
将进酒，杯莫停。
与君歌一曲，请君为我倾耳听。
钟鼓馔玉②不足贵，但愿长醉不愿醒。
古来圣贤皆寂寞，惟有饮者留其名。
陈王昔时宴平乐，斗酒十千恣欢谑③。
主人何为言少钱，径须沽取④对君酌。
五花马，千金裘，
呼儿将出换美酒，与尔同销万古愁。

【注释】

①将进酒：汉乐府旧题。将（qiāng）：请。

②钟鼓馔（zhuàn）玉：泛指富贵豪华的生活。钟鼓：古代富贵人家宴会时所奏的乐器。馔玉：珍贵的食物。

③恣（zì）欢谑（xuè）：纵情地欢乐。

④沽（gū）取：买来。

大意：这首诗借酒抒怀，抒发了失望与自信、悲愤与抗争的人生感慨，表现出诗人豪迈洒脱的性情。

你可曾看到，黄河之水仿佛从天上而来，奔流入海不再回来。你可曾看到，高堂之上对着明镜悲叹白发丛生，早晨还是乌黑的头发，傍晚便已经白发如雪。人生得意之时，应纵情欢乐，不要让这金杯无酒空对明月。天生我栋梁之材必有大用，千金用尽还会再来。杀羊宰牛尽情欢乐，应当喝上个三百杯。

岑夫子，丹丘生，快喝酒，不要停。我为大家高歌一曲，请各位仔细来听。钟鸣鼎食的富贵生活不必在意，只愿饮酒长醉不想再清醒。自古以来，圣贤都是寂然无声的，只有寄情于美酒的人才能留下美名。陈王曹植从前在平乐观举行宴会，一斗酒值万钱也要纵情豪饮尽欢颜。主人你何必说钱财已少，快去买酒，我们还要一醉方休。牵去这五花马，拿走这千金裘，统统换成美酒来，让我们共同消解这万古千愁。

行路难(其一)

李 白

金樽清酒斗十千①，玉盘珍羞直万钱②。
停杯投箸③不能食，拔剑四顾心茫然。
欲渡黄河冰塞川，将登太行雪满山。
闲来垂钓碧溪上，忽复乘舟梦日边④。
行路难，行路难，多歧路，今安在⑤？
长风破浪⑥会有时，直挂云帆⑦济沧海。

大意：《行路难》是天宝三年(744)李白遭受谗毁离开长安南下时所作,诗中忧郁悲愤的情绪与乐观豪迈的气概相互交织,诗的主旋律昂扬激越。《行路难》共三首,本诗是其中一首。

金杯中盛满了昂贵的美酒,玉盘里有着美味佳肴,我却不能下咽,拔出宝剑环顾四周,心里茫然。准备渡过黄河,河川却被冰封,想要登上太行山,山路被大雪堆满。姜太公受赏前,曾在溪边垂钓;伊尹受聘前,曾做过乘舟绕日月的梦。行路难啊,行路难,世上的路千万条,我该走哪一条?总有一天我会乘长风破万里浪,挂上云帆,横渡沧海,到达理想的彼岸。

【注释】

①樽(zūn)：古代盛酒的器具。斗十千：一斗值十千钱,形容酒美价高。

②珍羞：珍贵的菜肴。羞：同"馐",美味的食物。直：同"值",价值。

③箸(zhù)：筷子。

④"闲来"二句：表示诗人自己对仕途仍有所期待。这两句用典：姜太公吕尚曾在渭水的磻溪上钓鱼,得遇周文王,助周灭商;伊尹曾梦见自己乘船从日月旁边经过,后被商汤起用,助商灭夏。

⑤"多歧路"二句：岔道这么多,如今身在何处? 安：哪里。

⑥长风破浪：比喻实现远大理想。

⑦云帆：高高的船帆。

大意：《蜀道难》袭用乐府古题，意在送友人入蜀。诗人展开丰富的想象，着力描绘秦蜀道路上奇峻山川的惊险与壮丽。

啊！又高又险！这蜀道难走，简直比上天还难！

传说中蚕丛和鱼凫建立了蜀国，这历史久远从何而谈。自那时至今已有四万八千年，蜀国与秦地的阻断却从来无人通过。西边的太白山或许还有小鸟能飞过的小路，从那小路上还可以横过峨眉的山顶。传说中山崩地裂，壮士已死，才能有这天梯栈道相连。

上有能挡住太阳的高山，下有激浪汹涌的大川，黄鹤纵然善于飞翔尚且不能通过，猿猱善爬却也无处可攀。青泥曲折，山岭盘旋，百步之路就有九道折弯。伸手似乎能摸到参井星，这高度令人屏住呼吸，几乎喘不过气来，禁不住手拍胸膛连声长叹。我的好友啊，请问你去西方游历何时能回还？这可怕的岩道实在是高不可攀。只听见众鸟悲号在丛林之间回荡，雄雌追随在丛林之间。又听到杜鹃啼血空对月，满山都是荒凉和无尽的愁苦和悲哀。

这蜀道难行啊，难于上青天！叫人听到无不为之色变。山峰连绵与天相接，山与天的距离仿佛不到一尺，枯败的树枝倒挂在绝壁之间，瀑布飞泻溅起一阵喧嚣，水石相撞如空谷鸣雷。如此艰险的蜀道，唉，你这来自远方的客人为何要来此地涉险？

剑阁巍峨高入云端，只要一人把守，千军万马都过不来。驻守的官员或许是皇帝的亲信，个个如狼似豹。清晨你要躲避猛虎，夜间你要小心毒蛇之灾。那豺狼正磨牙吮血，那猛兽杀人无数。锦官城虽说是个好地方，但如此险恶，你不如早早回家去吧。

这蜀道难走，难于上青天！侧身望去，仍不免长声慨叹。

蜀道难

李白

噫吁嚱①，危乎高哉！

蜀道之难，难于上青天！

蚕丛及鱼凫②，开国何茫然。

尔来四万八千岁，不与秦塞通人烟。

西当太白有鸟道，可以横绝峨嵋巅。

地崩山摧壮士死，然后天梯石栈相钩连。

上有六龙回日之高标，下有冲波逆折之回川。

黄鹤之飞尚不得过，猿猱欲度愁攀缘。

青泥何盘盘，百步九折萦岩峦。

扪参历井仰胁息，以手抚膺坐长叹。

问君西游何时还，畏途巉岩不可攀。

但见悲鸟号古木，雄飞雌从绕林间。

又闻子规啼夜月，愁空山。

蜀道之难，难于上青天，使人听此凋朱颜。

连峰去天不盈尺，枯松倒挂倚绝壁。

飞湍瀑流争喧豗③，砯崖转石万壑雷。

其险也如此，嗟尔远道之人胡为④乎来哉！

剑阁峥嵘而崔嵬，一夫当关，万夫莫开。

所守⑤或匪亲⑥，化为狼与豺。

朝避猛虎，夕避长蛇，

磨牙吮血，杀人如麻。

锦城⑦虽云乐，不如早还家。

蜀道之难，难于上青天，侧身西望长咨嗟⑧。

【注释】

①噫吁嚱(yī xū xī)：惊叹声，蜀方言。

②蚕丛、鱼凫(fú)：传说中古蜀国两位国王的名字。

③喧豗(huī)：喧闹声，这里指水流轰响声。

④胡为：为什么。

⑤所守：指把守关口的人。

⑥或匪亲：倘若不是可信赖的人。匪：同"非"。

⑦锦城：今四川成都。古时以产锦闻名，故称锦城或锦官城。

⑧咨嗟：叹息。

大意：这是一首记梦游仙诗，是诗人离开山东南游吴越时所作。诗中通过梦游，抒发了对名山大川和神仙世界的向往，对自由和理想生活的追求。

常年往返于海上的人们谈论起瀛洲，烟雾迷茫，无影无踪。常年居住在越地的人们谈起天姥山，在霞光之中似乎若隐若现。那天姥山高耸入云，横向天外，与天相接。那高高的山势甚至超过五岳，连赤城山也能比得过。据说天台山高四万八千丈，但是对着天姥山也向东南倾斜似乎要拜倒。

我因此想梦游吴越之地，在一天夜里就飞渡明月照耀下的镜湖。那月光倒映我的影子，一直将我送到剡溪。谢公住的地方现在还在，只见清水微微，猿猴长啼。我穿着当年谢公制作的木鞋，攀登上如天梯一样的石阶。在半山腰就看见了海上的日出，此刻天空中正传来清晨的第一声鸡鸣。山路难走，不辨方向，我正倚着岩石想欣赏山花，不知何时天色已晚。熊咆龙吟仿佛震动了山间的泉水，连那茂密的树林也为之震颤。天黑沉沉的将要下雨，水波上仿佛升起一层烟雾。电闪雷鸣，山崩欲裂，神仙的石门突然间从中裂开。天色黑得看不到洞底，日月照耀着金银台。以虹为衣，以风为马，云中的神仙们纷纷下得凡间。以虎弹琴，以凤拉车，仙人列队迎接我。忽然惊醒，仰天长叹，醒来时只看见身边的枕头，刚才的景象全然不见。

人世间的欢乐不过如此，所有的事都像这滚滚东流的水一样一去不返。今天和你分别不知何时回来，暂且把白鹿先放养在这青山之间，等到再游览时骑上它去游历名山大川。我怎么能低眉弯腰去侍奉那些权贵，使我整日郁郁寡欢！

梦游天姥①吟留别

李 白

海客谈瀛洲②，烟涛微茫信难求；

越人③语天姥，云霞明灭或可睹。

天姥连天向天横，势拔五岳掩赤城。

天台四万八千丈，对此欲倒东南倾。

我欲因之梦吴越④，一夜飞度镜湖⑤月。

湖月照我影，送我至剡溪⑥。

谢公⑦宿处今尚在，渌水荡漾清猿啼。

脚著谢公屐，身登青云梯⑧。

半壁见海日，空中闻天鸡。

千岩万转路不定，迷花倚石忽已暝。

熊咆龙吟殷岩泉，栗深林兮惊层巅。

云青青兮欲雨，水澹澹兮生烟。

列缺⑨霹雳，丘峦崩摧。

洞天石扉，訇然中开。

青冥浩荡不见底，日月照耀金银台⑩。

霓为衣兮风为马，云之君兮纷纷而来下。

虎鼓瑟兮鸾回车，仙之人兮列如麻。

忽魂悸⑪以魄动，恍惊起而长嗟。

惟觉时之枕席，失向来之烟霞。

世间行乐亦如此，古来万事东流水。

别君去兮何时还？且放白鹿青崖间，

须行即骑访名山。

安能摧眉折腰事权贵，使我不得开心颜？

【注释】

①天姥(mǔ)：山名，在今浙江新昌县东。

②海客：浪迹海上之人。瀛洲：古代传说中的东海三座仙山之一，另两座叫蓬莱和方丈。

③越人：指浙江一带的人。

④吴越：吴国和越国。在今江苏、浙江一带。此处指越地。

⑤镜湖：即鉴湖，在今浙江绍兴。

⑥剡(shàn)溪：在今浙江绍兴嵊州市南。

⑦谢公：指南朝宋诗人谢灵运。

⑧青云梯：形容高耸入云的山路。

⑨列缺：闪电。

⑩金银台：金银筑成的宫阙，指神仙居住的地方。

⑪忽魂悸：从梦中惊醒，长叹不已。

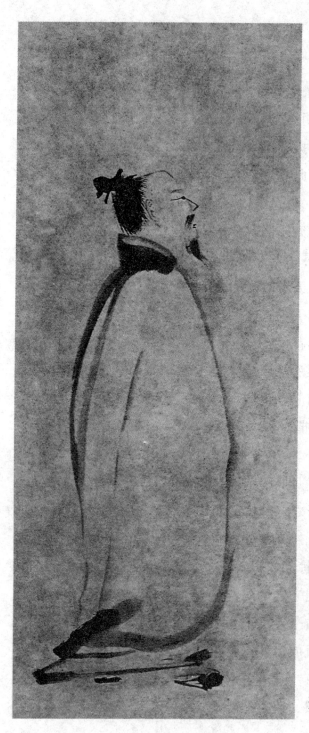

李白行吟图（南宋·梁楷）

古代诗词

（九年级适用）

《诗经》简介

　　《诗经》是中国第一部诗歌总集，收录了自西周初期至春秋中叶（约前11世纪至前6世纪）约五百年间的诗歌305篇，这部诗集本来只称为《诗》或《诗三百》，汉代被尊奉为儒家经典的"五经"之一，因此称为《诗经》。周代是四言诗时代，《诗经》的作品一般是四言一句，两字一拍，每句两拍。《诗经》作品原来都是配乐歌唱的，后来乐谱失传，如今看到的《诗经》实际上是一部歌词集。

　　《诗经》按照音乐性质的不同，分为风、雅、颂三类。风即音乐曲调，国风是中部、北部十五个地区的地方曲调及其民歌。雅即正，指朝廷正乐，是宫廷宴会或朝会时演奏的乐歌，作者多为贵族文人或士大夫，分为大雅、小雅。大雅多为歌功颂德之乐，小雅多为题材广泛的个人抒怀和讽刺之乐。颂为宗庙祭祀的歌曲，分为周颂、鲁颂、商颂。

　　《诗经》的作品内容题材丰富，涉及劳动与爱情、战争与徭役、压迫与反抗、风俗与婚姻、祭祀与宴会等诸多方面，是周代社会生活面貌的形象反映。《诗经》表现出的关注现实的热情、强烈的政治和道德意识、真诚积极的人生态度，为战国时期伟大诗人屈原所继承和发扬，被后人概括为具有高贵典雅文化气度的"风雅"精神。

　　《诗经》在春秋时代曾广泛用于政治外交事务、社会交往、典礼仪式等各种场合。各国公卿大夫或外交使节常引用《诗经》中的诗句来表达自己的见解和愿望。《诗经》当时也用作教育贵族子弟的教材。孔子有"不学诗，无以言"之说。

　　《诗经》是中国诗歌现实主义的源头，其内容题材和赋、比、兴的艺术创作手法，为后世提供了借鉴。《诗经》传承千载，经典崇高，对中华民族几千年的思想文化、文学艺术都产生了非常深远的影响。

关雎

关关①雎鸠②，在河之洲③。
窈窕④淑女，君子好逑⑤。

参差⑥荇菜⑦，左右流⑧之。
窈窕淑女，寤寐⑨求之。
求之不得，寤寐思服⑩。
悠哉悠哉，辗转反侧。

参差荇菜，左右采之。
窈窕淑女，琴瑟友之。
参差荇菜，左右芼⑪之。
窈窕淑女，钟鼓乐之。

【注释】
①关关：拟声词，鸟叫声。
②雎鸠(jū jiū)：一种水鸟。
③洲：水中陆地。
④窈窕（yǎo tiǎo)：形容女子文静而美好的样子。
⑤好(hǎo)逑：好的配偶。
⑥参差(cēn cī)：长短不齐的样子。
⑦荇(xìng)菜：一种水草。叶浮在水面,根生在水底。
⑧流：捞取。
⑨寤(wù)：醒来。寐(mèi)：睡着。
⑩思服：思念。服：想。
⑪芼(mào)：挑选。

大意：《关雎》选自《诗经·周南》,是《诗经》中的第一篇。一位男子喜欢上了河边采水草的姑娘,从没追求到这位姑娘时的日夜思念,到演奏乐器来亲近她、取悦她,表现了一种单纯而美好的感情。

关关叫着的雎鸠鸟啊,成双结对地栖息在河中的小洲上。那美丽文静的姑娘,是君子的好配偶,她正顺着水流在船的左右两边捞取长短不齐的荇菜。

美丽的姑娘啊,无论醒着还是梦里我都在思念你、都想追求你,却追求不到。这相思悠长深远,让我翻来覆去都睡不着觉。

顺着水流在船的左右两边采摘长短不齐的荇菜,美丽的姑娘啊,弹琴鼓瑟来亲近她。顺着水流在船的左右两边择取长短不齐的荇菜,美丽的姑娘啊,敲钟击鼓来取悦她。

蒹葭

蒹葭①苍苍②，白露为霜。

所谓伊人③，在水一方。

溯洄④从之，道阻且长。

溯游⑤从之，宛在水中央。

蒹葭萋萋⑥，白露未晞⑦。

所谓伊人，在水之湄⑧。

溯洄从之，道阻且跻⑨。

溯游从之，宛在水中坻⑩。

蒹葭采采⑪，白露未已。

所谓伊人，在水之涘⑫。

溯洄从之，道阻且右⑬。

溯游从之，宛在水中沚⑭。

【注释】

①蒹葭(jiānjiā)：芦苇。
②苍苍：茂盛的样子。
③伊人：那人，指心中思念的人。
④溯洄：逆流而上。
⑤溯游：顺流而下。
⑥萋萋：草茂盛的样子。
⑦晞(xī)：干。
⑧湄(méi)：水边，岸旁。
⑨跻(jī)：(路)高而陡。
⑩坻(chí)：水中的小块陆地，小沙滩。
⑪采采：茂盛鲜明的样子。
⑫涘(sì)：水边。
⑬右：向右拐，比喻迂回曲折。
⑭沚(zhǐ)：水中小洲。

大意：芦苇茂盛，清晨的露水已凝结成霜。我思念的那个人，就在河水的另一边。逆着水流去找她，道路险阻又漫长。顺着水流去找她，她仿佛在水中央。

芦苇繁密，清晨的露水还没晒干。我思念的那个人，就在岸边。逆着水流去找她，道路险阻高难攀。顺着水流去找她，她仿佛在水中的小沙滩上。

芦苇众多，清晨的露水还没有消失。我思念的那个人，就在水边。逆着水流去找她，道路险阻而曲折。顺着水流去找她，她仿佛在水中的小洲上。

这首诗选自《诗经·秦风》，全诗分三章，反复咏叹，由于河水的阻隔，只能看着自己的意中人，却无法到达她的身边，字里行间弥漫着诗人的感伤心绪。"所谓伊人，在水一方"常被后人引用，比喻美好的事物如镜花水月，只能看着却无法得到。

木 瓜

投我以木瓜①，报之以琼琚②。
匪③报也，永以为好也。

投我以木桃，报之以琼瑶。
匪报也，永以为好也。

投我以木李，报之以琼玖。
匪报也，永以为好也。

大意： 你送我木瓜，我赠你美玉。这不是回报，而是要永远和你相好。你送我木桃，我赠你美玉。这不是回报，而是要永远和你相好。你送我木李，我赠你美玉。这不是回报，而是要永远和你相好。

这首诗选自《诗经·卫风》，从形式看沿袭了《诗经》重章叠句、回环复沓的手法，琼琚、琼瑶、琼玖都是不同形式的美玉，木瓜、木桃、木李也是同一科的植物，每章的字相差不多，反复吟唱，表达的感情却越来越浓。或许在作者看来，物品的本身价值并不重要，而人与人之间的情感才是更重要的。

无 衣

岂曰无衣？与子同袍①。王②于兴师，修我戈矛。与子同仇。

岂曰无衣？与子同泽③。王于兴师，修我矛戟。与子偕④作。

岂曰无衣？与子同裳⑤。王于兴师，修我甲兵⑥。与子偕行。

【注释】
①袍：长袍。
②王：这里指秦君。一说指周天子。
③泽：内衣，类似现在的汗衫。
④偕：一起。
⑤裳：下衣，这里指战裙，有护腿足的作用。
⑥甲兵：铠甲和兵器。

大意：谁说没有衣裳？和你同披那长袍。君王要发兵打仗，修整我的戈和矛，和你一起应对仇敌。

谁说没有衣裳？和你同穿那衣衫。君王要发兵打仗，修整我的矛和戟，和你一起出发。

谁说没有衣裳？和你共用那战装。君王要发兵打仗，修整我的铠甲和兵器，和你一起上战场。

这首诗选自《诗经·秦风》，是一首反映秦国士兵团结互助、共御外敌的军中战歌。诗歌以整齐的四言句式，采用循环往复、层层递进的方式，从心理上与你同仇，到修整甲兵，与你一起上战场杀敌，字里行间洋溢着昂扬的斗志和战斗的激情。

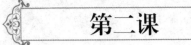

鹤 鸣

鹤鸣于九皋①，声闻于野。鱼潜在渊，或在于渚②。乐彼之园，爰③有树檀，其下维萚④。它山之石，可以为错⑤。

鹤鸣于九皋，声闻于天。鱼在于渚，或潜在渊。乐彼之园，爰有树檀，其下维榖⑥。它山之石，可以攻玉。

【注释】

①九皋（gāo）：皋，沼泽；九，虚指，极言其多。

②渚（zhǔ）：水中小块陆地。

③爰：助词，没有实际意义。

④萚（tuò）：枯落的枝叶。

⑤错：打磨玉器用的粗磨石。

⑥榖（gǔ）：树名，即楮树。

大意： 这首诗选自《诗经·小雅》，全诗共分两章，每章九句，即景抒情。

仙鹤在沼泽上鸣叫，它的叫声传遍整个原野。鱼儿有时在深水里游，有时在浅水边停留。那是一座乐园啊，园里长着高大的檀树，下面堆满了落叶。乐园附近有座山，山上的石头可以用来做磨玉的工具。

仙鹤在沼泽上鸣叫，它的声音传到广阔的天空。鱼或在浅水边停留，或在深水里游。那是一座乐园啊，园里长着高大的檀树，下面是楮树。乐园附近有座山，山上的石头可以用来磨制玉器。

鹿 鸣

呦呦①鹿鸣，食野之苹②。我有嘉宾，鼓瑟吹笙。吹笙鼓簧，承筐是将③。人之好我，示我周行④。

呦呦鹿鸣，食野之蒿⑤。我有嘉宾，德音孔昭⑥。视民不恌⑦，君子是则⑧是效。我有旨⑨酒，嘉宾式燕以敖⑩。

呦呦鹿鸣，食野之芩⑪。我有嘉宾，鼓瑟鼓琴。鼓瑟鼓琴，和乐且湛⑫。我有旨酒，以燕乐嘉宾之心。

【注释】

①呦呦(yōu)：鹿的叫声。

②苹：蒿草。

③承筐：指奉上礼品。将：送，献。

④周行(háng)：大道，引申为大道理。

⑤蒿：青蒿。

⑥德音：美好的品德声誉。孔：很。

⑦视：同"示"。恌：同"佻"。

⑧则：法则，楷模。

⑨旨：甘美。

⑩燕：同"宴"。敖：同"遨"，嬉游。

⑪芩(qín)：水芹，蒿类植物。

⑫湛(zhàn)：深厚。

大意：这首诗选自《诗经·小雅》，《鹿鸣》是贵族宴饮宾客的乐歌。

群鹿呦呦鸣叫，来吃原野上的蒿草。我有满座宾客，弹琴吹笙热闹非凡。席间吹笙又鼓簧，礼品成筐送上来。众位宾客多关爱，为我指点大道理。

群鹿呦呦鸣叫，来吃原野上的青蒿。我有嘉宾贵客，品德高尚名声好。教人忠厚不轻佻，君子榜样要仿效。我有美酒和佳肴，宾客宴饮更欢畅。

群鹿呦呦鸣叫，来吃原野上的芩草。我有高雅贵客，鼓瑟弹琴真快乐。鼓瑟弹琴相邀，宾主欢乐都尽兴。我有美酒和佳肴，宾客宴饮乐开怀。

《鹿鸣》这首诗格调高雅，节奏欢快，语气亲切，喜气洋溢。作为一首优秀的宴客诗，对后世颇有影响。曹操的名篇《短歌行》曾引用了《鹿鸣》的前四句，以表达自己求贤若渴的政治抱负。古代朝廷招待新举进士的宴会亦称为"鹿鸣宴"。

第三课

观沧海

曹　操①

东临碣石，以观沧海②。

水何澹澹③，山岛④竦峙⑤。

树木丛生，百草丰茂。

秋风萧瑟，洪波涌起。

日月之行，若出其中；

星汉⑥灿烂，若出其里。

幸甚至哉，歌以咏志⑦。

【注释】

①曹操（155—220）：东汉末政治家、军事家、诗人。

②沧海：在这里指渤海。

③澹澹（dàn）：水波动荡的样子。

④山岛：指碣石山，在渤海边上。

⑤竦峙（sǒng zhì）：耸立。

⑥星汉：银河，天河。

⑦"幸甚"两句：是乐府诗的一种形式性结尾。

大意：《观沧海》是曹操创作的组诗《步出夏门行》（共四章）的第一章。

东汉建安年间，曹操以少胜多，击退了袁绍。袁绍残部逃到乌桓（当时居住在辽西一带的一个少数民族政权），想得到乌桓的支持，以求东山再起。曹操乘胜追击，征讨乌桓。建安十二年（207），曹操挥鞭北指，所向披靡，大败乌桓。得胜归途中，曹操登上碣石山，观看渤海壮丽景色，意气昂扬，挥笔而就《观沧海》。这首诗意境开阔，气势雄浑，反映了作者踌躇满志、叱咤风云的英雄气概。

龟虽寿

曹 操

神龟虽寿，犹有竟①时；
腾蛇②乘雾，终为土灰。
老骥伏枥③，志在千里；
烈士暮年④，壮心不已。
盈缩⑤之期，不但在天；
养怡⑥之福，可得永年⑦。
幸甚至哉，歌以咏志。

【注释】

①竟：终结，这里指死去。

②腾蛇：传说中与龙同类的神物，能腾云驾雾。

③骥(jì)：良马，千里马。枥(lì)：马槽。

④烈士：有远大抱负的人。暮年：晚年。

⑤盈缩：指人的寿命的长短。

⑥养怡：保养身心健康。

⑦永年：长寿。

大意：这首诗是《步出夏门行》的第四章。神龟的寿命虽然十分长久，但也还有生命终结的时候。腾蛇尽管能乘雾飞行，终究也会死亡化为土灰。年老的千里马伏在马槽上，它的志向仍然是一日驰骋千里。有远大抱负的志士到了晚年，奋进的雄心壮志仍然不会止息。人的寿命长短不完全取决于天，只要保持身心健康就能益寿延年。

诗中"老骥伏枥，志在千里；烈士暮年，壮心不已"是千古传诵的名句，作者以年老的千里马自比，字里行间蕴含着一股自强不息的豪迈气概。

短歌行

曹 操

对酒当歌，人生几何！

譬如朝露，去日苦多。

慨当以慷，忧思难忘。

何以解忧？唯有杜康①。

青青子衿，悠悠我心②。

但为君故，沉吟至今。

呦呦鹿鸣，食野之苹。

我有嘉宾，鼓瑟吹笙。

明明如月，何时可掇③？

忧从中来，不可断绝。

越陌度阡④，枉用相存。

契阔谈宴⑤，心念旧恩。

月明星稀，乌鹊南飞。

绕树三匝，何枝可依？

山不厌高，海不厌深。

周公吐哺，天下归心。

【注释】

①杜康：相传是最早造酒的人，这里代指酒。

②青青子衿(jīn)，悠悠我心：出自《诗经·郑风·子衿》。原写姑娘思念情人，这里用来比喻渴望得到有才学的人。

③掇（duō）：拾取，摘取。

④越陌度阡：穿过纵横交错的小路。陌：东西向的田间小路。阡：南北向的田间小路。

⑤契阔谈宴：久别重逢，欢饮畅谈。契阔：聚散，这里指久别重逢。

大意：《短歌行》是汉乐府一个乐曲的名称。曹操在其政治活动中，曾强调"唯才是举"，先后发布了许多"求贤令"；而《短歌行》实际上就是一曲"求贤歌"。诗中的"青青子衿，悠悠我心"表现了他对贤才的渴望；"山不厌高，海不厌深，周公吐哺，天下归心"则反映了他广纳人才的胸怀和一统天下的雄心。

长歌行

汉乐府

青青园中葵，朝露待日晞①。

阳春布②德泽③，万物生光辉。

常恐秋节至，焜黄④华叶衰。

百川东到海，何时复西归？

少壮不努力，老大徒伤悲！

大意：乐府是自秦代以来设立的朝廷音乐机构。汉武帝时的乐府规模较大，其职能是掌管宫廷所用音乐，兼采民间歌谣和乐曲。魏晋以后，将汉代乐府机构搜集演唱的诗歌统称为乐府诗。长歌行是指"长声歌咏"为曲调的自由式歌行体。

这首汉乐府诗，是劝诫世人惜时奋进的名篇。园中葵叶上滚动着露珠，在春天的阳光、雨露滋润下，万物都在闪耀着生命的光辉。恐怕到了秋天，则花落叶衰草枯黄。百川东流到大海，何时还能回流呢？青少年时不努力，到老了也只能是叹息和悲伤。这首诗借抒写万物盛衰的自然景象，告诫人们珍惜宝贵时光，勤奋努力，有所作为。

第四课

归园田居（其三）

陶渊明①

种豆南山下，草盛豆苗稀。
晨兴理荒秽②，带月荷锄③归。
道狭草木长，夕露沾我衣。
衣沾不足惜，但使愿无违。

【注释】

①陶渊明（约365—427）：东晋诗人。

②兴：起床。荒秽(huì)：指田里的杂草。

③荷(hè)锄：扛着锄头。荷，扛着。

大意：《归园田居》是作者的组诗，共五首，这是其中第三首。在南山下种豆，杂草茂盛而豆苗却稀少。早晨起来就到田间锄草，月亮升起时才扛着锄头回家。狭窄的山路上草木丛生，傍晚的露水把衣裳都打湿了。衣裳被打湿没什么可惜的，只要满足我的意愿就行了。这首诗生动描写了作者在农田劳动的体验，抒发了作者辞官归隐田园的愉快心情。

饮　酒（其五）

陶渊明

结庐①在人境，而无车马喧。
问君何能尔②？心远③地自偏。
采菊东篱下，悠然④见南山。
山气日夕佳，飞鸟相与⑤还。
此中有真意，欲辨已忘言。

【注释】

①结庐：建造房屋，这里指居住。

②君：指诗人自己。尔：这样。

③心远：这里指对世俗的名利争夺采取淡然与超脱的态度。

④悠然：悠闲的样子。

⑤相与：结伴。

大意：《饮酒》是组诗，共二十首，这是其中的第五首。在人来人往的环境居住，却感受不到车马的喧闹。只要心远离世俗，居住的环境自然变得僻静。东篱下采菊，不经意间就看到了南山。傍晚时分，山色秀丽，成群的鸟儿结伴飞回山林。这其中自然有生命的真谛，而要把它描述出来，却找不到合适的语言。最后两句揭示全诗的主旨，诗人领悟到远离官场、归隐田园才是人生的真谛。

杂 诗

陶渊明

人生无根蒂①，飘如陌②上尘。

分散逐风转，此已非常身。

落地为兄弟，何必骨肉亲！

得欢当作乐，斗③酒聚比邻。

盛年④不重来，一日难再晨。

及时当勉励，岁月不待人。

【注释】

①蒂(dì)：瓜、果、花与枝茎相连的部分叫蒂。

②陌：田间东西方向的小路，这里泛指路。

③斗：酒器。

④盛年：壮年。

大意： 这首诗是陶渊明《杂诗》十二首中的第一首。人生在世也就像飘浮在路上的尘土，没有根蒂。生命随风转向历尽艰难，已经不是原来的样子。相逢即当视为兄弟，何必非要亲生弟兄才能相亲相爱。遇到高兴的事就应当作乐，有酒就邀近邻共饮。精力充沛的岁月不会重来，一天只有一个早晨。年轻时应勤奋努力，抓紧时间多做有意义的事情。

商山①早行

温庭筠②

晨起动征铎③，客行悲故乡。

鸡声茅店月，人迹板桥霜。

槲④叶落山路，枳⑤花明驿墙。

因思杜陵⑥梦，凫雁满回塘⑦。

【注释】

①商山：又称楚山，在今陕西商洛东南。

②温庭筠(约801—866)：唐代诗人。

③铎(duó)：悬挂在车马上的铃铛。

④槲(hú)：一种落叶乔木。

⑤枳(zhǐ)：一种落叶灌木。

⑥杜陵：汉宣帝的陵墓，这里借指长安。

⑦凫(fú)：野鸭。回塘：边沿曲折的池塘。

大意： 这首诗形象地描绘出一幅山村清晨的图画，抒发了在旅途中的思乡之情。清晨驿店外传来车马行进的铃铛声，在旅途上难免时常思念故乡。鸡叫声从月下的茅屋中传出，足迹印在铺满白霜的桥上。枯黄的槲叶飘落在山路上，雪白的枳树花开放在驿店的墙角边。忆起昨夜梦里回到故乡长安，也许野鸭和大雁已经挤满了沿岸曲折的池塘。

第五课

羌村三首（其一）

杜 甫①

峥嵘②赤云西，日脚③下平地。

柴门鸟雀噪，归客千里至。

妻孥④怪我在，惊定还拭泪。

世乱遭飘荡，生还偶然遂⑤。

邻人满墙头，感叹亦歔欷⑥。

夜阑⑦更秉烛，相对如梦寐⑧。

【注释】

①杜甫(712—770)：唐代诗人。

②峥嵘：山势高峻,这里形容云峰。

③日脚：透过云缝照射下来的光柱。

④妻孥(nú)：妻子和儿女。

⑤遂：如愿以偿。

⑥歔(xū)欷(xī)：哽咽、悲泣之声。

⑦夜阑：深夜。

⑧梦寐：在梦中。

大意： 公元756年安史之乱时,作者携家人寄居羌村(今陕西富县南)。第二年作者刚上任左拾遗,因上书援救被罢相的房琯而触怒唐肃宗,被贬赦回家。《羌村三首》就是诗人这次回家所作。这组诗三首,该诗为其一。

这首诗写的是作者到家后全家悲喜交集的情景。前四句写作者夕阳西下回到羌村的情景。傍晚时分火烧云翻滚着向西飘移,太阳的余晖穿过云缝斜射到地面,寂静村落里受惊的鸟儿喳喳叫个不停,被惊动的妻子出门一看竟是千里归来的丈夫。诗的后八句写夫妻相见后的场面。丈夫突然而至使妻子不禁悲喜交加流下眼泪,兵荒马乱的年代竟能如愿回家团聚也很满足。邻居们赶来探望,发出阵阵叹息声。夜晚与妻子掌灯对坐,似乎这一切发生在梦里。

题弟侄书堂

杜荀鹤①

何事居穷道不穷②，乱时还与静时同③。

家山虽在干戈④地，弟侄常修礼乐⑤风。

窗竹影摇书案上，野泉声入砚池中。

少年辛苦终身事，莫向光阴惰寸功。

大意：这是杜荀鹤为侄子的书堂所题的诗。开篇指出侄子在纷乱的世道中依然能够修身立德，勤奋学习，以此来赞美书堂主人独特的精神风貌。"家山虽在干戈地"，仍要"常修礼乐风"。对比之中既表明侄子的勤勉好学，更显出他高洁的品格。最后诗人劝诫侄子不要荒废时光和学业，表达了长辈对晚辈的殷切期望。

【注释】

①杜荀鹤（846—904）：唐代诗人。

②居穷道不穷：处于穷困之境仍注重修身立德。

③乱时：战乱时期。静时：和平时期。

④干戈：这里代指战争。

⑤礼乐（yuè）：这里指儒家思想。

上李邕①

李 白②

大鹏一日同风起，扶摇直上九万里。

假令风歇时下来，犹能簸却沧溟水③。

世人见我恒殊调④，闻余大言⑤皆冷笑。

宣父⑥犹能畏后生，丈夫未可轻年少。

大意：开元七年，李白游渝州拜谒李邕时，李邕看李白年轻气傲，对他很冷淡。李白在临别时写了这首态度颇不客气的诗，以示回敬。前四句李白以大鹏自比，大鹏总有一天会乘风飞起，凭借风力飞上九天云外。如果风停了，大鹏飞下来，其力量之大还能将沧海之水簸起。后四句是对李邕怠慢态度的回答。世人见我好发表不同凡响的言论，听了我的豪言壮语都冷笑不止。孔圣人还说后生可畏，大丈夫可不要轻视年轻人。

【注释】

①上：呈上。李邕（yōng）：唐代书法家、文学家，开元七年（719）至九年前后任渝州（今重庆市）刺史。

②李白（701—762）：唐代诗人。

③簸却：摇荡。簸，指上下颤动。沧溟：大海。

④恒：经常。殊调：发表不同常人的论调。

⑤大言：豪言壮语。

⑥宣父：对孔子的尊称。

观刈麦①

白居易②

田家少闲月，五月人倍忙。

夜来南风起，小麦覆陇黄。

妇姑荷箪食③，童稚携壶浆④，

相随饷田⑤去，丁壮⑥在南冈。

足蒸暑土气，背灼炎天光，

力尽不知热，但惜夏日长。

复有贫妇人，抱子在其旁，

右手秉遗穗⑦，左臂悬敝筐。

听其相顾言，闻者为悲伤。

家田输税尽，拾此充饥肠。

今我何功德，曾不事农桑。

吏禄三百石，岁晏⑧有余粮。

念此私自愧，尽日不能忘。

【注释】

①刈（yì）麦：割麦。白居易写该诗时，在陕西周至任县尉。

②白居易（772—846）：唐代诗人。

③妇姑：媳妇和婆婆，这里泛指妇女。荷（hè）箪（dān）食（shí）：挑着用竹篮装的饭食。

④童稚（zhì）携壶浆：孩子提着用壶装的汤与水。

⑤饷（xiǎng）田：给在田里劳动的人送饭。

⑥丁壮：青壮年男子。

⑦秉遗穗：拿着从田里拾取遗落的麦穗。秉，拿着。

⑧岁晏：年底。

大意： 农民终年很少得闲，到了五月就更加繁忙。夜里刮起和暖的南风，地里小麦黄熟盖住了田埂。妇女用筐挑着饭菜，孩子提壶盛满汤水，一起给在南山田里劳动的人送饭。双脚受地面热气熏蒸，脊背受炎热的阳光烘烤，竭力劳作不觉酷热，珍惜的是夏日天长。

还有一位贫苦农妇，抱着孩子跟在人身旁。右手拿着捡的麦穗，左臂挂着一个破筐。听她回头述说家境，听的人都为她悲伤。为了缴税卖尽家田，只能靠捡麦穗填充饥肠。

如今我有什么功德，从来没有种田采桑。一年俸禄有三百石米，到了年底还有余粮。想到这些自己就感到惭愧，整天都难忘农民劳动的艰苦、生活的困难。

题李凝幽居①

贾　岛②

闲居少邻并，草径入荒园。
鸟宿池边树，僧敲月下门。
过桥分野色③，移石动云根。
暂去还来此，幽期不负言④。

【注释】

①李凝：诗人的一个朋友。幽居：指隐居的地方。

②贾岛（779—843）：唐代诗人。

③分野色：指以桥为界，两边田野的景色有所分别。

④幽期：归隐所约的日期。负言：违背诺言。

大意： 这首诗描写李凝居处的幽静景象，表达了诗人对隐居生活的向往。闲居在这里旁边很少有邻居，杂草丛生的一条小路通向荒芜的小园。鸟儿歇宿在池边的树上，一个僧人在清冷的月光下轻轻地敲门。走过小桥就能看见两边田野的景色有所不同，微风吹动浮云，山石仿佛也随着在动。僧人只是暂时离开，他还会回来，相约共同归隐，到了日期绝不会食言。

鲁山①山行

梅尧臣②

适与野情惬③，千山高复低。
好峰随处改④，幽径独行迷。
霜落熊升树，林空鹿饮溪。
人家在何许，云外一声鸡。

【注释】

①鲁山：在河南鲁山县东北。

②梅尧臣（1002—1060）：北宋诗人。

③适：恰好。野情：喜爱山野之情。惬（qiè）：心满意足。

④好峰随处改：山峰随观看角度的变化而变化。

大意： 这是一首登山抒怀的诗。鲁山连绵起伏，千峰竞秀，让我心满意足地欣赏。一路上奇峰峻岭在眼前不断地变换，让我沉醉于蜿蜒幽深的小路上。笨熊正在缓慢地爬着大树，小鹿正在悠闲地喝着小溪的潺潺流水。也不知道这山里是否有人家居住，只听到远处云雾缭绕的山间传来一声鸡鸣。

第七课

钱塘湖①春行

白居易

孤山寺北贾亭西，

水面初平云脚②低。

几处早莺争暖树③，

谁家新燕啄春泥。

乱花④渐欲迷人眼，

浅草才能没马蹄。

最爱湖东行不足，

绿杨阴里白沙堤⑤。

【注释】

①钱塘湖：即杭州西湖。

②云脚：接近地面的云气。

③暖树：向阳的树。

④乱花：指纷繁开放的花。

⑤阴：同"荫"，指树荫。

白沙堤：即西湖白堤。

大意：这首诗描写的是杭州西湖早春的美丽风光。在孤山寺之北、贾公亭之西，湖水与低垂的行云连成一片。几处向阳的树上黄莺争相栖息，不知谁家新飞来的燕子衔着泥在筑巢。繁盛的花朵渐渐使人眼花缭乱，刚长出来的青草刚刚能够隐没马蹄。湖东的景色让人喜爱走不够，尤其是绿柳成荫的白沙堤。

浪淘沙①（其一）

刘禹锡②

九曲黄河万里沙，浪淘风簸③自天涯。

如今直上银河去，同到牵牛织女家。

大意： 这首诗模仿淘金者的口吻，表明他们对淘金生涯的厌倦和对美好生活的追求。同是在河边生活，牛郎织女生活的天河恬静而优美，黄河边的淘金者却整天在风浪泥沙中艰苦生活。直上银河，同访牛郎织女，寄托了他们心中对宁静的田园牧歌生活的向往。

【注释】

①浪淘沙：唐代教坊曲名。创自刘禹锡、白居易，其形式为七言绝句。后又用为词牌名。刘禹锡被贬谪外放任职时期，作《浪淘沙》九首。

②刘禹锡（772—842）：唐代文学家。

③浪淘：波浪淘洗。簸（bǒ）：上下颠动。

浪淘沙（其八）

刘禹锡

莫道谗言①如浪深，莫言迁客②似沙沉。

千淘万漉③虽辛苦，吹尽黄沙始到金。

大意： 不要说流言蜚语如同凶涛恶浪一样令人恐惧，不要说被贬谪之人如同泥沙一样沉落颓废。尽管要历尽千辛万苦经过千淘万漉，淘尽泥沙终归能够得到宝贵的黄金。诗中以沙里淘金的具体事理说明，历尽磨难终将显出英雄本色。

【注释】

①谗言：毁谤的话。

②迁客：指被贬职调往边远地区的官。

③淘、漉（lù）：过滤。

第八课

石头城①

刘禹锡

山围故国②周遭③在，潮打空城寂寞回。
淮水④东边旧时⑤月，夜深还过女墙⑥来。

大意：这首诗作者怀古抒情，慨叹六朝兴亡，有引古鉴今的寓意。群山依旧环绕着古城，江上的潮水拍打着石墙寂寞地退回。从秦淮河东边升起的月亮，在夜深时又会爬过城上的短墙来。

【注释】

①石头城：即古金陵城。曾为吴、东晋、宋、齐、梁、陈六朝都城，至唐废弃。今南京市。

②故国：指石头城。

③周遭：环绕。

④淮水：指秦淮河。

⑤旧时：指汉魏六朝时。

⑥女墙：城墙上面呈凹凸形的短墙。

酬乐天①扬州初逢席上见赠

刘禹锡

巴山楚水凄凉地，二十三年弃置②身。
怀旧空吟闻笛赋③，到乡翻似烂柯人④。
沉舟侧畔千帆过，病树前头万木春。
今日听君歌一曲，暂凭杯酒长精神。

大意：这是一首酬答诗。白居易在扬州与作者相逢的宴席上写了一首诗《醉赠刘二十八使君》相赠，于是作者写了这首诗回赠白居易。巴山楚水凄凉之地，二十三年被贬沦落。回来已是人事全非，我如烂柯之人，只能吹笛赋诗，独自惆怅。沉船旁边正有千船驶过，病树前头已是万木争春。今日听你高歌一曲，暂借杯酒振作精神。

【注释】

①酬：答谢，这里指以诗相答的意思。乐天：指白居易，字乐天。

②弃置：指遭受贬谪。

③闻笛赋：指西晋向秀的《思旧赋》。

④烂柯人：指晋人王质。相传他上山砍柴，观看两个童子下完棋，手中的斧柄（柯）已经朽烂。回村后，才知道已过了上百年，同代人都已经亡故。

题乌江亭①

杜 牧②

胜败兵家事不期，包羞忍耻是男儿。
江东子弟多才俊③，卷土重来未可知。

大意： 这是一首咏史诗。胜败是兵家很难预料的事情，能够忍受失败与羞辱的人才是真正的男子汉。江东子弟中有很多杰出人才，有朝一日卷土重来并不是没有可能的。此诗表达了一种百折不挠的进取精神。

【注释】

①乌江亭：在今安徽省和县东北。楚汉战争时，项羽兵败后在乌江自刎。

② 杜 牧（803—852）：唐代文学家。

③江东：指长江南岸苏州一带，是项羽起兵的地方。才俊：杰出人才。

夏日绝句

李清照①

生当作人杰②，死亦为鬼雄③。
至今思项羽④，不肯过江东。

大意： 这首诗基调高昂，鲜明提出了人生的价值取向。人活着就要做人中的豪杰，为国家建功立业；死也要为国捐躯，成为鬼中的英雄。爱国激情，溢于言表。后两句通过歌颂项羽的悲壮之举来讽刺南宋当权者的无耻行径，借古讽今，正气凛然。

【注释】

①李清照（1084—约1155）：宋代女词人。

②人杰：人中的豪杰。

③鬼雄：鬼中的英雄。

④项羽：秦末时自立为西楚霸王，与刘邦争夺天下，在垓下之战中，兵败自杀。

第九课

赠萧瑀①

李世民②

疾风知劲草，板荡识诚臣③。
勇夫安知义，智者必怀仁。

大意：这是李世民赞美萧瑀仁德的一首诗。诗的前两句以疾风与劲草的关系为比喻，赞扬萧瑀在乱世中显示出一个臣子的忠诚。后两句写萧瑀作为一个智者所具备的仁义之心。这首诗寓意深刻，富有哲理。

【注释】
①萧瑀(yǔ)：隋朝将领，被俘后归唐，封宋国公。
②李世民(599—649)：唐朝皇帝。
③板荡：指代乱世。诚臣：忠臣。

赠从弟①

刘 桢②

亭亭③山上松，瑟瑟④谷中风。
风声一何⑤盛，松枝一何劲。
冰霜正惨凄⑥，终岁常端正。
岂不罹凝寒⑦，松柏有本性。

大意：这是一首咏物言志诗。作者借松柏的坚强来抒发情怀，以此自勉，也勉励堂弟。山上高高耸立的松柏，在山谷间寒风中挺立。大风刮得多么猛烈，而松枝还是那样的刚劲。纵然是满天冰霜的凄凉景象，松柏却终年端正挺直。难道是松柏不畏严寒？那是松柏有着耐寒的本性。

【注释】
①从弟：堂弟。
②刘桢(？—217)：东汉文学家。
③亭亭：高耸的样子。
④瑟瑟：形容寒风的声音。
⑤一何：多么。
⑥惨凄：凛冽、严酷。
⑦罹(lí)凝寒：遭受严寒。罹，遭受。

从军行

杨　炯①

烽火照西京②，心中自不平。

牙璋辞凤阙③，铁骑绕龙城④。

雪暗凋旗画，风多杂鼓声。

宁为百夫长⑤，胜作一书生。

大意：这首诗描写的是书生投笔从戎的爱国热情。将士们奉命出征，火速奔赴战场。唐军将士已将敌人团团包围，大雪弥漫、遮天蔽日、狂风呼啸，与雄壮的进军鼓声交织在一起。"宁为百夫长，胜作一书生"抒发了诗人投笔从军、建功立业的豪情壮志。

【注释】

①杨炯（650—约693）：唐代诗人。

②烽火：古代边防告急的烟火。西京：长安。

③牙璋（zhāng）：古代发兵用的兵符。这里指奉命出征的将帅。凤阙(què)：这里指皇宫。

④龙城：又称龙庭，汉代匈奴的要地。

⑤百夫长：古代军队中的下级军官。

观　猎

王　维①

风劲角弓鸣，将军猎渭城②。

草枯鹰眼疾，雪尽马蹄轻。

忽过新丰市，还归细柳营③。

回看射雕处，千里暮云平④。

大意：这是一首描写将军狩猎情景的诗。前四句写射猎的过程，狂风声里角弓鸣响，将军狩猎在渭城郊外。秋草枯黄鹰眼更加锐利，冰雪消融马蹄格外轻快。后四句写将军傍晚收猎回营的情景，转眼已过新丰市，不久又回细柳营。回头远眺射雕荒野，千里暮云平展到天边。

【注释】

①王维（约701—761）：唐代诗人、画家。

②渭城：在今西安市西北，渭水之北。

③细柳营：在今西安市长安区，是汉代名将周亚夫屯军之地。

④暮云平：傍晚的云层与大地相连。

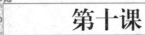

使至塞上①

王 维

单车欲问边，属国过居延②。

征蓬③出汉塞，归雁入胡天。

大漠孤烟直，长河④落日圆。

萧关⑤逢候骑，都护在燕然。

【注释】

①使至塞上：奉命出使边塞。

②属国：典属国官职的简称。王维以此自称。居延：地名，在今甘肃张掖北。这里泛指辽远的边塞地区。

③征蓬：随风飘飞的蓬草，常比喻远行之人。

④长河：指黄河。

⑤萧关：古关名，故址在今宁夏固原东南。

大意： 这首诗是开元二十五年(737)王维以监察御史身份出使凉州时所作。轻车简从地去慰问边关守军，察访军情已过居延。我像随风远飞的蓬草出使边塞，又似北飞的归雁进入塞北天空。浩瀚沙漠中孤烟直上，无尽黄河上落日浑圆。到萧关遇到侦察骑兵，他说都护将军正在燕然山前线。

前出塞九首 (其六)

杜 甫

挽弓当挽强，用箭当用长。

射人先射马，擒贼先擒王。

杀人亦有限，列国自有疆①。

苟能制侵陵②，岂在多杀伤。

【注释】

①列国：各国。疆：边界。

②苟：假设，如果。侵陵：侵扰，侵略。

大意： 这是一首说理诗，着重谈作者对于战争的看法。前四句谈论作战规律。兵器上要强弓长箭，装备精良。对敌战术上要射马擒王，抓住敌人要害。后四句表达作者对不义战争的看法。各国有自己的疆域，战争的目的在于制止侵略，而不在于侵略异邦，反映了一种进步的战争观。先叙战争规律，后言节制军事行动，先扬后抑，构思巧妙，语句经典，耐人寻味。

己亥岁二首（其一）

曹 松①

泽国②江山入战图，生民何计乐樵苏③。

凭君莫话封侯事，一将功成万骨枯。

大意：战乱殃及江汉流域，大好河山都已绘入战图。百姓打柴割草度日也不得安生。不要说你封侯当将的事情了，将军的功名是用千万士兵的生命换来的。诗人曲笔描绘了战争的惨烈，名将功成是以多少人的生命为代价的。

【注释】

①曹松：生卒年不详，唐代诗人。

②泽国：泛指江南各地，因湖泽星罗棋布，故有此称呼。

③樵苏：打柴为"樵"，割草为"苏"。

雁门太守行①

李 贺②

黑云压城城欲摧，甲③光向日金鳞开。

角声满天秋色里，塞上燕脂④凝夜紫。

半卷红旗临易水⑤，霜重鼓寒声不起。

报君黄金台⑥上意，提携玉龙⑦为君死。

大意：这首诗以当时朝廷官军平定北方藩镇叛乱为背景，浓重描绘了战斗的惨烈和将士的英勇。敌军重围，犹如黑云压城；铠甲闪亮，守城将士严阵以待。秋色里，军中号角震天；夜幕下，战士鲜血凝成紫色。半卷着红旗，向易水之畔进发；寒霜浓重，鼓声也变得低沉悲咽。为报答君王的恩遇，英勇杀敌，视死如归。

【注释】

①雁门太守行：古乐府曲调名。

②李 贺（790—816）：唐代诗人。

③甲：指铠甲。

④燕脂：即胭脂。

⑤易水：河名，发源于河北易县。此处借用战国荆轲刺秦王的典故。

⑥黄金台：相传战国时燕昭王在易水东南筑台，置千金招揽天下贤士。

⑦玉龙：指宝剑。

第十一课

示　儿

陆　游①

死去元知万事空，但悲不见九州②同。
王师③北定中原日，家祭无忘告乃翁④。

大意： 这首诗是爱国诗人陆游的绝笔，表达了陆游至死不移的爱国情怀。人死后万事万物都可再无牵挂，但悲痛的是没有看见祖国的统一。坚信南宋军队必定能收复中原失地，在家祭时不要忘记把平定中原的喜讯告诉你们的父亲。

【注释】

①陆游（1125—1210）：南宋诗人。
②九州：古代中国曾分为九个州，这里代指全国。
③王师：指南宋朝廷的军队。
④家祭：对祖先的祭祀。乃翁：你们的父亲。

左迁至蓝关①示侄孙湘

韩　愈②

一封朝奏九重天③，夕贬潮州路八千。
欲为圣明除弊事④，肯将衰朽惜残年！
云横秦岭家何在？雪拥蓝关马不前。
知汝远来应有意，好收吾骨瘴江边⑤。

大意： 元和十四年（819）正月，唐宪宗派人迎凤翔法门寺佛骨入宫供奉，韩愈上书劝谏，触怒皇帝，被贬为潮州刺史。这首诗作于被贬途中。早晨我把一篇谏书上奏给朝廷，晚上被贬官去路途遥远的潮州，本想替皇上除去那些有害的事，哪能以衰老为由吝惜余生！阴云笼罩着秦岭，家乡今在何处？大雪厚积的蓝田关外，马也不肯前行。我知道你远道而来应该有所打算，正好在瘴江边为我收敛尸骨。

【注释】

①左迁：贬官。蓝关：即蓝田关，在今陕西蓝田东南。
②韩愈（768—824）：唐代文学家。
③封：这里指韩愈的谏书《论佛骨表》。朝奏：早晨上奏。九重天：指皇帝。
④圣明：指皇帝。弊事：有害的事，指迎奉佛骨的事。
⑤瘴江边：指岭南。潮州在岭南，古时说岭南多瘴气。

早 雁

杜 牧

金河①秋半②虏弦开，云外惊飞四散哀。

仙掌③月明孤影过，长门④灯暗数声来。

须知胡骑纷纷在，岂逐春风一一回？

莫厌潇湘少人处，水多菰米岸莓苔。

大意： 唐武宗会昌二年(842)八月，北方少数民族回鹘乌介可汗率兵南侵，北方边民流离失所，作者有感而发写下此诗。仲秋塞外的雁群忽然遭到胡骑的袭射，惊飞四散，发出阵阵哀鸣。孤雁飞过清凉月色映照的仙掌，哀怨声传到昏暗的长门宫前。要知道北方烽烟四起，再也不能随着春风返回故乡。南飞的大雁不要嫌弃潇湘的人烟稀少，水边的菰米莓苔可供食用。

病起书怀

陆 游

病骨支离①纱帽宽，孤臣万里客江干②。

位卑未敢忘忧国，事定犹须待阖棺③。

天地神灵扶庙社④，京华父老望和銮⑤。

出师一表通今古，夜半挑灯⑥更细看。

大意： 诗人52岁被免官后生病，移居成都西南浣花村，挑灯夜读《出师表》，挥笔写下此诗，表现了诗人忧国忧民的爱国情怀。病体衰弱显得头上的纱帽也宽松，孤独客居在万里之外的成都江边。职位低下却从未敢忘记忧虑国家大事，公正的评价还须死后才能盖棺定论。但愿天地神灵扶持国家，北方百姓企盼君主收复河山。诸葛亮的《出师表》流芳千古，深夜挑灯细看品读。

第十二课

书 愤①

陆 游

早岁②那知世事艰,中原北望气如山。

楼船③夜雪瓜洲渡,铁马秋风大散关。

塞上长城空自许,镜中衰鬓已先斑。

出师一表④真名世,千载谁堪伯仲间⑤!

大意: 这首诗前四句是对往事的回顾,描绘出诗人青壮年时期的豪情壮志和战斗生活情景;后四句抒发壮心未遂、时光虚度、功业难成的悲愤之气,但悲愤而不感伤颓废。诗的尾联以诸葛亮自比,表明自己也会和诸葛亮一样,"鞠躬尽瘁,死而后已",报国之志至死不移。

【注释】

①书愤:书写自己的愤恨之情。

②早岁:早年,年轻时。

③楼船:高大的战船。

④出师一表:指诸葛亮所作的《出师表》。

⑤伯仲间:伯仲,原是兄弟长幼的次序。这里指可以相提并论。

十一月四日风雨大作

陆 游

僵卧①孤村不自哀,尚思为国戍轮台②。

夜阑③卧听风吹雨,铁马④冰河入梦来。

大意: 我躺在孤寂荒凉的乡村里,没有为自己的处境而感到悲哀,心中还想着替国家守卫边疆。夜深了,我躺在床上听到那风雨声,梦见自己骑上披着铁甲的战马,跨过冰封的河流,出征北方疆场。

【注释】

①僵卧:指卧病在床。

②戍(shù)轮台:守卫边关。戍:守卫。轮台:在今新疆轮台南,是古代边防重地。此处代指边关。

③夜阑(lán):夜深。

④铁马:披着铁甲的战马。

咏 史

李商隐①

历览前贤国与家，成由勤俭破由奢②。

何须琥珀方为枕，岂得真珠始是车③。

大意：这是一首咏史诗。诗人含蓄地表达了对晚唐穷奢极欲统治腐败的担忧。"历览前贤国与家，成由勤俭破由奢"指出历代君主治理国家的经验教训：勤俭能使国家昌盛，奢侈腐败会使国家灭亡。

【注释】

①李商隐(约813—约858)：唐代诗人。

②奢：奢侈，浪费。

③真珠始是车：用非常大的珍珠对车进行装饰。真珠，即珍珠。是，同"饰"。

潍县署①中画竹呈年伯②包大中丞括③

郑 燮④

衙斋⑤卧听萧萧竹，疑是民间疾苦声。

些小吾曹⑥州县吏，一枝一叶总关情。

大意：郑板桥在山东潍县担任知县时，画了一幅《风竹图》，呈送给上司兼长辈的包括，此诗即是题写在这幅画上的。这首题画诗，从写竹入手，托物言志，表达了作者对民众的忧虑关切之情和责任担当。在衙门里静卧休息时听见窗外竹叶萧萧作响，仿佛是民间百姓疾苦的声音。虽然我们是地方的州县小吏，但是百姓的每一件小事都牵动着我们的感情。

【注释】

①潍县：今山东潍坊。署：衙门。

②年伯：古称科举同榜考取的人为"同年"，称"同年"的父辈为"年伯"。

③包大中丞括：姓包名括。大，表示尊敬之意。清代巡抚又称中丞。

④郑燮(1693—1765)：号板桥，清代书画家、文学家。

⑤衙斋：官衙中供官员居住和休息的房间。

⑥些小：很小，这里指官职卑微。吾曹：我辈。

滕王阁诗

王 勃①

滕王高阁临江渚②,佩玉鸣鸾③罢歌舞。

画栋朝飞南浦云④,珠帘暮卷西山雨。

闲云潭影日悠悠,物换星移⑤几度秋。

阁中帝子⑥今何在?槛外长江空自流。

【注释】

①王勃(约650—676):唐代诗人。

②江:指赣江。渚(zhǔ):江中小洲。

③佩玉鸣鸾(luán):身上佩戴的玉饰、响铃。

④画栋:有彩绘的栋梁楼阁。南浦(pǔ):地名,在南昌市西南。

⑤物换星移:形容时代的变迁、万物的更替。物:四季的景物。

⑥帝子:指滕王李元婴,唐高祖之子。

大意:诗人远道去探望父亲,途经洪州(今江西南昌)参加宴会,即席作《滕王阁序》,以此诗作结尾。江西南昌的滕王阁与湖北黄鹤楼、湖南岳阳楼并称为"江南三大名楼"。登上滕王阁远眺,烟波浩渺,远山幽幽,让人似乎能感受到"落霞与孤鹜齐飞,秋水共长天一色"的景象。

滕王阁在赣江的北岸巍然高立,佩玉无声鸾铃寂静停止了歌舞。早晨画栋掠过南浦飞来的轻云,傍晚珠帘卷起西山阴沉的烟雨。潭中白云的倒影每日悠然浮荡,时光推移景物变化度过几个春秋。修建这滕王阁的帝子今在何处?只有那栏杆外的长江空自东流。

别云间①

夏完淳②

三年羁旅③客，今日又南冠④。

无限山河泪，谁言天地宽。

已知泉路⑤近，欲别故乡难。

毅魄⑥归来日，灵旗⑦空际看。

大意： 夏完淳是明末诗人，少年抗清英雄，被清兵逮捕后视死如归，最终不屈而死，年仅17岁。这首诗着重写的是他抗清失败的悲愤和至死不变的决心。为对抗清兵漂泊在外，今却被俘入狱，山河易主，天地再宽阔又如何呢？明知黄泉路已近，却不忍与故乡诀别。即使做了魂魄也会回来看一看被夺回的大好河山。

【注释】

①云间：上海松江区古称云间，是作者家乡。

②夏完淳（1631—1647）：明末诗人。

③羁旅：寄居他乡，生活漂泊不定。

④南冠：囚徒代称。

⑤泉路：黄泉路，指阴间。

⑥毅魄：坚强不屈的魂魄，英魂。

⑦灵旗：这里指抗清者的战旗。

德祐二年岁旦

郑思肖①

力不胜于胆，逢人空泪垂。

一心中国梦，万古下泉诗②。

日近望犹见，天高问岂知③。

朝朝向南拜，愿睹汉旌旗。

大意： 德祐是宋恭帝的年号，这首诗作于元兵侵陷苏州的第二年，表达了作者忧国忧民、希望南宋王朝励精图治、收复中原的愿望。空有忠肝义胆却没有力量实现，一心梦想统一祖国，希望贤明的君主励精图治。中原人民每天都向南祈祷，渴望早日看到南宋收复失地的旌旗。

【注释】

①郑思肖（1241—1318）：南宋诗人。

②下泉诗：《诗经·曹风》中的一篇。这里指时局混乱，希望有贤明的君主治理好国家。

③"日近"二句：皇帝可以见到，他对危局的态度却无从知道，"日""天"都代指皇帝。

第十四课

木兰花

拟古决绝词柬友①

纳兰性德②

人生若只如初见，何事秋风悲画扇③。
等闲变却故人心，却道故人④心易变。
骊山语罢清宵半，泪雨霖铃终不怨⑤。
何如薄幸锦衣郎⑥，比翼连枝当日愿。

【注释】

①木兰花：词牌名。柬友：给友人的信札。

②纳兰性德（1655—1685）：清代满族词人。

③"何事"句：用汉朝班婕妤被弃的典故，这里是说本应当相亲相爱，但却成了相离相弃。

④故人：指情人。

⑤"骊山"二句：用唐明皇与杨玉环的爱情典故，这里借用此典说即使是最后作决绝之别，也不生怨。

⑥薄幸：薄情。锦衣郎：指唐明皇。

大意：人生如果都像初次相遇时那般美好，就不会有现在的离别相思之苦了。如今轻易地变了心，却反而说情人间就是容易变心的。当初你我像唐明皇与杨贵妃那样许下的山盟海誓犹在耳边，如今伤心难过泪如雨下也不怨恨。但你又怎么比得上薄情的唐明皇呢，他总还是与杨玉环有过比翼鸟、连理枝的誓愿。

咸阳①城东楼

许 浑②

一上高城万里愁，蒹葭杨柳似汀洲③。

溪云初起日沉阁，山雨欲来风满楼。

鸟下绿芜秦苑夕，蝉鸣黄叶汉宫秋。

行人莫问当年事④，故国东来渭水流。

大意： 这首诗描绘了秦代都城咸阳秋天傍晚的景色，抒发了对历史兴亡的感叹。登上咸阳城楼远望，忽而生出万里愁思；城下丛生的芦苇和杨柳，好似江南故乡的小沙洲。溪边乌云刚刚升起，太阳就沉入阁楼后面；山雨即将来临，狂风吹满高楼。秦苑的黄昏里，小鸟落在绿色的杂草中；汉宫的秋色中，寒蝉在黄叶间哀鸣。不要再去追寻前朝的往事，古城如今只见渭水依然东流。

和董传留别

苏 轼①

粗缯大布②裹生涯，腹有诗书③气自华。

厌伴老儒烹瓠叶④，强随举子踏槐花。

囊空不办寻春马，眼乱行看择婿车。

得意犹堪夸世俗，诏黄新湿字如鸦⑤。

大意： 这首诗是苏轼罢官凤翔与朋友董传临别时所作，苏轼在诗中对当时生活贫困而满腹经纶的董传给予鼓励。虽然家贫衣衫朴素，但饱读诗书的人气质风度却散发光彩。不甘心伴着年老的学人煮菜叶过清贫的日子，而要随从参加考试的读书人去参加科举考试。登科之后虽不能像孟郊那样骑马观花，但却有机会被眼花缭乱的择婿车包围。中榜得意可与万人夸耀，金榜题名更会扬眉吐气。

春江花月夜

张若虚①

春江潮水连海平，海上明月共潮生。滟滟②随波千万里，何处春江无月明。

江流宛转绕芳甸③，月照花林皆似霰④。空里流霜不觉飞，汀⑤上白沙看不见。

江天一色无纤尘，皎皎空中孤月轮。江畔何人初见月？江月何年初照人？

人生代代无穷已，江月年年望相似。不知江月待何人，但见长江送流水。

白云一片去悠悠，青枫浦⑥上不胜愁。谁家今夜扁舟子⑦？何处相思明月楼？

可怜楼上月徘徊，应照离人妆镜台。玉户帘中卷不去，捣衣砧⑧上拂还来。

此时相望不相闻，愿逐月华⑨流照君。鸿雁长飞光不度，鱼龙潜跃水成文。

【注释】

①张若虚（约660—约720）：唐代诗人。

②滟（yàn）滟：水波摇动的样子。

③芳甸（diàn）：长满花草的原野。甸：城郊以外的地方。

④霰（xiàn）：天空中降落的小冰粒。这里形容月光下春花晶莹洁白。

⑤汀（tīng）：沙滩。

⑥青枫浦（pǔ）：在今湖南省，这里指游子所在的地方。

⑦扁（piān）舟子：飘荡江湖的游子。扁舟：小船。

⑧捣衣砧（zhēn）：捣衣石。

⑨月华：月光。

昨夜闲潭梦落花，可怜春半不还家。江水流春去欲尽，江潭落月复西斜。

斜月沉沉藏海雾，碣石潇湘⑩无限路。不知乘月几人归，落月摇情满江树。

⑩碣（jié）石：山名，在渤海边上。潇湘：潇水和湘水，在湖南零陵合流后称潇湘。碣石、潇湘，泛指天南地北。

大意： 诗题将春、江、花、月、夜五种美好的事物集中到一起，勾勒出一幅意境优美的春江月夜图。春江潮水、海上明月、花林似霰、汀上白沙，诗人可谓是一个丹青妙手，起笔八句由远及近、由大到小，在月光下，将整个江边的景物都涂染上一层银辉色，创造了一个童话般世界。

天地如此澄明，不由引发诗人遐想："江畔何人初见月？江月何年初照人？"江月永恒，人生却短暂，诗人并没有陷在这种苦恼中，而是想到"人生代代无穷已，江月年年望相似"，个体生命虽然短暂，人类的存在却是代代传承的，人类同江月、流水是和谐共存的。

白云四句写了思妇对游子的相思之情。白云悠悠，青枫浦上载不动众多的离愁。不知谁家的游子坐着小船在到处漂泊，又是何处明月楼上的女子在思念远方的人？接下来的八句具体写思妇对游子的思念。妆镜台、玉户帘、捣衣砧上都洒满了柔和的月光，更勾起了思妇的相思之情。不由得抒发感慨：此刻，我们都在望着月亮，却看不到对方，我愿意追逐月光，和月光一起照耀你。

最后八句写游子的思归之情。闲潭落花、春已过半、江水流春、江潭落月，这些美好的事物都将逝去，衬托出游子的孤苦。可是碣石、潇湘，一北一南，路途遥远，不知有几人能乘着月色回到家中？满腹离情只能伴着落月，和月光一起洒在江边的树上。

全诗以月升开始，以月落结束，在月光的照耀下，江天、花林、青枫浦、明月楼、游子、思妇等等诗歌中的意象，组成了一幅淡雅的水墨画卷，其间包含着诗人对人生哲理的思索和对生活情感的抒发。

《春江花月夜》一扫齐梁绮丽浮靡的文风，有"孤篇盖压全唐"的美誉，被现代诗人闻一多称为"诗中的诗，顶峰上的顶峰"。

长恨歌①

白居易

汉皇②重色思倾国，御宇多年求不得。

杨家有女初长成，养在深闺人未识。

天生丽质难自弃，一朝选在君王侧。

回眸一笑百媚生，六宫粉黛无颜色。

春寒赐浴华清池，温泉水滑洗凝脂。

侍儿扶起娇无力，始是新承恩泽时。

云鬓花颜金步摇，芙蓉帐暖度春宵。

春宵苦短日高起，从此君王不早朝。

承欢侍宴无闲暇，春从春游夜专夜。

后宫佳丽三千人，三千宠爱在一身。

金屋妆成娇侍夜，玉楼宴罢醉和春。

姊妹弟兄皆列土，可怜光彩生门户。

遂令天下父母心，不重生男重生女。

骊宫高处入青云，仙乐风飘处处闻。

缓歌慢舞凝丝竹，尽日君王看不足。

渔阳鼙鼓动地来，惊破霓裳羽衣曲。

【注释】

①长恨歌：这首长篇叙事诗创作于元和元年（806），白居易时年35岁，在陕西周至任县尉。这首诗是他和友人游览仙游寺，有感于唐玄宗和杨贵妃的故事而作。　②汉皇：原指汉武帝刘彻，此处借指唐玄宗李隆基。

大意： 汉武帝偏好倾国倾城的美女，统治天下多年一直没有寻找到这样的佳人。杨家有个美女刚刚长大，一直藏在闺房无人知道。天生的美貌难以埋没，终于有朝一日选中陪侍在君王的身边。她回眸一笑千娇百媚，比得六宫的美女都黯然失色。春寒料峭，皇帝赐浴在华清池，温泉的水洗净她白嫩而光滑的肌肤。宫女们把她挽扶起来时娇弱无力，原来是刚刚得到皇帝的宠幸。如云的鬓发上，金光闪闪的步摇映衬那如花的美貌；温暖的芙蓉帐中，夜夜陪伴君王度过美好的春宵。遗憾这春宵总是这般短暂，太阳早早地就升起，从此以后君王再也不上早朝。夜夜承欢没有闲暇的时候，陪伴在君王身边形影不离。春游陪伴，夜夜专宠。后宫中美女三千余人，但只有她独享皇帝恩宠。在金屋中梳妆打扮好去侍奉皇帝，玉楼的饮宴刚刚结束，皇帝带着醉意入寝。她的姐妹兄弟个个封爵赐邑，这门户风光一时让人羡慕。天下的父母心里，都觉得生男孩儿不如生女孩儿。华清宫高耸入云，几乎处处听得到美妙的音乐。轻歌慢舞，管弦之声聚而不散，这些美景君王怎么看都看不够。谁知渔阳反叛的战鼓突然响起，把《霓裳羽衣曲》惊断。

大意： 九重宫殿顿时狼烟四起，千万匹战马带着君王逃往西南。皇帝和贵妃乘坐的车马走走停停，才走到长安城门外百余里的马嵬驿。大军不再向前进发，这可如何是好？一代美人就此被赐死在皇帝的马前。她戴的金钿丢在了地上没人收捡，她的翠翘钗、金雀钗、玉簪，这些名贵的首饰都无人理会。君王掩住脸不忍再看，想救却救不得，再回头看时眼泪和鲜血一起流淌。黄沙漫漫，风声瑟瑟，栈道曲折通上剑阁。峨眉山下行人十分稀少，飘荡的旌旗再也没了往日的光彩。太阳渐落，蜀江的水依旧碧绿，蜀山依旧苍翠，但皇帝日日夜夜的怀念却难以断绝。在行宫里看见天上的月光更添心头的悲伤，夜晚听见雨打铜铃更是思念断肠。终于等到时局好转，皇帝得以重新回驾。再走到此地时，却徘徊很久不忍离开。马嵬坡下黄土垄中，再也不见当年美人，却只有死去的地方。君臣互相对视泪洒衣裳，向东望去，无心打马，任马前行回到朝堂。再看看这皇宫内院，一切景色依旧，太液池和未央宫的翠柳依旧妩媚动人。那芙蓉花开，多像她的脸庞；那柳叶初绽，多像她的眉毛。看着这一花一柳，怎能不让人感伤？在这春风吹开桃李的夜晚，在这雨打芭蕉的时候，怎能不让人伤悲？太极宫和兴庆宫满地蓑草，落叶铺满了台阶，梨园的弟子头上已生白发，椒房殿里的女官青春已老。晚上当萤虫飞过宫殿，君王点一盏孤灯难以入睡。只听到宫中报更的钟鼓声阵阵响起，望着天上的银河，何时才能到天亮。鸳鸯瓦已冷，夜霜厚重，装饰着翡翠羽毛的锦被里，又有谁能和我同床共梦？这生死相别一晃数年，你的魂魄却从来不曾进入我的梦中。

九重城阙烟尘生，千乘万骑西南行。

翠华摇摇行复止，西出都门百余里。

六军不发无奈何，宛转蛾眉马前死。

花钿委地无人收，翠翘金雀玉搔头。

君王掩面救不得，回看血泪相和流。

黄埃散漫风萧索，云栈萦纡登剑阁。

峨嵋山下少人行，旌旗无光日色薄。

蜀江水碧蜀山青，圣主朝朝暮暮情。

行宫见月伤心色，夜雨闻铃肠断声。

天旋地转回龙驭，到此踌躇不能去。

马嵬坡下泥土中，不见玉颜空死处。

君臣相顾尽沾衣，东望都门信马归。

归来池苑皆依旧，太液芙蓉未央柳。

芙蓉如面柳如眉，对此如何不泪垂？

春风桃李花开夜，秋雨梧桐叶落时。

西宫南苑多秋草，落叶满阶红不扫。

梨园弟子白发新，椒房阿监青娥老。

夕殿萤飞思悄然，孤灯挑尽未成眠。

迟迟钟鼓初长夜，耿耿星河欲曙天。

鸳鸯瓦冷霜华重，翡翠衾寒谁与共？

悠悠生死别经年，魂魄不曾来入梦。

临邛道士鸿都客，能以精诚致魂魄。

大意：听说有位在京城作客的四川临邛的道士能把亡魂召回，让人感动的是君王怀着无比的深情，千方百计地请道士将她寻找。道士排空驭气如一道闪电，上天入地找了个遍，却还是找不到。忽然又听说海上有一座仙山，那山在虚无缥缈之间难以一见。只见那仙山楼阁若隐若现，其中有许多风姿绰约的仙女。其中有一人叫太真，那肌肤和容貌，听起来似乎就是要找的人。道士叩开了仙门，通报消息的是仙人小玉和董双成。她听说是汉家皇帝派来的使臣，不由得惊断了花饰繁丽的帐中的美梦。她披衣下床，珠帘和银丝屏风依次打开，头上半偏云鬓，一副刚刚睡醒的样子，花冠还没有整理就走下堂前。风吹着她美丽的衣裳似云中仙子，仿佛还是她当年跳起霓裳羽衣舞的样子。那面容充满寂寞，眼中流出泪来，像春天里带着雨珠的梨花。她含情脉脉地凝视君王，自从和你分别以后不再得见，从此后音信全无。昭阳殿里的恩爱从未断绝，可在这蓬莱仙宫里，每一天都是如此漫长。再看那人间，只能见到缥缈的云雾，却看不见长安。只能把这些旧物拿出聊表深情，请把金钗和花钿这两样带回。这金钗我留下一股，钿盒留一扇，君王和我一人一半。只要我们的心像这金钿一样坚固，虽然远隔天上人间，总有一日还会相见。临走时还有一句话要叮嘱，这句誓言只有她和君王心中知道。记得天宝初年的七月七日在长生殿，夜半无人之时我们私下说过话：在天上的我们愿做一对比翼双飞的鸟儿，在地上我们要做树干相抱、枝叶相连的两棵树。即便天长地久也有终结的时候，只有这种生死离别的遗憾却永远没有期限。

为感君王辗转思，遂教方士殷勤觅。

排空驭气奔如电，升天入地求之遍。

上穷碧落下黄泉，两处茫茫皆不见。

忽闻海上有仙山，山在虚无缥缈间。

楼阁玲珑五云起，其中绰约多仙子。

中有一人字太真，雪肤花貌参差是。

金阙西厢叩玉扃，转教小玉报双成。

闻道汉家天子使，九华帐里梦魂惊。

揽衣推枕起徘徊，珠箔银屏迤逦开。

云鬓半偏新睡觉，花冠不整下堂来。

风吹仙袂飘飘举，犹似霓裳羽衣舞。

玉容寂寞泪阑干，梨花一枝春带雨。

含情凝睇谢君王，一别音容两渺茫。

昭阳殿里恩爱绝，蓬莱宫中日月长。

回头下望人寰处，不见长安见尘雾。

惟将旧物表深情，钿合金钗寄将去。

钗留一股合一扇，钗擘黄金合分钿。

但令心似金钿坚，天上人间会相见。

临别殷勤重寄词，词中有誓两心知。

七月七日长生殿，夜半无人私语时。

在天愿作比翼鸟，在地愿为连理枝。

天长地久有时尽，此恨绵绵无绝期。

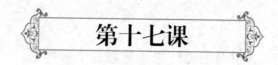

琵琶行并序

白居易

　　元和十年，予左迁九江郡司马。明年秋，送客溢浦口，闻舟中夜弹琵琶者。听其音，铮铮然有京都声。问其人，本长安倡女，尝学琵琶于穆、曹二善才。年长色衰，委身为贾人妇。遂命酒，使快弹数曲。曲罢悯然，自叙少小时欢乐事，今漂沦憔悴，转徙于江湖间。予出官二年，恬然自安，感斯人言，是夕始觉有迁谪意。因为长句，歌以赠之，凡六百一十六言，命曰《琵琶行》。

大意：元和十年（815），我被贬为九江郡司马。第二年秋天，我送客人到溢浦口，听见夜晚有弹琵琶的人。听这声音，似乎隐约有京都的韵味。和她交谈中，知道她本是长安的歌女，曾经向穆、曹两位师傅学习。如今，她红颜已老，年岁渐长，只得嫁给商人为妻。于是我赶紧叫人摆酒，催促她再弹几曲。曲子终了，见她闷闷不乐。她自己说起了少年时的趣事，如今却漂泊沦落，面容憔悴，辗转在江湖之间。我离京调外已经两年，这两年随遇而安，闲适恬淡，听她诉说的身世感伤，这天夜里顿然有被贬逐的凄凉感觉。所以作这首长诗给她，共616字，题为《琵琶行》。

浔阳江头夜送客，枫叶荻花秋瑟瑟。

主人下马客在船，举酒欲饮无管弦。

醉不成欢惨将别，别时茫茫江浸月。

忽闻水上琵琶声，主人忘归客不发。

寻声暗问弹者谁，琵琶声停欲语迟。

移船相近邀相见，添酒回灯重开宴。

千呼万唤始出来，犹抱琵琶半遮面。

大意：秋夜我在浔阳江边送别客人，枫叶和荻花被秋风吹得瑟瑟有声。我们下了马在船上喝酒送别，举杯刚要饮时却无音乐助兴。酒没喝痛快便要伤心地分别，在这分别时分只看到江水茫茫倒映着天上的一轮冷月。忽然听到江面上传来阵阵琵琶的声音，我忘了回家而客人忘了出行。寻着声音悄悄询问是谁弹奏这琵琶，声音停止许久却迟迟没人应答。我们把船靠近邀请她出来相见，再把酒杯满上，重新掌灯，开始饮宴。千呼万唤之中她才缓缓而出，怀里抱着琵琶半遮着脸面。

转轴拨弦三两声，未成曲调先有情。

弦弦掩抑声声思，似诉平生不得志。

低眉信手续续弹，说尽心中无限事。

轻拢慢捻抹复挑，初为《霓裳》后《六幺》。

大弦嘈嘈如急雨，小弦切切如私语。

嘈嘈切切错杂弹，大珠小珠落玉盘。

间关莺语花底滑，幽咽泉流冰下难。

冰泉冷涩弦凝绝，凝绝不通声暂歇。

别有幽愁暗恨生，此时无声胜有声。

银瓶乍破水浆迸，铁骑突出刀枪鸣。

曲终收拨当心画，四弦一声如裂帛。

东船西舫悄无言，唯见江心秋月白。

大意：转紧琴轴，拨动琴弦弹奏两三声，曲调还没出却已经情意绵绵。那曲调里隐含着声声哀思，似乎在诉说着自己坎坷的一生。低下头随手而弹，仿佛能把毕生的往事传达出来。轻轻地拢，慢慢地捻。一会儿慢捻，一会儿挑弦，最初弹奏起《霓裳羽衣曲》，后又弹起《六幺》。大弦如急雨骤降，小弦如有人窃窃私语。这声声阵阵互相交错，仿佛珍珠有大有小纷纷落入玉盘。琴声一会儿犹如花下婉转的黄莺鸣叫，一会儿又像流水受阻呜咽缠绵。像冰泉冷涩，琵琶声开始凝结，之后又慢慢中断。似乎又另有一种忧愁暗自滋生，这个时候无声胜有声。仿佛银瓶撞破水珠四溅，又似乎铁甲骑兵冲杀而出，刀枪齐鸣。一曲将完，她用拨子对准琵琶中心划拨，四弦齐响好像把布帛撕断。两艘船都没人说话，只有江水中央倒映着一轮明月。

沉吟放拨插弦中，整顿衣裳起敛容。

自言本是京城女，家在虾蟆陵下住。

十三学得琵琶成，名属教坊第一部。

曲罢曾教善才服，妆成每被秋娘妒。

五陵年少争缠头，一曲红绡不知数。

钿头银篦击节碎，血色罗裙翻酒污。

今年欢笑复明年，秋月春风等闲度。

弟走从军阿姨死，暮去朝来颜色故。

门前冷落鞍马稀，老大嫁作商人妇。

商人重利轻别离，前月浮梁买茶去。

去来江口守空船，绕船月明江水寒。

夜深忽梦少年事，梦啼妆泪红阑干。

大意： 沉吟片刻，她将琴片插入琴中，整理衣裳露出凝重的面容。她说自己原本是京城久负盛名的歌女，居住在长安城的东南虾蟆陵。13岁便学得一手琵琶，那教坊乐队第一列中就有她的姓名。每次弹奏完毕都令人叹服，每次梳洗打扮之后都会令同行姐妹嫉妒。京城的富贵子弟争相来为我赠财送物，一曲弹毕我收到的红绡数不胜数。我的钿头银篦常常因为打节拍而断裂粉碎，红色的裙子即使被酒渍染污也不后悔。一年又一年都在欢笑中度过，美好的时光就这样消磨。可是兄弟从军阿姨已死，家道中落，日复一日，我的容颜也已衰老。门前冷清，找我去演奏的客人车马越来越少，上了年纪的我只得嫁给商人为妻。商人重利不重情，说分离就分离。上个月他去浮梁做茶叶的生意，只留下我在江口独守空船，只有秋月与我为伴，船外的江水凄寒。常常在梦中记起年少的欢乐，哭醒后泪水流满了化妆的容颜。

我闻琵琶已叹息，又闻此语重唧唧。

同是天涯沦落人，相逢何必曾相识！

我从去年辞帝京，谪居卧病浔阳城。

浔阳地僻无音乐，终岁不闻丝竹声。

住近湓江地低湿，黄芦苦竹绕宅生。

其间旦暮闻何物？杜鹃啼血猿哀鸣。

春江花朝秋月夜，往往取酒还独倾。

岂无山歌与村笛，呕哑嘲哳难为听。

今夜闻君琵琶语，如听仙乐耳暂明。

莫辞更坐弹一曲，为君翻作《琵琶行》。

感我此言良久立，却坐促弦弦转急。

凄凄不似向前声，满座重闻皆掩泣。

座中泣下谁最多？江州司马青衫湿。

大意： 听了她的琵琶我摇头叹息，这番讲述更使我悲叹。我们都是天涯沦落之人，今日相逢又何必问是否相识。自从去年我离开了繁华的长安，被贬谪在浔阳城后常常卧病。这里地处荒凉没有乐声，一年到头也不曾听见丝竹之声。住在这个潮湿的地方，家宅四周都是黄芦和苦竹。这里早晚都是什么声音呢？是那杜鹃的悲啼，是那猿猴的哀鸣。纵然是如此美好的春江月夜，却无可奈何只能对月独饮。难道这里没有山歌和村笛吗？只是那声音粗俗实在不好听。今夜我听见你在琵琶曲中诉说衷肠，如同听到仙乐一样使我耳清目明。请不要推辞，再弹奏一曲吧，我来为你作一首长诗《琵琶行》。她听闻我的话也感动了良久，回身坐下把琴弦拧得更紧，弹出铮铮之声。曲调凄切，不像刚才乐曲的声音，在座的客人听了都掩面而泣。若问在座之中谁的眼泪最多？我这江州司马的青衫已被泪水浸湿。

中华古诗词

（高中适用）

风华绝代的宋词

宋代（960—1279）是词的发展鼎盛时期，产生了大批卓有成就的词人，名篇佳作层出不穷，并出现了各种风格、流派。《全宋词》共收录1330多位词人，近2万首词。后人把词看作是宋代最有代表性的文学，与唐代诗歌并称为"唐诗宋词"。唐诗宋词是中国文学史上两座无可超越的高峰。

词，又称"曲子词"，是隋唐宴乐时演唱的歌曲，最初曲子词多艳丽浮华，是流行于民间的通俗文艺形式。后来词的文学与音乐相脱离，词成为一种字数固定、格律化的长短句抒情诗。

每首词都有一个词调。词调的名称叫词牌，如《水调歌头》《满江红》《念奴娇》《菩萨蛮》等。词牌与内容无关，只是代表这首词的字、句、声、韵等格式，即调有定句，句有定字，字有定声。词调可分为三类：小令、中调和长调。清代人从字数上区分，58字以内为小令，59至90字为中调，91字以上为长调。实际上界限并不这样分明，但这种分法沿用至今。

与唐诗相比，宋词灵活性更强，句子有长有短，是一种既能合乐而唱又讲究格律的新体词。宋词融合宴乐、民歌、近体诗格律的要素，具有较强的音乐性、韵律美和生活气息。

宋代为词的发展开辟了新天地，婉约词派、豪放词派各自发展，反映了丰富多彩的社会景象和市民生活。宋词的主要代表人物有柳永、苏轼、李清照、辛弃疾等。欣赏宋词，既能感受到柳永的那种婉约情调，又能体会到苏轼的那种豪放风格，是一种高雅的情操陶冶和文学艺术享受。

第一课

菩萨蛮①

李 白

平林漠漠②烟如织，寒山一带伤心③碧。暝色入高楼，有人楼上愁。

玉阶④空伫立，宿鸟归飞急。何处是归程？长亭连⑤短亭。

李白(701—762)，号青莲居士，出生于西域，幼时随父迁居绵州(今四川江油)，唐代诗人。

大意： 此词是一首眺远怀人之作。黄昏时独自在楼上远眺，参差的树林显得平齐，绵延的秋山显得暗淡，勾起心中一阵阵的惆怅怀念。从楼上下至台阶前，忽然看到归巢的鸟群疾飞而过，那思念的人是否也在归途之中？

忆秦娥①

李 白

箫声咽，秦娥梦断秦楼月。秦楼月，年年柳色，灞陵伤别。

乐游原②上清秋节③，咸阳古道④音尘⑤绝。音尘绝，西风残照，汉家陵阙⑥。

大意： 这首词是怀古伤今之作。秦楼月的箫声，灞陵桥的柳色，乐游原的秋游，咸阳的古道，寄托了作者对长安的挚情与遐想；最后"西风残照，汉家陵阙"以汉喻唐，表达了作者对以长安为指代的唐王朝走向衰亡的伤悼。

【注释】

①菩萨蛮：唐代舞曲。词牌名。

②漠漠：雾气弥漫的样子。

③伤心：表示程度，与"极度"同义。

④玉阶：白石砌成的台阶。

⑤连：一作"更"。

【注释】

①忆秦娥：词牌名。

②乐游原：在长安东南郊，是汉宣帝乐游苑的故址。

③清秋节：指农历九月九日的重阳节。

④咸阳古道：就是长安道。

⑤音尘：车马行走时发出的声音和扬起的尘土。这里指消息。

⑥陵阙：皇帝的坟墓和宫殿。

望江南①

温庭筠

梳洗罢，独倚望江楼。过尽千帆皆不是，斜晖脉脉②水悠悠。肠断白蘋洲③。

温庭筠（约801—866），太原祁（今山西祁县）人，唐代诗人。

大意：词中描写的是一个女子登楼远眺望夫盼人的情景，表现了她从盼望到失望最后焦急"肠断"的情感。梳洗完毕，独自登上望江楼，眺望江面。上千只船驶过去了，却没有一只载着归人，夕阳含情脉脉地洒在江面，江水幽静地流着，让人肝肠寸断地思念。

【注释】

①望江南：词牌名，又名《忆江南》。

②斜晖：夕阳。晖：阳光。脉脉：含情凝视的样子。这里形容阳光微弱。

③肠断：极度悲伤。白蘋（pín）：水中浮草。洲：水中的陆地。

更漏子①

温庭筠

玉炉香，红蜡泪，偏照画堂②秋思。眉翠薄，鬓云残，夜长衾③枕寒。

梧桐树，三更雨，不道④离情正苦。一叶叶，一声声，空阶滴到明。

大意：这首词上片写画堂中人的秋思，玉炉里燃烧着香烟，红蜡滴淌着烛泪，摇曳的光影偏要照出屋内人的秋思。女子用翠黛描的眉已经褪色，鬓发已经凌乱，漫漫长夜无法入睡，被子和枕头都是寒凉的。下片转到室外，三更时的秋雨滴在梧桐树上，又有谁能理解离情之苦呢？一叶叶，一声声，雨滴落在窗外的石阶上，一直滴到天亮。

【注释】

①更漏子：词牌名。

②画堂：华丽的内室。

③衾（qīn）：被子。

④不道：不管，不理会。

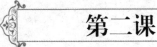

谒金门①

冯延巳

风乍起，吹皱一池春水。闲引②鸳鸯香径里，手挼③红杏蕊。

斗鸭④阑干独倚，碧玉搔头斜坠。终日望君君不至，举头闻鹊喜。

【注释】

①谒(yè)金门：词牌名。

②闲引：无聊地逗引着玩。

③挼(ruó)：两手揉搓。

④斗鸭：以鸭相斗为欢乐。

冯延巳(903—960)，五代广陵(今江苏扬州)人，南唐词人。

大意：这首词写的是少妇在春日思念外出丈夫的心情。"风乍起，吹皱一池春水"是千古传诵的写景意境名句，"终日望君君不至，举头闻鹊喜"是这首词的画龙点睛之笔。

玉楼春

宋 祁

东城渐觉风光好，縠皱波纹迎客棹①。
绿杨烟外晓寒轻，红杏枝头春意闹。
浮生长恨欢娱少，肯爱千金轻一笑②？
为君持酒劝斜阳，且向花间留晚照③。

【注释】

①縠(hú)皱波纹：形容波纹细如皱纱。縠皱：有皱褶的纱。棹(zhào)：船桨，此处指船。

②肯爱：即不吝惜。一笑：特指美人之笑。

③晚照：夕阳的余晖。

宋祁(998—1061)，安州安陆(今属湖北)人，北宋文学家。

大意：这首词咏春天，洋溢着珍惜青春和热爱生活的情感。"东城渐觉风光好"抑制不住对春天的赞美之情，"且向花间留晚照"表达了对春天的珍视和对光阴的爱惜。"红杏枝头春意闹"更是把生机勃勃的大好春光点染得绚丽多姿。

乌夜啼①

李 煜

林花谢了春红，太匆匆。
无奈朝来寒雨晚来风。

胭脂泪②，相留醉③，几时
重④？自是人生长恨水长东！

【注释】
①乌夜啼：词牌名，又名《相见欢》。
②胭脂泪：原指女子的眼泪，这里指林花着雨的鲜艳颜色。
③留：遗留。醉：心醉。
④几时重（chóng）：何时再度相会。

李煜（937—978），徐州人，五代南唐末代皇帝，世称李后主。

大意： 975年，宋军攻陷金陵，南唐亡国，李煜投降，被押解至汴京（今河南开封）囚禁，此词写于他身为阶下囚时期。林中的花已凋零，花开花谢本就匆忙，怎奈还有寒雨和冷风的摧残。残花上的雨水，像是女子双颊上的胭脂和着泪水流淌，残花和怜花人相互留恋，什么时候才能再重逢呢？人生中令人怨恨的事就像那东流的江水没有尽头。

相见欢①

李 煜

无言独上西楼，月如钩。
寂寞梧桐深院锁清秋②。

剪不断，理还乱，是离
愁③。别是一番滋味在心头。

【注释】
①相见欢：词牌名。
②锁清秋：被清冷的秋色所笼罩。
③离愁：离开故国之愁。

大意： 默默无语地独自登上西楼，只见残月如钩，梧桐、深院被清冷的秋色笼罩着。上片寥寥几笔将眼前的景物都涂上一层凄清、孤寂的色彩。下片用"剪不断，理还乱"形容离愁的千丝万缕，正是对故国的思念时刻萦绕在心头，让人无法摆脱，这也是作者夜深不能入睡、独上西楼的原因。

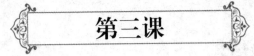

虞美人①

李 煜

春花秋月何时了，往事知多少？小楼昨夜又东风，故国不堪回首月明中。

雕栏玉砌②应犹在，只是朱颜③改。问君④能有几多愁，恰似一江春水向东流。

【注释】

①虞美人：词牌名。

②雕栏玉砌：指南唐故国的精美宫殿建筑。

③朱颜：即红润的容颜，暗指失国之变。

④君：作者自称。

大意：春花秋月，本是美好的事物，身为囚徒的李煜却看了心烦，所以开篇就发出"何时了"的责问，往事只能追忆。小楼昨夜又刮起春风，月色明朗，故国往事却不堪回首。雕栏、玉阶也许还在吧？只是当年的人的容颜已经改变了。末句以刚刚解冻的春水来比喻满腹愁思，一波接着一波，无止无休地向东流去。在词中，李煜毫不掩饰地抒发了故国之思、亡国之恨。

浪淘沙①

李 煜

帘外雨潺潺②，春意阑珊③，罗衾④不耐五更寒。梦里不知身是客，一晌贪欢。

独自莫凭栏，无限江山，别时容易见时难。流水落花春去也，天上人间。

【注释】

①浪淘沙：词牌名。

②潺潺(chán)：形容雨声。

③阑珊(lán shān)：衰残，将尽。

④罗衾(qīn)：丝绸被子。衾，被子。

大意：这首词是一首哀歌，相传是李煜的绝笔之作。上片先写梦醒再写梦中，起笔说春雨潺潺，锦被抵挡不住五更的寒冷，只有在梦中才能忘掉自己是阶下囚，才如此贪恋那片刻的欢娱。下片抒发感慨，一个人时还是不要倚着栏杆、眺望故国的大好河山，分别时容易回去却难。最后一句以流水、落花、春去比喻自身所面临的困境，暗示不仅这些美好的事物将要逝去，自己的一生也将要结束。这首词用语平实，却哀伤动人，具有极强的感染力。

浣溪沙①

晏 殊

一曲新词酒一杯，去年天气旧亭台。夕阳西下几时回？

无可奈何花落去，似曾相识②燕归来。小园香径独徘徊③。

【注释】

①浣溪沙：词牌名。

②似曾相识：好像曾经认识。形容见过的事物再度出现。

③香径：落花飘香的小路。徘徊：来回走。

晏殊(991—1055)，抚州临川(今属江西)人，北宋政治家、文学家。

大意：这首词为晏殊的名作，惜花落春残，感叹年华易逝，表现了一种淡淡的哀愁，其中"无可奈何花落去，似曾相识燕归来"的名句为历代传诵，脍炙人口。

踏莎行①

晏 殊

小径红稀②，芳郊绿遍，高台树色阴阴③见。春风不解禁杨花，濛濛④乱扑行人面。

翠叶藏莺，朱帘隔燕，炉香静逐游丝转⑤。一场愁梦酒醒时，斜阳却照深深院。

【注释】

①踏莎行：词牌名。

②红稀：花儿稀少、凋谢。红：指花。

③高台：高高的楼台。阴阴：隐隐约约。

④濛濛：形容杨花飞散的样子。

⑤游丝转：烟雾旋转上升，像飘荡的青丝一般。

大意：这首词描绘的是暮春初夏景色。小路旁的红花日渐稀疏，漫山遍野的芳草一片碧绿，高楼台榭在成荫的树木掩映下若隐若现。春风不去管束杨花柳絮，任凭它们胡乱扑向行人脸面。翠绿的树叶里藏着黄莺，红色窗帘隔住燕子。香炉中的烟如游丝般袅袅上升。从一场愁梦和醉意中醒来时，夕阳正斜照着幽深的庭院。

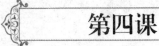

蝶恋花①

晏 殊

槛②菊愁烟兰泣露，罗幕③轻寒，燕子双飞去。明月不谙离恨苦，斜光到晓穿朱户④。

昨夜西风凋碧树⑤，独上高楼，望尽天涯路。欲寄彩笺兼尺素⑥，山长水阔知何处！

【注释】

①蝶恋花：词牌名，又名《凤栖梧》《鹊踏枝》。

②槛(jiàn)：栏杆。

③罗幕：丝罗的帷幕，富贵人家所用。

④朱户：也称"朱门"，指大户人家。

⑤凋碧树：使树木绿叶脱落。

⑥尺素：书信的代称。古人写信用素绢，通常长约一尺，故称尺素。

大意：这首词将伤离怀远的主题写得意境高远。上片写相思之苦，以槛内清晨蒙着雾气的菊，沾着露水的兰，衬托女主人公的优雅高洁的品格。室内室外，清晨黑夜，花草、燕子、明月，都在引发她的相思之痛。下片写闺中人的心境。昨夜西风寒烈使绿树落叶凋零，我独自登上高楼，望尽消失在天涯的道路。想给亲人寄信，无奈山高水长不知他在何处。

渔家傲①

秋思

范仲淹

塞下秋来风景异，衡阳雁去无留意。四面边声连角起，千嶂②里，长烟③落日孤城闭。

浊酒一杯家万里，燕然未勒④归无计。羌管悠悠霜满地，人不寐，将军白发征夫泪。

【注释】

①渔家傲，词牌名。

②嶂：直立似屏障的山峰。

③长烟：荒漠上的孤烟。

④燕然：山名，即今蒙古国境内的杭爱山。勒：刻石记功。东汉窦宪追击北匈奴，出塞至燕然山刻石记功而还。燕然未勒：暗指边患未平、功业未成。

范仲淹(989—1052)，苏州吴县(今江苏苏州)人，北宋政治家、文学家。

大意：范仲淹曾在陕西任职四年，这首词是他在镇守西北边疆时所作。这首边塞词描写了边塞秋景，抒发了边防将士思乡忧国之情。

上片写塞外秋景，景中带情。边塞的秋天格外寒苦，春夏相守的大雁也向衡阳的南方飞去了。边地的肃杀之声随着号角响起，在重重的屏障似的山峰里，长烟直上，落日余晖斜照着城门紧闭的孤城。

下片写塞外乡思，着重抒情，情中有景。举杯喝酒只想消解对万里之外的家乡的思念，可是边患未平功业未建，归期无法预计。羌笛悠扬，寒霜洒满大地。边防军人无法入睡，将军已是满头白发，战士们流下思乡的泪水。

苏幕遮①

范仲淹

碧云天，黄叶地，秋色连波，波上寒烟翠。山映斜阳天接水，芳草②无情，更在斜阳外。

黯③乡魂，追旅思④，夜夜除非，好梦留人睡。明月楼高休独倚，酒入愁肠，化作相思泪。

【注释】

①苏幕遮：词牌名。此调为西域传入的唐教坊曲。

②芳草：代指乡思。

③黯：形容心情忧郁悲伤。

④追旅思：追，紧随。旅思，旅途中的愁苦。

大意：这是作者秋日旅途思乡之作。这首词意境开阔又柔情似水。上片以绚丽多彩的笔墨描绘了碧云、黄叶、翠烟、斜阳、水天相接、辽阔苍茫秋色。仰见碧空含云，俯瞰黄叶满地，秋天的江波上笼罩着寒烟一片苍翠。夕阳映照着远山，极目水天相连。看得见有情的夕阳，却看不见无情的芳草乡思。

下片触景伤怀，抒写了夜不能寐、高楼独倚、借酒浇愁、怀念家园故里的深情。思念家乡黯然感伤，乡愁旅思无法排解。每天夜里除非有好梦可做，否则难以入睡。不想在明月夜里独倚高楼望远，只想借酒浇愁，可是酒入愁肠都化作了思乡的眼泪。

凤栖梧①

柳 永

伫倚危楼②风细细，望极春愁，黯黯③生天际。草色烟光残照里，无言谁会④凭栏意。

拟把疏狂⑤图一醉，对酒当歌，强乐⑥还无味。衣带渐宽⑦终不悔，为伊消得人憔悴。

【注释】

①凤栖梧：词牌名。

②伫(zhù)：久站。危楼：高楼。

③黯黯：心情沮丧忧愁。

④会：理解。

⑤疏狂：豪放而不受拘束。

⑥强乐：勉强作乐。

⑦衣带渐宽：指人逐渐消瘦。

柳永(约987—约1053)，崇安(今属福建)人，北宋词人。

大意：这是一首感怀之作。上片写登高望远，怀念之情油然而生。我久立在高楼之上，春风习习，远望天边，相思之情如春草油然而生。天涯芳草萋萋，在落日余晖的照耀下，呈现出如烟似雾的光色，默默无言，谁能理解我登楼远眺的心情？

下片言情，对酒当歌，表达无怨无悔的真情。我想借酒浇愁，豪放不受约束地喝个一醉方休，但对酒当歌，勉强作乐却又没有兴致。因为思念，我日渐身体消瘦，面容憔悴，可我依然无怨无悔。结尾两句词凝聚了一种对爱情、对人生和事业的执着、坚毅与专一的精神，使词的意境得到升华。

雨霖铃①

柳 永

寒蝉凄切，对长亭②晚，骤雨初歇。都门③帐饮无绪，留恋处、兰舟④催发。执手相看泪眼，竟无语凝噎。念去去⑤，千里烟波，暮霭沉沉楚天阔。

多情自古伤离别，更那堪冷落清秋节。今宵酒醒何处？杨柳岸、晓风残月。此去经年⑥，应是良辰好景虚设。便纵有千种风情，更与何人说？

【注释】

①雨霖铃：词牌名。

②长亭：古时道路上每十里设一亭，所以又称为"十里长亭"。

③都门：京都，这里指北宋都城汴京（今河南开封）。

④兰舟：文学作品中对船的雅称。

⑤去去：表示路途遥远。

⑥经年：一年又一年。

大意： 这首词是词人离开汴京时与恋人惜别之作。上片描绘了分别时的情景。秋天雨后的黄昏，在汴京城外的长亭，二人依依不舍，手拉着手，泪眼相望，不知该说什么。这一去，却是千里迢迢，路途遥远。下片设想了离别后的情景。自古以来，多情的人都要为离别而伤心，更何况在清秋时节分别呢？恐怕今夜酒醒后，陪伴我的只是杨柳岸边、晨风、残月，从此对良辰美景再也没有兴趣欣赏，满心的情意更不知道向何人倾诉。

八声甘州①

柳 永

对潇潇暮雨洒江天，一番洗清秋。渐霜风凄紧，关河②冷落，残照当楼。是处③红衰翠减，苒苒物华④休。惟有长江水，无语东流。

不忍登高临远，望故乡渺邈，归思难收。叹年来踪迹，何事苦淹留⑤？想佳人、妆楼颙望⑥，误几回、天际识归舟。争知⑦我、倚栏干处，正恁凝愁⑧。

【注释】

①八声甘州：词牌名。

②关河：关塞与河流，这里指山河。

③是处：到处。

④苒苒：时间不知不觉地过去。物华：自然美景。

⑤淹留：长时间逗留。

⑥颙（yóng）望：盼望。

⑦争知：怎知。

⑧恁（nèn）：如此，这样。凝愁：愁思深重。凝：集中，专注。

大意： 上片写登高望远所看到的悲凉秋景。潇潇暮雨，从天空洒落在江面，秋天的景物被雨洗过之后，显得格外清冷。秋风送凉，山河大地一片冷落萧瑟。草木零落，时光流逝，美好的事物日益衰残，或许久远的只是那无语东流的长江水了。下片抒发怀乡思人的情感。不忍心登高望远，反而增添对故乡的思念，感叹自己多年来苦留异乡。故乡的佳人，当你登楼眺望、盼我归来的时候，可知道我也正倚着栏杆，同样愁思深重？作者用笔巧妙，写出不同地方的两个人，却是同样的满腹心事。

踏莎行

欧阳修

候馆①梅残，溪桥柳细，草薰风暖摇征辔②。离愁渐远渐无穷，迢迢③不断如春水。

寸寸柔肠④，盈盈粉泪⑤，楼高莫近危栏倚。平芜⑥尽处是春山，行人更在春山外。

【注释】

①候馆：指驿馆，旅社。

②征辔(pèi)：坐骑的缰绳。

③迢迢：形容遥远。

④寸寸柔肠：肝肠寸断，形容愁苦。

⑤盈盈：形容泪水。粉泪：泪水流到脸上与胭脂和在一起。

⑥平芜：平坦地向前延伸的草地。芜，草地。

欧阳修（1007—1072），吉州永丰（今属江西）人，北宋政治家、文学家。

大意： 作者早年行役江南时所作，抒写浓浓离情别意。驿馆周围的梅花已经凋零，溪畔桥边的柳丝弱不禁风。草香风暖，行人跃马扬鞭离家远行。走得越远，离愁越像没有穷尽的春江水。肝肠寸断，泪眼迷离。不要登高望远，你所思念的行人，在远山之外，渺不可寻。

生查子①

欧阳修

去年元夜②时，花市灯如昼③。月上柳梢头，人约黄昏后。

今年元夜时，月与灯依旧。不见去年人，泪湿春衫④袖。

【注释】

①生查子：词牌名。

②元夜：元宵节之夜。

③花市：民俗每年春时举行的卖花、赏花的集市。灯如昼：灯火像白天一样。

④春衫：年少时穿的衣服，也指代年轻时的自己。

大意： 此词是作者怀念妻子时所作。自唐朝起元宵节有观灯闹夜的风俗，也是年轻人互诉情意的好机会。去年元宵节的时候，花灯将夜晚照得和白天一样明亮。柳树梢头升起明月，我们约定在黄昏后诉说衷情。今年的元宵节圆月仍然高挂夜空，花灯依旧明亮，却看不到故人，泪水不觉湿透了衣裳。

浪淘沙①

欧阳修

把酒②祝东风，且共从容，垂杨紫陌洛城东③。总是当时携手处，游遍芳丛。

聚散苦匆匆，此恨无穷。今年花胜去年红。可惜明年花更好，知与谁同？

【注释】

①浪淘沙：词牌名。

②把酒：端着酒杯。

③紫陌：指京城郊外的路。洛城：指洛阳。

大意：这首词时间上横跨去年、今年、明年，表面上惜花，实际上惜别，表现出朋友之间的深厚情谊。端着酒杯向春风祈愿，希望春风能留下来，和我们共同游赏这大好春光。洛阳城东的路上，杨柳低垂，鲜花盛开，正是我们去年携手同游的地方，今天我要重游一遍。聚散总是太匆匆，遗恨无穷。今年的花比去年的花红，明年的花将开得更好，可是曾经同游的人，不知谁会和我一起赏花呢？

蝶恋花

欧阳修

庭院深深深几许？杨柳堆烟①，帘幕无重数。玉勒②雕鞍游冶处③，楼高不见章台路④。

雨横风狂三月暮，门掩黄昏，无计留春住。泪眼问花花不语，乱红飞过秋千去。

【注释】

①堆烟：形容杨柳浓密。

②玉勒(lè)：玉制的带嚼口的马笼头。

③游冶处：指歌楼。

④章台：汉长安街名，后泛指繁华的场所。

大意：此词写闺怨。幽深的庭院不知有多深？枝叶繁茂的杨柳如堆起的片片烟云，豪华的车马停在歌楼门前，登高望远却看不见通往章台的路。

暮春三月狂风骤雨，黄昏时将院门关起，却留不住春天，泪眼盈盈问花花不回应，只见纷乱的落花飞到秋千外。

第七课

江城子

乙卯①正月二十日夜记梦

苏 轼

十年生死两茫茫②，不思量，自难忘。千里孤坟③，无处话凄凉。纵使相逢应不识，尘满面，鬓如霜。

夜来幽梦忽还乡。小轩窗④，正梳妆。相顾无言，惟有泪千行。料得年年肠断处，明月夜，短松冈⑤。

【注释】

①乙卯：宋神宗熙宁八年（1075），苏轼39岁，当时任密州（今山东诸城）知州。

②十年生死两茫茫：苏轼写这首词的时候，他的妻子王弗恰逢去世十年。

③千里孤坟：作者妻子的坟墓在四川彭山县，和他当时所在地的密州东西相距数千里。

④轩窗：门窗。

⑤短松冈：指墓地。

苏轼（1037—1101），号东坡居士，眉山（今属四川）人，宋代文学家。

大意：这是一首悼亡词。以词写悼亡，是苏轼的首创。上片抒写对亡妻难以释怀的思念之情和爱妻去世后自己生活的凄凉、心酸和伤痛。十年来生死将双方相隔，什么都不知道了，即使是强忍着不去思念，却永远难以忘却。你的孤坟远在千里之外，我现在到哪里去诉说心中的凄凉。即使相逢料想也不会认识，因为我四处奔波，灰尘满面，鬓发如霜。

下片写梦会亡妻，再现当年的生活情景，表现了深挚的夫妻情意。夜里我在梦中仿佛回到家乡，在小屋的窗前，你正在梳妆打扮。我们相对无言默默凝望，只有不断流下的泪水。料想年年最让我伤心的地方，就在这明月之夜，长满小松树的墓地。

江城子

密州出猎

苏 轼

老夫聊发少年狂，左牵黄，右擎苍，锦帽貂裘，千骑卷平冈。为报倾城随太守，亲射虎，看孙郎①。

酒酣胸胆尚开张。鬓微霜，又何妨！持节云中，何日遣冯唐②？会挽雕弓如满月，西北望，射天狼③。

【注释】

①亲射虎，看孙郎：为"看孙郎，亲射虎"的倒装句。孙郎：即孙权，这里指作者自喻。

②持节云中，何日遣冯唐：典出《史记》。汉文帝时，魏尚为云中太守，治军有方，匈奴远避。后因报功文书上杀敌的数字与实际不合，被削职。经冯唐代为辩白后，文帝就派冯唐带着传达圣旨的符节去赦免魏尚的罪，使其官复原职。

③天狼：星名，传说主侵掠。比喻侵犯西北边境的西夏军队。

大意：宋神宗熙宁八年(1075)冬，苏轼在密州(今山东诸城)任知州，写下这首抒发爱国情怀的豪放诗。当时宋朝与西夏和辽国的战事频繁，宋朝对西夏作战胜利，收复了失地。但同时又向辽国割地700余里，作者对大胜西夏感到鼓舞，但对割地的屈辱又深感痛心，于是借围猎之时写下了这首词。

上片着力渲染围猎，刻画自己出猎时威武雄壮的豪迈形象。我要抒发一下少年的狂放豪情，左手牵着黄猎犬，右臂托着苍鹰，头戴锦帽，身穿貂皮衣，带着大队人马席卷原野，请你们看看我像孙郎当年射虎的英姿。下片以魏尚自比，愿赴边疆，杀敌立功。我喝到畅快时更显豪放。两鬓斑白又何妨，朝廷什么时候能派人下来，就像冯唐手持符节来到云中重新重用魏尚。如有朝廷信任的机遇，我将把雕弓拉得如同满月，朝向西北，射杀侵犯之敌。

水调歌头①

苏 轼

丙辰中秋，欢饮达旦，大醉，作此篇，兼怀子由②。

明月几时有？把酒③问青天。不知天上宫阙④，今夕是何年。我欲乘风归去，又恐琼楼玉宇⑤，高处不胜⑥寒。起舞弄清影⑦，何似在人间。

转朱阁⑧，低绮户⑨，照无眠⑩。不应有恨，何事长向别时圆？人有悲欢离合，月有阴晴圆缺，此事古难全。但愿人长久，千里共婵娟⑪。

【注释】

①水调歌头：词牌名。

②子由：苏轼的弟弟苏辙，字子由。

③把酒：端起酒杯。

④宫阙(què)：宫殿。

⑤琼楼玉宇：美玉砌成的楼宇，指月宫。

⑥不胜：忍受不住。

⑦弄清影：在月光下起舞。

⑧朱阁：朱红色的楼阁。

⑨绮(qǐ)户：刻有纹饰的门窗。

⑩照无眠：照着因有心事而睡不着的人。

⑪婵娟：女子姿态美好的样子，这里指月亮。

大意： 丙辰年(1076)中秋节，饮酒大醉，写下这篇中秋抒怀之作，同时思念弟弟苏辙。

明月是什么时候出现的？我举杯向苍天发问。不知此时天上的宫殿是何年何月。我想要乘着风回到月宫，又怕受不住天上高处的寒冷。对月起舞，影子也随着舞动，天上宫殿又怎么比得上人间的美好。

转过朱红色楼阁的圆月，低低地挂在雕花的窗户上，照着不能入睡的人。明月不该有什么怨恨吧，却为什么偏在人们不能团聚时圆呢？人间有悲欢离合的变迁，月亮有阴晴圆缺的转换，这种变化自古以来就难以周全。但愿所有人都能够平安健康，即使相隔千里，也能共享这美好的月光。

念奴娇

赤壁怀古①

苏 轼

大江东去，浪淘尽，千古风流人物。故垒②西边，人道是，三国周郎③赤壁。乱石穿空，惊涛拍岸，卷起千堆雪。江山如画，一时多少豪杰。

遥想公瑾当年，小乔初嫁了，雄姿英发。羽扇纶巾④，谈笑间，樯橹⑤灰飞烟灭。故国⑥神游，多情应笑我，早生华发。人生如梦，一尊还酹江月⑦。

【注释】

①念奴娇：词牌名。苏轼所游的是黄州(今湖北黄冈)的赤鼻矶，并非三国时期赤壁大战处。

②故垒：旧时军队营垒的遗迹。

③周郎：周瑜字公瑾，大败曹操时年仅33岁，时人称之为周郎。

④羽扇纶(guān)巾：古代儒者的装束。

⑤樯橹(qiánglǔ)：这里代指曹操的水军战船。樯：挂帆的桅杆。橹：一种摇船的桨。

⑥故国：指赤壁古战场。

⑦一尊还(huán)酹(lèi)江月：古人祭奠以酒浇在地上，表示凭吊。尊：同"樽"，酒杯。

大意： 这首词是苏轼46岁谪居黄州(今湖北黄冈)游赤壁时所作，表达了对昔日英雄人物的敬仰和对自己坎坷人生的感慨。上片写赤壁。长江浩浩荡荡向东流去，滔滔巨浪淘尽千古的英雄豪杰。旧营垒的西边，人们说那是三国时周瑜大破曹兵的赤壁。陡峭的石壁耸入云天，惊涛拍岸，浪花好像卷起千堆雪。江山壮美如画，一时涌现多少豪杰。

下片咏周瑜。遥想周瑜当年意气风发，绝代佳人小乔刚嫁他为妻，他雄姿英发豪情满怀。手摇羽扇，头戴配有青丝带的头巾，谈笑之间，百万曹军灰飞烟灭。我如今神游这当年战场，应笑我多愁善感，过早地生出白发。人生犹如一场梦，且把酒一杯祭奠江月。

定风波①

苏 轼

莫听穿林打叶声，何妨吟啸②且徐行。竹杖芒鞋③轻胜马，谁怕？一蓑烟雨任平生。

料峭④春风吹酒醒，微冷，山头斜照却相迎。回首向来萧瑟⑤处，归去，也无风雨也无晴。

【注释】
①定风波：词牌名。
②吟啸：高声吟咏。
③芒鞋：草鞋。
④料峭：形容春天的微寒。
⑤萧瑟：风雨吹打树叶声。

大意：这首词是苏轼被贬黄州(今湖北黄冈)后所作，词中充满豪放之气。不要理会那穿林打叶的雨声，不妨慢走高声吟咏。拄竹杖穿草鞋走起来比骑马轻便。狂风骤雨有什么可怕？一身蓑衣便可搏击风雨笑傲人生。微寒的春风把我的酒意吹醒，略微感到一丝寒冷，山头斜照的阳光又及时送来暖意。回望来时风雨萧瑟的路上，大步走回去，管它是风雨还是放晴。

卜算子①

陆 游

驿②外断桥边，寂寞开无主③。已是黄昏独自愁，更著④风和雨。

无意苦争春，一任群芳妒。零落成泥碾作尘，只有香如故。

【注释】
①卜算子：词牌名。
②驿(yì)：古代官设的交通站，供传送官文人员或官员休息。
③无主：这里指无人照管。
④著(zhuó)：同"着"，遭受。

陆游(1125—1210)，号放翁，越州山阴(今浙江绍兴)人，南宋诗人。

大意：这是一首咏梅词。上片写梅花的寂寞愁苦。驿站外的断桥边，梅花寂寞地生长，自开自落，没有人欣赏。黄昏时分正独自忧愁，又遭受了风雨的侵袭。下片托梅寄志，以梅花自喻，表达作者孤芳自赏、坚守节操的高尚品格。梅花不想在春天去争风头，寒冬时节就已绽放，任凭百花嫉妒。即使凋零被碾碎化作尘土，梅花的清香依然如故。

钗头凤①

陆 游

红酥手，黄縢②酒，满城春色宫墙柳。东风恶，欢情薄。一怀愁绪，几年离索③。错，错，错！

春如旧，人空瘦，泪痕红浥鲛绡④透。桃花落，闲池阁。山盟⑤虽在，锦书难托。莫，莫，莫！

【注释】

①钗头凤：词牌名。

②黄縢(téng)酒：酒名。

③离索：指离群索居，过着孤独的生活。

④浥(yì)：沾湿。鲛绡(jiāo xiāo)：神话传说中鲛人所织成的极薄的丝织物，这里指手帕。

⑤山盟：山盟海誓，形容誓言像山和海一样永恒不变。

大意：陆游和唐婉结婚后，二人感情非常好，陆母却不喜欢这个儿媳，逼着陆游把妻子休了，唐婉再嫁。几年后，陆游在家乡绍兴的沈园与唐婉夫妇相遇，百感交集，写下了这首词。

上片回忆往昔与唐婉在一起的美好情景，讲述了被迫分开后的痛苦。"东风恶"既指自然界的东风把桃花都吹落了，也指破坏陆唐二人婚姻的恶势力。恩爱夫妻被拆散后，几年来都生活在痛苦中。错，错，错！没明说是谁的过错，但表现出强烈的愤怒。

下片从感慨往事回到现实之中，进一步描述了夫妻分离后的苦痛。眼前的唐婉比以前消瘦，她的泪水把手帕都沾湿了。二人虽然永远相爱的誓言还在，却不能寄书信诉说离情了。千言万语，只能化作沉痛而无奈的感叹：莫，莫，莫！

诉衷情①

陆 游

当年万里觅封侯，匹马戍梁州②。关河③梦断何处，尘暗旧貂裘。

胡未灭，鬓先秋，泪空流。此生谁料，心在天山④，身老沧洲⑤。

【注释】

①诉衷情:词牌名。

②戍(shù):守边。梁州:今陕西南部及四川一带。

③关河:关塞与河防。这里指抗敌前线。

④天山:这里代指南宋与金国对峙的西北前线。

⑤沧洲:水边,代指隐者居处。

大意: 这首词是作者晚年隐居绍兴镜湖边上回顾戎马生活所作。当年不远万里去寻找建功立业的机会,单枪匹马奔赴边境守卫梁州。从军生活现在只有在梦中才会出现,出征时的貂裘战袍早已被灰尘覆盖。还没消灭入侵的敌人,两鬓却已斑白,眼泪无助地流淌。谁能料到,原想去前线抗敌,如今只能隐居家乡慢慢老去。

一剪梅①

李清照

红藕②香残玉簟③秋。轻解罗裳，独上兰舟④。云中谁寄锦书⑤来？雁字回时，月满西楼。

花自飘零水自流。一种相思，两处闲愁。此情无计可消除，才下眉头，却上心头。

【注释】

①一剪梅:词牌名。

②红藕:红色的荷花。

③玉簟(diàn):光滑似玉的精美竹席。

④兰舟:文学作品中对船的雅称。

⑤锦书:书信的美称。

大意: 这首词是李清照写给新婚不久就离家外出的丈夫的,词中倾述了相思的恋情,离别的愁苦。荷花已经枯萎,香气也消失了,冰滑如玉的竹席让人感觉到秋凉。白天一个人乘着小船在江面上游玩,夜里月满时也是独自走上西楼,看到飞回的雁群,忍不住想,会有人托付大雁给我寄信吗？花自在飘落,水自在流淌,我们彼此思念对方,却分别在两地各自愁苦。这种相思离愁的感情刚从紧锁的眉间消失,又隐约缠绕地袭上心头,根本无法清除。

第十课

声声慢①

李清照

寻寻觅觅，冷冷清清，凄凄惨惨戚戚②。乍暖还寒时候，最难将息③。三杯两盏淡酒，怎敌他、晚来风急！雁过也，正伤心，却是旧时相识。

满地黄花④堆积，憔悴损，如今有谁堪摘？守着窗儿，独自怎生⑤得黑！梧桐更兼细雨，到黄昏、点点滴滴。这次第⑥，怎一个愁字了得！

【注释】

①声声慢：词牌名。
②戚戚：悲愁、哀伤的样子。
③将息：养息，休息。
④黄花：菊花。
⑤怎生：怎么，怎样。
⑥次第：光景，状况。

李清照（1084—约1155），号易安居士，历城（今山东济南）人，宋代女词人。

大意：这首词是李清照的晚年之作。当时正逢国家战乱，丈夫病逝，她过着逃难的生活。词中写出了她那种满腹愁思无止无息、欲说还休的心情。

苦苦寻觅，看到的却只是冷冷清清，怎不让人感到凄惨忧伤。乍暖还寒时节，最难调养。几杯淡酒又怎么能禁得住寒凉的晚风？大雁飞过更令人伤心，那只大雁曾经为我和丈夫传过信。

菊花满地，凋谢残败，又有谁会来采摘？自己更是憔悴，孤零零地坐在窗前，怎样才能尽快挨到天黑？黄昏时分下起了细雨，点点滴滴落在梧桐叶上，这秋雨绵绵的情景，一个"愁"字又怎么能概括得了？

如梦令①

李清照

常记溪亭②日暮，沉醉不知归路。兴尽晚回舟，误入藕花③深处。争渡，争渡，惊起一滩鸥鹭④。

【注释】
①如梦令：词牌名。
②溪亭：溪边的亭子。
③藕花：指荷花。
④鸥鹭(lù)：泛指水鸟。

大意：这是一首回忆故乡往事的词。还时常记起出游溪亭，一直玩到日暮时分，因喝醉找不到回家的路。酒宴尽兴后才乘夜色坐小船回去，却迷途进入了荷花池的深处。划出去，划出去，响声惊飞了滩上的水鸟。

醉花阴①

李清照

薄雾浓云愁永昼，瑞脑销金兽②。佳节又重阳，玉枕纱厨③，半夜凉初透。

东篱把酒黄昏后，有暗香盈袖。莫道不销魂④，帘卷西风⑤，人比黄花⑥瘦。

【注释】
①醉花阴：词牌名。
②瑞脑：即龙脑香，是一种名贵的香料。金兽：兽形的香炉。
③纱厨：纱帐。
④销魂：形容极度的悲伤、愁苦。
⑤西风：秋风。
⑥黄花：指菊花。

大意：这首词写的是在重阳佳节思念丈夫的心情。词人在描写自然景物时，加入了浓重的思念之情。薄雾弥漫，乌云浓厚，整整一天都满腹忧愁，看着香炉里的龙脑香慢慢燃尽。又逢重阳佳节，枕着玉枕卧在纱帐里，半夜已经能感到透骨的寒凉。黄昏时分独自一人在东篱饮酒赏菊。淡淡的菊香充盈双袖，不要说清秋不让人伤神，萧瑟的秋风把帘子掀起，带来阵阵寒意，帘内之人比菊花还要消瘦。开篇的"愁永昼"，形成了结尾的"比黄花瘦"，这种愁正是与丈夫的离愁。

如梦令

李清照

昨夜雨疏风骤，浓睡①不消残酒。试问卷帘人②，却道海棠依旧。知否，知否？应是绿肥红瘦③。

【注释】

①浓睡：酣睡。

②卷帘人：这里指侍女。

③绿肥红瘦：叶子茂盛，花儿凋零。绿：指叶子；红：指花。

大意：这是作者的早期作品之一，表达了词人惜花伤春之情。昨夜雨疏风急，酣睡一夜之后，酒意仍然没有消尽。听到侍女卷帘的声音就问：海棠花怎么样了？回答说：海棠花还是那样！我不由得感叹：知道吗？知道吗？应该是绿叶繁茂、红花凋零了吧。这首小令仅三十三个字，却有情景，有人物，有对话，从夜晚到第二天早晨，包含了几幕场景，用语精练，采用问答的写法，让人有如闻其声、如见其人的真切感。

鹊桥仙①

秦 观

纤云②弄巧，飞星③传恨，银汉迢迢④暗度。金风玉露一相逢，便胜却人间无数。

柔情似水，佳期如梦，忍顾⑤鹊桥归路！两情若是久长时，又岂在朝朝暮暮⑥。

【注释】

①鹊桥仙：词牌名。

②纤云：纤柔的云彩。

③飞星：流星。

④银汉：银河。迢迢：遥远的样子。

⑤忍顾：不忍心回看。

⑥朝朝暮暮：指朝夕相聚。

秦观(1049—1100)，高邮(今属江苏)人，北宋文学家。

大意：这是一首咏七夕的节序词。这首词借牛郎织女的神话故事，歌颂了坚贞不渝的爱情。纤柔的云彩变幻出巧妙的图案，流星传递着无法相聚的愁怨，牛郎、织女在七夕渡过银河，千里迢迢来相会。在秋风白露的七夕欢聚一次，就胜过人世间的无数次相聚。温情柔美似水，相聚喜悦如梦，分别之时不忍回顾各回鹊桥两端之路。如果两人真诚相爱，又何必一定要朝夕相守，形影不离。结尾两句是歌颂爱情的千古绝唱。

江城子

秦 观

西城杨柳弄春柔，动离忧①，泪难收。犹记多情曾为系归舟。碧野朱桥当日事，人不见，水空流。

韶华②不为少年留。恨悠悠，几时休？飞絮落花时候一登楼。便作春江都是泪，流不尽，许多愁。

【注释】

①离忧：离别的忧思。
②韶华：美好时光。

大意： 这是一首暮春时节怀念友人的词作。上片由眼前的杨柳勾起对往事的回忆。西城的杨柳逗弄着春天的柔情，想起离别时的忧伤就泪流不止。这杨柳当年曾为你系着归来的小船。看着碧绿的田野、红色的小桥，不由得想起往事，可惜你不在身边，陪伴我的只有空自流淌的江水。下片将满腹离愁化作春水，写出了对友人无止无休的思念。美好的时光不会为少年而停留。离别的苦恨，何时才到头？在这柳絮飘飞、春花凋谢的时节登上楼台，泪难收，水空流，恨悠悠，即使都化作一江春水，也流不尽我的愁苦。

行香子[1]

秦 观

树绕村庄，水满陂塘[2]。倚东风，豪兴徜徉[3]。小园几许[4]，收尽春光。有桃花红，李花白，菜花黄。

远远围墙，隐隐茅堂。飏青旗[5]，流水桥旁。偶然乘兴，步过东冈。正莺儿啼，燕儿舞，蝶儿忙。

【注释】

①行香子:词牌名。

②陂(bēi)塘:池塘。

③徜徉:闲游,安闲自在地步行。

④几许:多少,这里表示园子不大。

⑤飏(yáng):飞扬,飘扬。青旗:酒店门口挂的青色酒幌。

大意: 这首词描绘了一幅美丽的田园春景。绿树环绕村庄,水满池塘,阳光明媚,春风浩荡。在田园里漫步,近看桃花、李花、菜花竞相争艳;纵目远望,隐约可见围墙和茅草屋,酒旗飘扬在水岸桥边。信步走过山冈田野里,莺啼、燕舞、蝶忙,一派大好春光。

浣溪沙

秦 观

漠漠[1]轻寒上小楼,晓阴无赖[2]似穷秋[3]。淡烟流水画屏幽。

自在飞花轻似梦,无边丝雨细如愁。宝帘闲挂小银钩。

【注释】

①漠漠:弥漫的样子。

②无赖:无聊,无意趣。

③穷秋:晚秋,九月。

大意: 这是一首写春愁的词。弥漫着早春的寒气飘上小楼,天阴的早晨好像深秋。屋内清冷的画屏上轻烟淡淡,流水潺潺。

楼前自在飘飞的花瓣轻得如夜里的美梦,飘洒天边的雨丝细密得好似愁思。小银钩随意地把帘子挂起。

破阵子^①

为陈同甫赋壮词以寄之

辛弃疾

醉里挑灯看剑，梦回吹角连营。八百里分麾下炙^②，五十弦翻塞外声^③，沙场秋点兵。

马作的卢^④飞快，弓如霹雳^⑤弦惊。了却君王天下事，赢得生前身后名。可怜白发生！

【注释】

①破阵子：词牌名。

②八百里：指牛，这里泛指酒食。麾（huī）下：军旗下面，指部下。炙（zhì）：烤熟的肉食。

③五十弦：本指瑟，泛指乐器。翻：演奏。塞外声：指悲壮粗犷的军乐。

④的（dì）卢：指性烈的快马。

⑤霹雳（pī lì）：响雷，震雷。这里形容弓弦响声。

辛弃疾（1140—1207），号稼轩，历城（今山东济南）人，南宋词人。

大意： 这是辛弃疾寄好友陈同甫的一首词。词中回顾了他当年领导义军抗击金兵的情形，描绘了义军雄壮的军容和英勇战斗的场面，也表现了作者不能实现收复中原愿望的悲愤心情。这首词气势磅礴，充满了鼓舞人心的壮志豪情。

带着醉意拨亮油灯抚拭宝剑，梦中回到号角吹响的军营。军中有壮阔的会餐场面，乐队演奏着雄壮的军歌。这是秋天在战场上阅兵。骑兵横戈跃马飞奔，离弦的弓箭响如惊雷。完成收复中原的大业，取得世代相传的美名。可悲的是我已年老力衰白发生！

菩萨蛮

书江西造口^①壁

辛弃疾

郁孤台^②下清江^③水，中间多少行人泪。西北望长安^④，可怜无数山。

青山遮不住，毕竟东流去。江晚正愁余^⑤，山深闻鹧鸪^⑥。

【注释】

①造口：即皂口，镇名。

②郁孤台：古台名，在今江西赣州西北的贺兰山上。

③清江：指赣江。

④长安：汉、唐故都，这里指宋故都汴梁。

⑤愁余：使我感到忧愁。

⑥鹧鸪（zhè gū）：鸟名。

大意：这首词抒发的是对建炎年间国事艰危的沉痛追怀，对靖康以来失去国土的深情思念，词中句句写景，实则抒发爱国情怀。郁孤台下的赣江清澈的水中，有多少逃难人的眼泪。举目眺望西北故都，可惜被无数青山挡住。青山虽然遮住眺望长安的视线，却挡不住浩荡的江水向东流去。暮色苍茫，徘徊江畔，耳边响起深山传来的鹧鸪声声。

丑奴儿^①

书博山^②道中壁

辛弃疾

少年不识愁滋味，爱上层楼^③。爱上层楼，为赋新词强^④说愁。

而今识尽愁滋味，欲说还休^⑤。欲说还休，却道天凉好个秋！

【注释】

①丑奴儿：词牌名。

②博山：在今江西广丰西南。

③层楼：高楼。

④强（qiǎng）：极力。

⑤欲说还休：想说却说不出。

大意：辛弃疾中年后长期赋闲，隐居江西上饶一带，经常往来博山道上。这首以登高说愁的词，写出了少年与成年两种不同的人生感受。少年时代，不谙世事，喜欢登高，没有愁苦；成年以后，历尽世事艰难，满腔愁苦，却无从诉说。在自嘲自讽之中，写尽了人生的无奈。

第十三课

青玉案①

元夕②

辛弃疾

东风夜放花千树③，更吹落，星如雨④。宝马雕车⑤香满路。凤箫⑥声动，玉壶⑦光转，一夜鱼龙舞⑧。

蛾儿雪柳黄金缕⑨，笑语盈盈暗香去。众里寻他千百度，蓦然⑩回首，那人却在，灯火阑珊⑪处。

【注释】

①青玉案：词牌名。

②元夕：农历正月十五日为元宵节，此夜称元夕或元夜。

③花千树：花灯之多如千树开花。

④星如雨：形容满天的烟花。

⑤宝马雕车：豪华马车。

⑥凤箫：箫的美称。

⑦玉壶：比喻明月。

⑧鱼龙舞：指舞动鱼形、龙形的彩灯。

⑨蛾儿、雪柳、黄金缕：指古代妇女元宵节时头上佩戴的各种装饰品。这里指盛装的妇女。

⑩蓦(mò)然：忽然。

⑪阑珊：零落，稀落。

大意：这是一首咏元夕的节令词。元宵佳节满城灯火，满街游人，火树银花，通宵歌舞，这首词极力渲染元宵节之夜的气氛。花炮齐放如千树花开，又如满天繁星雨下，华丽马车的香气弥漫着大街。悦耳的凤箫声四处回荡，玉壶般的明月光照大地，鱼形、龙形的彩灯整夜都在热闹地舞动。结伴步行的平民妇女头上都戴着亮丽饰物，光彩照人，她们笑语盈盈走来，身上散发出淡淡幽香。我在人群中千百次寻她都不见，忽然一回头，却发现她正在灯火稀落之处。作者喜出望外寻找的就是这位与众不同、甘守寂寞的意中人。

水龙吟

登建康①赏心亭

辛弃疾

楚天千里清秋，水随天去秋无际。遥岑②远目，献愁供恨，玉簪螺髻③。落日楼头，断鸿④声里，江南游子。把吴钩⑤看了，栏杆拍遍，无人会，登临意。

休说鲈鱼堪脍，尽西风，季鹰归未？求田问舍，怕应羞见，刘郎才气。可惜流年⑥，忧愁风雨，树犹如此！倩⑦何人唤取，红巾翠袖⑧，揾⑨英雄泪！

【注释】

①建康：今江苏南京。

②遥岑：远山。

③螺髻(jì)：螺旋形发髻，与玉簪分别形容圆形的山和尖峭的山。

④断鸿：失群的孤雁。

⑤吴钩：古代吴地制造的一种宝刀。

⑥流年：流逝的时光。

⑦倩：请托。

⑧红巾翠袖：女子装饰，代指女子。

⑨揾(wèn)：擦拭。

大意：辛弃疾在建康任职时，秋日登览当地名胜赏心亭，写下这首词以抒发壮志。全篇意境雄浑，苍凉悲壮。上片写登临所见水天开阔景色，抒发无用武之地的苦闷。辽阔的南国晴空万里，江水流向天际，秋色无边。极目眺望远处群山如玉簪像螺髻，仿佛都在述说着故土沦落的愁恨。夕阳斜照着楼头，离群的孤雁悲鸣声声，我这流落江南的思乡游子，端详着宝刀，拍打着栏杆，没有人能够理解我此时登楼的心意。

下片连用张翰、许汜、桓温三个典故，书写自己不能建功立业而虚度光阴的悲愤。别说鲈鱼美味，秋风吹起，不知张季鹰是否弃官归去？像只为自己购置田地的许汜，应惭愧去见雄才大略的刘备。可惜大好岁月空流逝，徒然为风雨飘摇的国事忧愁，难怪桓温感慨树都已经长大，人又怎能不垂老？谁去请来红颜知己，来为我擦干英雄失意的眼泪！

永遇乐①

京口②北固亭怀古

辛弃疾

千古江山，英雄无觅，孙仲谋③处。舞榭歌台，风流总被，雨打风吹去。斜阳草树，寻常巷陌，人道寄奴④曾住。想当年，金戈铁马，气吞万里如虎。

元嘉草草⑤，封狼居胥⑥，赢得⑦仓皇北顾。四十三年，望中犹记，烽火扬州路。可堪回首，佛狸⑧祠下，一片神鸦社鼓⑨。凭谁问：廉颇老矣，尚能饭否？

【注释】

①永遇乐：词牌名。

②京口：今江苏镇江。

③孙仲谋：三国时的吴王孙权，字仲谋，曾建都京口。

④寄奴：南朝宋武帝刘裕小名。

⑤元嘉草草：元嘉是刘裕儿子刘义隆年号。南朝宋文帝刘义隆好大喜功，仓促北伐，遭到重创。

⑥封狼居胥：西汉大将霍去病远征匈奴，封狼居胥山（即今蒙古国境内的肯特山）而还。封：登山祭天，以纪功勋。

⑦赢得：剩得，落得。

⑧佛（bì）狸：北魏太武帝拓跋焘小名。

⑨神鸦：指在庙里吃祭品的乌鸦。社鼓：社日祭祀时的鼓声。

大意： 这首词是辛弃疾调任镇江知府后，登临北固山上的北固亭时所作。全词通过对孙权、刘裕、廉颇等历史人物的追怀褒贬，感叹自己壮志难酬的悲愤。江山依旧，却再无处寻求像孙仲谋那样的英雄豪杰。昔日繁华的歌舞台榭、风流人物都被历史的风雨化为乌有。斜阳映照草树，平常的街巷，传说刘裕曾在这里居住。想当年，他率军北伐收复失地，威猛如虎。

元嘉年间宋文帝刘义隆草草出兵北伐中原，梦想如霍去病一样再次登狼居胥山建功立业，却不料只落得狼狈逃窜的下场。北伐失败至今已四十三年，遥望中原，仍然记得扬州一带烽火连天的战乱情景。不堪回首，当年侵略中原的拓跋焘的祠庙却被当作神祇来供奉。难道还有谁会问：廉颇将军老了，饭量是否还好？

南乡子①

登京口北固亭有怀

辛弃疾

何处望神州②？满眼风光北固楼。千古兴亡多少事？悠悠。不尽长江滚滚流。

年少万兜鍪③，坐断④东南战未休。天下英雄谁敌手？曹刘⑤。生子当如孙仲谋。

【注释】
①南乡子：词牌名。
②神州：这里指中原地区。
③兜鍪(dōu móu)：古代作战时士兵所戴的头盔，这里代指士兵。
④坐断：占据，割据。
⑤曹刘：指曹操与刘备。

大意：这首词与作者同时期所作的《永遇乐·京口北固亭怀古》相比，同一题材写作风格不同，一首风格明快，一首悲凉苍劲，都不失为怀古伤今的千古绝唱。这首词通篇三问三答，互相呼应，风格明快，意境高远。

何处可以眺望中原神州大地？在北固楼上登高远望，满眼风光无限，但是却看不见中原。千百年来有多少朝代兴亡更替？都已成为悠悠往事，伴随着滔滔不尽的长江水滚滚东流。当年的东吴孙权，年轻时就统率千军万马占据东南江山，坚持抗战。天下英雄还有谁是他的劲敌？只有曹操和刘备。曹操曾感叹：生子应当如孙权！

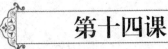

山坡羊①

潼关怀古

张养浩

峰峦如聚，波涛如怒，山河表里潼关路。望西都②，意踌躇。伤心秦汉经行处③，宫阙万间都做了土。兴，百姓苦；亡，百姓苦。

【注释】

①山坡羊：曲牌名。

②西都：古称长安为西都，洛阳为东都。

③秦汉经行处：途中所见的秦汉宫殿遗址。秦朝都城咸阳和西汉都城长安都在潼关西面。经行处：行程中经过的地方。

张养浩（1270—1329），济南（今属山东）人，元代文学家。

大意：张养浩赴陕西途中登临潼关，怀古思今，写下此篇，表达了对老百姓疾苦的深切同情与关怀。

华山的山峰重峦叠嶂，黄河的波涛汹涌澎湃，潼关内有华山，外有黄河，山河雄伟，地势险要。远望西都长安，心情不安忧愁。经过秦汉宫殿的遗址，万间华丽的宫殿如今都已化为了泥土，令人伤感。这些王朝兴盛的时候，老百姓受苦；这些王朝灭亡的时候，老百姓还是受苦。

卜算子

李之仪

我住长江头，君住长江尾。日
日思①君不见君，共饮长江水。

此水几时休②，此恨何时已③。
只愿君心似我心，定不负相思意。

【注释】

①思：想念，思念。

②休：停止。

③已：完结，停止。

李之仪(约1035—1117)，沧州无棣(今属山东)人，北宋词人。

大意： 北宋崇宁二年(1103)，作者被贬到太平州，接着家人连遭不幸，正
当人生失意时遇到红颜知己，写下这首词，歌颂坚贞不渝的爱情。我住在长江
上游，你住在长江下游。天天想念却见不到你，值得安慰的是我们共饮着长江
水。长江水流淌不停，相思之情再无休止。只要你我不变心，就一定会不辜负
这片相思之情。

临江仙①

杨 慎

滚滚长江东逝水，浪花淘尽英
雄。是非成败转头空。青山依旧
在，几度夕阳红。

白发渔樵②江渚③上，惯看秋月
春风④。一壶浊酒⑤喜相逢。古今多
少事，都付笑谈中。

【注释】

①临江仙：词牌名，原为
唐教坊曲名。

②渔樵：指隐居不问世事
的人。

③渚(zhǔ)：水中的小块
陆地，此处指江岸边。

④秋月春风：指良辰美
景，也指美好的岁月。

⑤浊酒：用糯米、黄米等
酿制的酒，较混浊。

杨慎(1488—1559)，新都(今四川成都)人，明代文学家。

大意： 这首词借历史兴亡来抒发人生感慨，从成败得失中寻求人生哲理，
体现旷达的人生态度。长江水滚滚向东流去，多少英雄像翻飞的浪花般消逝。
是非成败转头就如过眼云烟，不变的只有青山和夕阳。江边白发的隐士，早已
看惯了岁月更替，难得和朋友开怀畅饮一杯酒。古往今来的多少事，都在笑谈
之中过去了。

满江红①

岳 飞

怒发冲冠，凭栏处、潇潇②雨歇。抬望眼，仰天长啸，壮怀激烈。三十功名尘与土，八千里路云和月。莫等闲、白了少年头，空悲切。

靖康耻③，犹未雪。臣子恨，何时灭！驾长车，踏破贺兰山缺。壮志饥餐胡虏肉，笑谈渴饮匈奴血。待从头、收拾旧山河，朝天阙④。

【注释】

①满江红：词牌名。

②潇潇：形容雨势急骤。

③靖康耻：靖康二年（1127）四月，金兵攻陷汴京（今开封），俘虏了宋徽宗、宋钦宗父子及大量赵氏皇族，靖康之变导致宋室南迁、北宋灭亡，史称靖康之耻。

④朝天阙：朝见皇帝。天阙，本指宫殿前的楼观，此处指皇帝生活的地方。

岳飞（1103—1142），相州汤阴（今属河南安阳市）人，南宋时期抗金名将。

大意：这首词写得慷慨悲壮，表达了岳飞精忠报国的雄心壮志。我怒发冲冠，登高凭栏，骤急的风雨刚过去。极目远眺，仰天长啸，胸中热血沸腾。三十年功名如尘土般微不足道，八千里征战艰苦卓绝。不要轻易虚度青春岁月，以致年老徒然悲切。尚未洗雪靖康之耻，心中长存亡国之恨。我要驾长车踏破贺兰山口，饥则食虏肉，渴则饮虏血，重新收复旧日山河，送上胜利的捷报。

过零丁洋

文天祥

辛苦遭逢起一经①，

干戈寥落四周星②。

山河破碎风飘絮，

身世浮沉雨打萍。

惶恐滩③头说惶恐，

零丁洋④里叹零丁。

人生自古谁无死？

留取丹心⑤照汗青⑥。

【注释】

①遭逢：遇到朝廷选拔人才。起一经：精通某一经籍。这里指通过科举考试进入官场。

②寥（liáo）落：稀少。四周星：四周年。

③惶恐滩：赣江十八滩之一，在今江西万安境内赣江中，文天祥在江西战败，经过此滩退往广东。

④零丁洋：即"伶仃洋"，今广东珠江口外。

⑤丹心：红心，比喻忠心。

⑥汗青：古代在竹简上写字，先用火烤竹片，使水分如汗渗出，以防虫蛀，故称书简为"汗青"。这里指史册。

文天祥（1236—1283），吉州庐陵（今江西吉安）人，南宋政治家、文学家。文天祥被俘后，宁死不屈，慷慨就义。

大意： 1278年文天祥在广东海丰兵败被俘，次年过零丁洋时作此诗以明志，表明他舍生取义的气节。我历尽辛苦科举入仕，如今起兵抗元已有四年。大宋山河破碎就像被风吹散的柳絮，自己一生沉浮如同雨打的浮萍。去年在惶恐滩头诉说心中的惶恐，而今在零丁洋中感叹孤苦伶仃。自古以来谁没有一死？留下赤诚忠心光照史册。

赴戍登程口占①示家人

林则徐

力微任重久神疲，

再竭衰庸②定不支。

苟③利国家生死以④，

岂因祸福避趋⑤之？

谪⑥居正是君恩厚，

养拙刚于⑦戍卒宜。

戏与山妻⑧谈故事，

试吟断送老头皮。

【注释】

①口占：即兴作诗词，随口吟诵出来。

②衰庸：衰老而无能，这里是自谦之词。

③苟：如果。

④以：用，去做。

⑤避趋：退避与向前。

⑥谪：贬谪。

⑦养拙：守本分，不显露自己。刚于：正好与。

⑧山妻：对自己妻子的谦称。

　　林则徐(1785—1850)，福建侯官(今福建福州)人，清代鸦片战争时期主张严禁鸦片、抵抗西方侵略的爱国政治家。

　　大意：林则徐因抗英禁烟被贬，发配到新疆伊犁，临行与家人告别而作此诗。这首诗语气平和，不发牢骚，在幽默中蕴含着忧患意识。我以微薄之力为国家担当重任，早已感到精疲力竭。一再肩负重任，以我衰老之躯和平庸之才，必定无法支撑。如果对国家有利，我仍然会不顾生死全力以赴，哪能因为害怕灾祸就逃避，看见好处就争先呢？被流放到边远地区是君主厚恩，当个戍卒正适合我的本分。我跟妻子开玩笑，讲故事，你不妨吟诵"断送老头皮"来为我送行。

七律·长征

毛泽东

红军不怕远征难，

万水千山只等闲。

五岭①逶迤②腾细浪，

乌蒙③磅礴④走泥丸。

金沙⑤水拍云崖⑥暖，

大渡桥⑦横铁索⑧寒。

更喜岷山⑨千里雪，

三军过后尽开颜。

【注释】

①五岭：大庾岭、骑田岭、萌渚岭、都庞岭、越城岭的总称，位于湖南、江西、广东、广西交界处。

②逶迤(wēi yí)：形容道路、山脉、河流等弯弯曲曲、连绵不断的样子。

③乌蒙：山名，绵延在贵州、云南两省之间，气势雄伟。红军长征经过此地。

④磅礴(páng bó)：雄伟高大。

⑤金沙：金沙江。

⑥云崖：高耸入云的山崖。

⑦大渡桥：指四川省西部泸定县大渡河上的泸定桥。

⑧铁索：大渡河上的泸定桥是用十三根铁索组成。

⑨岷(mín)山：中国西部大山，位于甘肃省西南、四川省北部。

毛泽东(1893—1976)，湖南湘潭人，中国无产阶级革命家、战略家、理论家，中国共产党、中国人民解放军、中华人民共和国的主要缔造者，中国各族人民的领袖，毛泽东思想的主要创立者。

大意： 万里长征是人类历史上空前的伟大壮举，毛泽东的《七律·长征》是诗歌创作史上不朽的杰作。这首诗形象地概括了红军二万五千里长征的伟大战斗历程，热情洋溢地赞颂了中国工农红军的革命英雄主义、革命乐观主义精神和大无畏的英雄气概。

万里长征如此伟大复杂的主题，毛泽东以一首七言律诗浓缩了它的历程和景观，其中又包括了多少惊险、多少曲折、多少悲壮、多少惊天地泣鬼神的故事。这首诗无论是艺术形式还是诗的意境、气势，都堪称典范。

忆秦娥·娄山关①

毛泽东

西风烈，长空雁叫霜晨月。霜晨月②，马蹄声碎，喇叭声咽。

雄关漫道真如铁，而今迈步从头越③。从头越，苍山如海，残阳如血。

【注释】

①娄山关:在贵州遵义城北娄山的最高峰上,是防守贵州遵义的要冲。

②霜晨月:清晨时寒霜为底,残月在天。

③从头越:重新跨越,这里语意双关,既是写红军再次跨越娄山关,又比喻遵义会议后中国革命的重新起步。

大意: 中央红军长征途中,1935年1月15日中共中央召开遵义会议,确立了毛泽东在党中央的领导地位。在毛泽东的指挥下,红军灵活机动,离开遵义,经娄山关,西渡赤水,乘机歼敌,摆脱险境。这首词以悲壮凝重的笔调,描绘了中央红军于1935年2月第二次夺取娄山关的胜利壮举,抒发了诗人在战争中战胜艰险的坚强意志和实事求是的精神,展示了红军跨越雄伟娄山关昂扬奋发的革命情怀。

采桑子①·重阳②

毛泽东

人生易老天难老,岁岁重阳。今又重阳,战地黄花③分外香。

一年一度秋风劲,不似④春光。胜似春光,寥廓江天万里霜。

【注释】

①采桑子:词牌名。

②重阳:农历九月九日为重阳节。

③黄花:指菊花。我国古代菊花的主要品种为黄色的。

④不似:不类似,不像。

大意: 1929年秋天,红四军在福建省西部汀江一带歼灭土著军阀,攻克了上杭。时逢重阳节,毛泽东看见黄花盛开的情景,挥笔写下这首词。重阳节是中国传统节日之一,这一天人们有登高远望、赏菊等习俗。古代文人笔下的重阳节大多由"黄花"引出悲秋的情感,而毛泽东此词充满着革命的乐观主义情怀,他笔下的"黄花"是和人民革命战争胜利联系在一起的,"战地黄花分外香",表达了战争胜利后的喜悦和对革命前途的乐观。

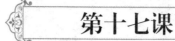

沁园春①·长沙

毛泽东

独立寒秋，湘江北去，橘子洲②头。看万山③红遍，层林尽染；漫江碧透，百舸④争流。鹰击长空，鱼翔浅底⑤，万类霜天竞自由。怅寥廓⑥，问苍茫大地，谁主沉浮⑦？

携来百侣⑧曾游。忆往昔峥嵘岁月稠。恰同学少年，风华正茂；书生意气，挥斥方遒⑨。指点江山，激扬文字，粪土当年万户侯。曾记否，到中流击水⑩，浪遏⑪飞舟？

【注释】

①沁园春：词牌名。

②橘子洲：长沙城西湘江中一个狭长小岛，西面靠近岳麓山。

③万山：指湘江西岸岳麓山和附近许多山峰。

④舸(gě)：大船。

⑤浅底：指清澈可见底的水下。

⑥寥廓(liáo kuò)：广远空阔。这是用来描写宇宙之大。

⑦沉浮：这里指兴衰。

⑧侣：这里指同学。

⑨挥斥：奔放。遒(qiú)：强劲。挥斥方遒指热情奔放、劲头正足的状态。

⑩击水：游泳。

⑪遏(è)：阻止。

大意：《沁园春·长沙》是毛泽东1925年秋所作。1911年，毛泽东来到湖南长沙第一师范学校。长沙是中国农村革命的发源地，是毛泽东革命生涯的起点。毛泽东在这里求学、求真理，开始实现他的伟大抱负。1920年，毛泽东再度返回长沙，在组织的新民学会上确立了"改造中国与世界"的目标，并成为坚定的马克思主义者。1925年秋天，毛泽东路过长沙时，重游岳麓山、橘子洲，面对着滔滔江水、满山红叶，忆昔抚今，豪情激荡，写下了这首秋的赞歌，自由的赞歌，风华绝代的赞歌。上片描绘深秋绚烂景色，"谁主沉浮"的发问，表明作者对天下大事的关心和高远志向。下片抒写昂扬的意气和豪迈的激情，"到中流击水，浪遏飞舟"，表达了英勇无畏的革命精神。

沁园春·雪

毛泽东

北国风光，千里冰封，万里雪飘。望长城内外，惟余莽莽①；大河②上下，顿失滔滔。山舞银蛇，原驰蜡象③，欲与天公④试比高。须晴日，看红装素裹⑤，分外妖娆。

江山如此多娇，引无数英雄竞折腰⑥。惜秦皇汉武，略输文采；唐宗宋祖，稍逊风骚⑦。一代天骄，成吉思汗，只识弯弓射大雕。俱往矣，数风流人物，还看今朝。

【注释】

①惟余(yú)：只剩下。莽莽：白茫茫一片。

②大河：指黄河。

③原：指陕西和山西的高原。蜡象：白色的象。

④天公：指天。

⑤红装素裹：形容雪后天晴，红日和白雪交相辉映的壮丽景色。

⑥竞折腰：这里指争着为江山奔走操劳。折腰：倾倒，躬着腰侍候。

⑦风骚：本指《诗经》里的《国风》和《楚辞》里的《离骚》，后来泛指文章辞藻。

大意：1936年2月，毛主席率领红一方面军从陕北出发，准备东渡黄河，进入山西西部。在陕北清涧海拔千米、白雪覆盖的塬上，他面对茫茫雪野、苍茫大地，胸中豪情激荡，写下了这首词。

上片写景咏物，歌咏了祖国河山的雄伟和壮丽；下片论史抒怀，纵论历代英雄人物，"俱往矣，数风流人物，还看今朝"，充分表达了引领中华民族走向伟大复兴的使命感和责任感。

这首词是毛泽东影响最大、成就最高的诗词代表作，被现代诗人柳亚子称之为千古绝唱，其胸怀之豪迈，技艺之高超，连苏轼、辛弃疾都要屈居其下，将中国传统"豪放派"词风提升到了一个新境界。

毛泽东诗词是中国革命与建设的伟大史诗，反映中国革命与建设的历史进程和时代精神，展现了崇高的革命精神，豪迈的民族气魄，奋发向上的精神力量，雄奇瑰丽的艺术风格，是中国人民宝贵的精神财富。

卜算子·咏梅

毛泽东

读陆游咏梅词,反其意用之①。

风雨送春归,飞雪迎春到。
已是悬崖百丈冰,犹有花枝俏。

俏也不争春,只把春来报。
待到山花烂漫②时,她在丛中笑。

【注释】

①陆游(1125—1210),南宋诗人。本词用陆游原调原题,但情调完全相反,所以说是"反其意用之"。

②烂漫:颜色鲜明而美丽。

大意:这首词作于1961年12月。春夏之交的风雨送走春天,严冬的飞雪又迎接春天的到来。悬崖峭壁都已经凝结百丈坚冰,在这冰天雪地的寒冬时节,梅花却在枝头俏丽绽放。无意争春,只是预报春天将要来了。待到山花灿烂盛开时,梅花虽已凋谢,却在百花丛中欣慰地与众花共享春光。

毛泽东与陆游虽然都是咏梅赏梅,截然不同的是,陆游词表达的是梅花的孤芳自赏和在风雨中的愁苦,充满了凄凉抑郁、清高无奈的格调;而毛泽东词中的梅花具有与严寒抗争的坚强品格,充满乐观积极向上的精神面貌。

浪淘沙①·北戴河

毛泽东

大雨落幽燕②,白浪滔天,
秦皇岛外打鱼船。一片汪洋都不
见,知向谁边?

往事越千年,魏武挥鞭③,
东临碣石有遗篇④。萧瑟秋风今
又是,换了人间。

【注释】

①浪淘沙:词牌名。

②幽燕:古幽州及燕国,在今河北省北部一带。

③魏武:指曹操。曹操死后,被追封为魏武帝。挥鞭:这里指骑马出征。

④碣石:山名,碣石山位于河北昌黎西北。遗篇:遗留下来的诗篇,指曹操的《观沧海》一诗。

大意:这首词是毛泽东于1954年夏天在秦皇岛北戴河开会期间创作的,描绘了北戴河夏秋之交的壮丽景象,抒发了怀古论今的情思。"萧瑟秋风今又是"由对千年前魏武帝曹操的追忆又回到现实,"换了人间"是对万象更新发展迅速的新中国的歌颂,升华了主题。